BIBLIOTHÈQUE
CHRÉTIENNE ET MORALE,
APPROUVÉE PAR

MONSEIGNEUR L'ÉVÊQUE DE LIMOGES.

Tout exemplaire qui ne sera pas revêtu de notre griffe sera réputé contrefait et poursuivi conformément aux lois.

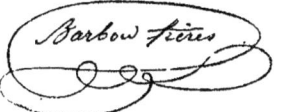

AVENTURES
D'UN AÉRONAUTE PARISIEN.

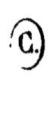

Il osa même me répondre...

AVENTURES

D'UN

AÉRONAUTE PARISIEN

DANS LES MONDES INCONNUS,

A TRAVERS

LES SOLEILS, LES ÉTOILES, LES PLANÈTES, LEURS SATELLITES ET LES COMÈTES,

CROQUIS

DES PHÉNOMÈNES ET DES BEAUTÉS DE LA NATURE,

PAR

M. ALFRED DRIOU,

AUTEUR DE L'ALBUM MERVEILLEUX.

LIMOGES.
BARBOU FRÈRES, IMPRIMEURS LIBRAIRES.
1856

A LA MÉMOIRE

DE

JEAN-BAPTISTE DRIOU,

CURÉ DE MONTIER-EN-DER,

HAUTE-MARNE,

DE 1805 A 1850.

Quel hommage serait digne de vos vertus, des bienfaits que vous avez répandus, et des nobles souvenirs que vous avez laissés?

Cependant, chère âme des cieux, laissez-moi déposer sur la tombe où gît votre dernière dépouille, ce pauvre symbole des enseignements que vous m'avez faits, et de l'amour sacré dont brûle mon cœur reconnaissant à jamais.

A. DRIOU.

Paris, 20 janvier 1866.

INTRODUCTION.

Détails préliminaires. — Comment l'auteur est amené à la découverte d'un ballon dirigeable. — Episodes sur les aérostats. — Quelques mots sur les Montgolfier, Pilastre du Rosier, Charles et Robert, Blanchard et Garnerin — Le ballon de Flesselles. — Fin déplorable des aéronautes Cocking, Zambeccari, Galle, Emma Verdier, L. Deschamps. — Aventures de Testu-Brissy et d'Arban. — Le ballon du couronnement. — Conseils à l'aéronaute. — Départ pour les mondes inconnus.

On m'a raconté qu'un jour s'en était venu bravement à Paris, pour le connaitre et en parler à l'aise aux longues veillées d'hiver, le plus naïf des bons habitants de la Champagne. Une fois au milieu des beautés de la capitale, il ne fut embarrassé que sur le choix. Or, le hasard le poussa, bouche béante, au Musée d'artillerie, où le brave homme croyait rencontrer celui qui inventa la poudre. Pour le consoler de son absence, un obligeant cicerone lui montra les armures célèbres, et spécialement la panoplie de François Ier. Et comme le bavard conducteur, fier de sa supériorité, ne tarissait pas sur Marignan, Cérisoles et Pavie, le Champenois, mis en extase devant les hauts faits du héros, s'écria :

— Sous quel roi ce gaillard faisait-il donc tout cela ?

Stupéfait en face d'une aussi robuste innocence, le guide répondit avec un flegme superbe :

— Mon bonhomme, François Ier faisait tout cela sous lui !

Lecteur, ce que je vais raconter dans ce livre s'est passé sous l'empereur Napoléon III, que Dieu garde ! en l'an de notre ère 1855, la 1267e année de l'hégire de Mahomet, la 2604e de la fondation de Rome, la 2e de la 595e olympiade, et la 5855e de la création du monde, sous le plus beau soleil... non, je me trompe, sous le plus beau clair de lune du monde.

Avant d'entrer en matière, laissez-moi faire le pédant, et souffrez que je vous adresse quelques mots en guise de préface.

Il y a quelques années, il vint à l'esprit d'un homme, d'un Anglais, hélas ! de chercher un passage aux flottes de sa nation à travers les glaces du pôle, dans la partie N. O. qui, du détroit de Béring au détroit de Davis, unit l'Océan-Pacifique à l'Atlantique. Un titre supérieur couronnait les longs travaux maritimes de sir John Franklin, et, quoique chargé de soixante hivers, à la prudence de l'âge mûr il joignait encore le feu de la jeunesse. L'intrépide marin quitta donc l'Angleterre comblé des vœux de sa famille en alarmes, muni des instructions des lords de l'amirauté, prêt à tout braver. Mais où alla-t-il ? que devint-il ? Dieu seul le sait...

Vers 1789, notre France avait vu semblable dévouement. La Peyrouse avait courageusement quitté sa patrie pour obéir à Louis XVI, qui lui donnait la mission de faire le tour du monde. Deux frégates accompagnaient le savant navigateur : l'*Astrolabe* et la *Boussole*. Des navires et de l'illustre amiral, jamais on n'eut la moindre nouvelle. Et pendant une longue espérance de les voir reparaître, que d'aventures on prêta à ce héros de la mer ; que de fables on débita sur son séjour chez les sauvages ! Il fallut qu'en 1827, le capitaine Dillon, naviguant au nord des Nouvelles-Hébrides, trouvât sous l'eau, battus par les récifs des îles Vanikoroo, des épaves et des ustensiles que l'on reconnut comme ayant appartenu aux équipages de La Peyrouse, pour persuader enfin que l'infortuné dormait pour toujours sous les flots, victime d'un naufrage.

Qu'apprendra-t-on plus tard sur le sort de sir John ? Je ne saurais le dire. Mais ce que l'on peut raconter dès à présent, le voici : Le commandant M'Cluse, sur la corvette *Investigator*, et le capitaine Inglefield, sur le steamer *Phénix*, depuis bientôt cinq ans, ont sillonné toutes les mers, visité toutes les îles, exploré toutes les côtes, parcouru toutes les prairies, sondé toutes les forêts, questionné toutes les tribus, et ces hommes, animés d'un noble zèle, n'ont pas trouvé le plus léger vestige du passage de sir John.

Néanmoins, deux faits signalèrent ces patientes recherches.

D'abord, le canal deviné par Franklin fut trouvé, s'ouvrant entre les glaces polaires et faisant communiquer les deux Océans.

Ensuite un Français, le lieutenant Bellot, attaché à l'expédition par amour pour l'inconnu et surtout par amour pour ses semblables exposés au malheur, s'étant aventuré sur les glaces pour aller à la découverte, tomba dans l'une des fissures béantes de l'Océan-Glacial, et disparut pour jamais.

La gloire offrait deux couronnes en cette occasion : l'Angleterre en prit une; elle lui appartenait. Mais, généreuse cette fois, elle donna l'autre à la France. En effet, au moment où j'écris ces lignes, les Anglais, dans l'admiration du dévouement du jeune Bellot, éternisent sa mémoire en lui élevant une colonne sur un rocher, dans la mer qui sépare les deux nations.

Cet évènement, d'autres encore, mais surtout l'alliance des deux peuples dans la guerre d'Orient, qui fixe tous les regards, contribuent puissamment à resserrer les liens entre les Anglais et les Français.

Désormais le dicton qui proclame que nous nous tenons par la *Manche* sera donc une vérité.

J'admire l'intrépidité de Bellot, certes! mais je comprends mieux encore la soif d'émotions, le besoin de rechercher, de découvrir qui signalèrent cette expédition. Aussi ne serez-vous pas étonnés, mes jeunes lecteurs, si je vous confesse que ces grands et nombreux exemples d'audace et de curiosité que nous offrent les esprits aventureux me donnèrent à moi, pauvre hère, assez dépourvu des dons de la fortune, l'étrange idée d'inventer, de découvrir, d'enfanter quelque chose. Ce fut bientôt chez moi la plus étrange obsession, une obsession incessante, ne me laissant ni paix ni trêve. Pourvu que je me signalasse par la révélation de l'inconnu, par l'exhibition d'une singularité quelconque, je ne tenais ni au genre ni à l'espèce. C'était une maladie, la maladie du siècle, je crois, dont je subissais les atteintes.

Autour de nous, en effet, tout le monde court aux merveilles et veut des prodiges. Chacun cherche à produire son phénomène. Le vent porte aux excentricités. Il n'y a pas d'originalités pour lesquelles on ne prenne des brevets. C'est un véritable et furibond steeple-chasse à la découverte. On y met de la folie. Tels et tels se creusent la tête, s'échauffent le sang et se donnent des fièvres quartes à imaginer, à chercher, à produire, à vouloir féconder le néant. Robert-Houdin, à leurs yeux, est un grand homme; on lui envie son talent fascinateur. Comme Philippe, comme Hamilton et Bosco, l'on demande à tirer du vide une création nouvelle. Il en est qui endosseraient sans vergogne la souquenille du Grand-Albert ou le tablier de Nicolas Flamel, s'ils pouvaient raisonnablement espérer d'une cornue, d'un alambic ou d'un creuset l'introuvable pierre philosophale.

Je ne dis toutes ces fantaisies du monde présent que pour faire excuser la mienne; car, d'après ce que je vous dis de la manie de chacun, n'est-il pas vrai qu'il était fort excusable qu'il me vint, à moi aussi, le caprice d'enfourcher quelque dada, et, une fois sur son échine, de le faire chevaucher à mon gré?

On a bien fait sortir tout fraîchement, des décombres d'un tumulus romain enfoui sous les halliers d'une antique forêt gauloise, une lampe allumée depuis près de dix-huit cents ans, et encore remplie de cette huile incombustible dont parle Pline. M. Poitevin, bras dessus bras dessous avec son intrépide épouse, monte bien dans les airs pour aller, à perte de vue, faire rouler son phaéton attelé de vigoureux coursiers, ou bien à califourchon l'un sur son poney, l'autre sur un bœuf, oui, un bœuf, galopper dans les plaines de l'éther... Il est présumable que les télégraphes électriques s'étendront un jour aux planètes... Pourquoi n'aurais-je pas eu ma fantaisie à mon tour? Seulement il fallait me hâter, il n'y avait pas de temps à perdre.

Donc, prenant ma tête à deux mains, j'avisai...

Quelle incommode position que celle de tenir sa tête à deux mains pour réfléchir, surtout quand elle est lente la réflexion, et que les idées s'engourdissent au lieu de jaillir! Je restai long-temps ainsi replié sur moi-même... Ayant fait les choses en conscience, et non pas une fois, mais dix fois, mais vingt fois, je me relevai.

Je n'avais rien trouvé du tout, rien de rien!

C'était à désespérer de la vie. Le feu sacré se trouvait-il donc éteint chez moi?

Il me fallut de l'air, le grand air pour me remettre. Je sortis de chez moi, m'acheminant vers les hauteurs de l'arc-de-triomphe de l'Etoile, au bois de Boulogne.

Et tout en gravissant l'allée de Longchamps, je ruminais. Que ne ruminais-je pas? Moi qui avais mis tout mon avenir dans le succès de ma découverte, me trouver déçu tant et si fort! Avec cela je ne sentais plus rien dans mon gousset... Pourtant ma famille était riche; mais elle était honnête et vertueuse. Sur toutes choses elle voulait me voir arriver à une position réelle. Or, jusqu'à ce moment j'avais préféré au travail d'une vie réglée les absurdes rêveries du savant. Si bien que, pour me rappeler à la raison, mon père avait jugé à propos de me laisser souffrir de la disette. C'est alors que mon orgueil révolté m'avait insinué la pensée d'arriver à la fortune sans le secours des miens, par une invention quelconque due à la puissance de mon génie.

Pauvre génie ! Je n'avais rien trouvé d'abord ; ensuite j'étais aux abois. Telle était ma position.

Fallait-il m'abandonner au désespoir ? Fallait-il ne pas abaisser mon orgueil devant la volonté paternelle, si juste pourtant et si rationnelle ? Afin de persévérer dans ma révolte et de faire dire de l'indépendance de mon caractère le grand vers d'Horace :

— Impavidum ferient ruinæ !

ne valait-il pas mieux mourir ? Voilà comme le serpent, cet antique fascinateur, insinuait tout doucement ses horribles paradoxes dans ma poitrine.

« Mourir ! pensai-je... Prendre la triste voie du suicide pour me soustraire au malheur ? Oh ! non ; je suis chrétien d'abord, et la religion est mon guide, heureusement. Si je m'égare un moment, son divin flambeau ne permettra pas que je me perde. Mais qui donc a le droit de déserter la vie ? N'est-ce pas un dépôt que Dieu nous a fait ? La sentinelle pourrait donc sans déshonneur quitter le poste qui lui est confié ? Allons donc ! Mais c'est une atroce lâcheté, pour quelques peines, tant amères soient-elles, de se soustraire à la douleur. Le courage fait les héros, et l'homme doit savoir affronter la souffrance et ne pas plier sous ses coups. Déplorable maladie du siècle, monomanie cruelle, que de victimes tu fais chaque jour !... Et combien, pour éviter certains maux, vont se jeter dans de plus grands. Car, le seuil de la vie franchie, le Dieu vengeur ne vient-il pas demander compte de la désertion et de la fuite ? »

J'éloignai la tentation sinistre qui s'était montrée un moment à la porte de mon cœur, et, en retour, la grâce parlant à mon âme de catholique, je résolus d'aller droit à ma famille, et de dire avec le regret dans l'âme :

« Je suis vôtre, désormais; faites de moi ce qu'il vous plaira. Je renonce à mon amour de la science, de la mécanique, de la géométrie et de l'algèbre. Guidez-moi, j'obéirai. »

Nous étions au mois de mai. L'hiver fuyait devant un printemps magnifique. Rasséréné par ma résolution nouvelle, je fis l'ascension de l'Arc-de-Triomphe, afin de donner à mes yeux le plaisir de contempler le merveilleux panorama de Paris, qui s'étend si splendidement sur les rives de la Seine.

Arrivé au sommet du monument, à la sortie de l'escalier ténébreux, on est immédiatement inondé de jour et d'air. C'est une impression qui donne un peu l'idée du passage de la mort à la vie nouvelle. Et comme mes graves idées me suivaient encore, mon regard, tout d'abord, se porta sur le bois de Boulogne, et je songeai sans effort, et comme suite de ma pensée, que c'est là le rendez-vous de ceux qui veulent mourir. Oui, ceux que la fortune, par ses rigueurs, la misère, par ses privations, et les cruelles passions humaines, par leur tyrannie, ont dévoyés et jetés en pâture au désordre des idées, viennent là; et qui pourra dire le nombre des victimes qu'y ont occis la corde, le feu, le fer ou le poison? Comme les ombres errantes du Tenare, on les voit errer, se parler, lutter contre les fantômes qui les obsèdent. Puis bientôt, dans un redoublement de fièvre, ils oublient le Dieu vengeur auquel ils vont rendre compte de leur crime ; ils perdent de vue leur famille désolée tout-à-l'heure... et tombent pour ne plus se relever qu'en face de l'éternité !

Comme on s'égare, quand on perd de vue le véritable but de la vie, et qu'on fait des jouissances matérielles la préoccupation et l'unique objet de ses labeurs, de ses veilles et de ses pensées !

Contre mon attente, il y avait peu de monde sur la plate-forme de l'Arc-de-Triomphe; je n'en fus que plus à l'aise pour regarder vers tous ses points cardinaux. Que la nature me semblait ravissante de la hauteur où je l'admirais, et que Paris était richement encadré par une immense couronne de collines verdoyantes !

Soudain, un formidable hurrah, sorti de deux mille poitrines, appela mon attention vers l'Hippodrome.

Un gigantesque ballon s'élevait majestueusement du milieu de son enceinte, aux trépignements de la foule, aux accords d'une musique joyeuse. Sur l'aérostat on lisait en gros caractères le nom d'*Eole*. La frêle machine, gonflée par le gaz, et rendue semblable à une énorme sphère de bronze par les reflets du soleil, portait, à l'aide de son réseau de cordages, un homme à peine assis sur la nacelle, et qui, tenant un parachute, se disposait à se glisser dans le vide pour satisfaire la curiosité des spectateurs.

Il faut croire que l'*Eole*, tout dieu des vents que l'ont fait les pays, a bien peu d'empire sur le liquide élément, car il manquait du pouvoir de se diriger lui-même, et une rafale du sud, fort peu respectueuse pour son maître et seigneur, fit incliner vers l'Arc-de-Triomphe le trop faible esquif. Je tremblai pour l'homme qu'il portait et qui exposait ainsi sa vie pour le plaisir de ses semblables.

En outre, celui qui occupait la nacelle me parut fort inexpérimenté. Il ignorait absolument le premier rudiment de la manœuvre. Je compris sa gaucherie, et, subitement éclairé par cet instinct qui porte l'homme instruit à deviner, à l'heure du danger, le moyen de sortir d'embarras, je me frappai le front... La mécanique me révélait l'un de ses prodiges... Le jour se faisant dans mon cerveau, à l'instant même je découvrais le mot d'une grande énigme... J'avais enfin un secret à moi, à moi seul... Je pouvais diriger dans l'espace les aérostats les plus rebelles.

Oui, je tenais une merveille, merveille qui allait éblouir l'univers.

Certes, on crierait au miracle quand ma découverte serait connue, publiée, affichée... Evidemment, près de moi, Christophe Colomb ne serait plus qu'un pékin, Cook et d'Urville des jongleurs, et Franklin un pauvre homme !

Seulement, pour mener à bonne fin l'œuvre que je voulais entreprendre, il me faudrait de l'argent...

Et je n'avais pas un sou vaillant !...

Après tout, un inventeur, l'auteur d'un prodige de la valeur de celui que je tenais en ma main, ne se laisse point arrêter par d'aussi minces difficultés.

Je descendis donc de l'Arc-de-Triomphe, devenu le piédestal de ma propre gloire, et, sans plus m'inquiéter de l'*Eole* et de son gars au parachute, je repris, en sens contraire, la grande avenue des Champs-Elysées, non plus la tête basse, en homme qui rumine; mais le nez au vent, l'œil fier, la bouche en cœur, bien résolu à ne rentrer dans mon entre-sol qu'après avoir trouvé un prêteur bénévole et pris sa poule aux œufs d'or.

L'auréole sacrée de la victoire couronnait mon front, assurément; car, le soir même, ayant osé frapper à la porte du banquier de ma famille pour demander... deux mille francs, on m'en remit... six !

Chef-d'œuvre de la création, femme bien-aimée, ma mère chérie, ange de l'enfant, trésor du fils, bonheur de l'homme, c'était à vous que je devais cette surprise. Vous aviez craint pour moi les mauvais jours, et, dans votre tendresse prévoyante, mystérieusement cachée, vous étiez venue préparer à votre enfant rebelle la ressource dans sa misère, et lui donner une seconde fois la vie. O mères, je vous aime de tout l'amour dont vous privent certains fils ingrats ! Mais vous, ô ma mère ! oh ! je vous aime, vous seule, de l'amour que m'inspirent toutes les mères !

Je me trouvai donc ainsi riche, riche à en sauter de joie, à en devenir fou ! Dès le lendemain j'avais dans la cour, au-dessous de mon

Aventures.

entre-sol, des ouvriers de toutes sortes, coupeurs, couturiers, tailleurs, cordiers, mécaniciens; et tout ce monde travaillait avec un zèle sans égal qui me rappelait mon Virgile :

— Fervet opus redolentque thymo fragrantia mella.

On taillait le taffetas, on ajustait ses larges bandes rouges et noires, on préparait les filets, on tressait les cordelettes, on agençait la nacelle, on disposait les agrès; en un mot, on me faisait un aérostat, aérostat modèle, énorme dans ses proportions, gigantesque. J'en donnais le dessin, j'en signalais les formes, j'en faisais exécuter les soupapes; j'appliquais moi-même l'appareil de mon invention en faisant exécuter ses différentes pièces par le mécanicien; en un mot, je préparais mon triomphe, un triomphe sans égal jusqu'alors.

Qu'allait-on dire de moi dans Paris, dans la France, dans le monde? Avec quel légitime orgueil mes parents n'entendraient-ils pas proclamer ma gloire? C'était là ma noble vengeance vis-à-vis de mon père! Ce serait là la récompense du dévouement de ma mère! Rien de plus sûr, l'Académie des sciences m'ouvrait ses portes à deux battants. Notez bien que je me passais de la réclame, pourtant. A d'autres les trompettes de la publicité, la grosse-caisse de l'annonce et les grelots du charlatan. Le génie ne s'abaisse jamais à de pareils moyens; il vole, et, comme un soleil, ses rayons tombent également sur tous; comme un aigle, il fixe tous les regards. Je m'abandonnais donc à la renommée, qui, attelant ses coursiers prompts comme l'éclair, porterait des rives de la Seine aux limites du monde les merveilles de ma découverte et la puissance de mon talent.

N'allait-on pas me voir passer, ainsi qu'un vainqueur, dominant les nuages et les contrées, visitant les six parties du monde tour à tour, Asie, Afrique, Europe, Amérique, Océanie, Terres-Polaires, le vieux monde et le monde nouveau, les contrées civilisées et les pays sauvages?

Quelle stupéfaction parmi les peuples ! Un homme en ballon, virant de droite, virant de gauche, se riant des mers, effeuillant la cime des arbres, repoussant du pied le sommet neigeux des mornes, descendant, montant, flottant à son gré, roi du monde, maître de l'air, spectateur des tempêtes, dominateur souverain !

Cependant, à toutes les fenêtres de tous les étages de toutes les maisons ayant vue sur ma cour, ce n'était qu'une mosaïque de têtes curieuses, blanches et brunes, blondes et rousses, visages pâles, visages narquois, visages riants, visages tristes, physionomies ridées, physionomies juvéniles, yeux ardents, yeux moqueurs, yeux incrédules, examinant mon atelier en plein vent, se demandant ce que l'on faisait, s'envoyant des bordées de lazzis plus ou moins à mon adresse, et se montrant le front comme pour dire :

— Est-ce que le pauvre jeune homme serait toqué ?

A quoi je répondais *in petto* :

— Patience, patience ! Encore un jour, et je vous montrerai que ce n'est pas Charenton qui me réclame, mais le temple de Mémoire !

Donc je riais sous cape ; et, si je redevenais sérieux, c'est que toutes les cloches de Paris, de Londres, de Pétersbourg, de Pékin, du monde bourdonnaient à mes oreilles, célébrant ma conquête et chantant ma gloire. Toutefois, je prêtais involontairement l'oreille aux discours de certains personnages qui me pronostiquaient d'affreux malheurs. Puis, lorsqu'au contraire quelques-uns de mes indiscrets voisins, plus instruits dans l'art de l'aérostation, entamaient l'histoire de cette magnifique invention, je redevenais calme et paisible, et je me posais vis-à-vis de tous en conquérant de ces plaines infinies dont l'œil est impuissant à sonder l'étendue, et que j'allais parcourir comme mon domaine. L'univers, en effet, n'avait plus de barrières pour moi, et j'en ressentais de l'orgueil, j'en fais ma coulpe.

Laissez-moi vous redire quelques-unes de ces conversations ironiques ou savantes qui se croisaient au-dessus de ma tête.

— D'abord vous saurez, disait un digne professeur du collége de France, retraité, à ses enfants qui l'entouraient, vous saurez que ce fut l'Anglais Cavendish qui a découvert la grande légèreté du gaz inflammable. Alors, pour en faire l'essai, le docteur Black, d'Edimbourg, suggéra l'idée d'employer une vessie. Mais Cavallo, trouvant que la vessie serait trop lourde, rejeta de même le papier comme trop compacte, et remplit de ce gaz des bulles de savon qui allèrent soudain se briser contre le plafond.

— Dites aussi, Monsieur, reprenait un brave marchand de Lyon retiré des affaires, qu'il y avait à Annonay une manufacture de papiers appartenant à deux frères très-savants, et que ces deux frères, nommés Montgolfier, du nom d'une terre qu'ils avaient près d'Ambert, en Auvergne, à force de contempler le spectacle continuel de l'ascension des nuages sur les croupes des Alpes, et après avoir long-temps étudié les causes de la suspension et de l'équilibre de ces masses gigantesques, formèrent le projet de copier la nature dans un de ses plus étranges caprices.

» Ils essayèrent de renfermer de la vapeur d'eau dans une enveloppe résistante et pourtant légère. Puis ils tentèrent d'enfermer en un sac de toile de la fumée de bois. Enfin, ayant eu l'occasion de connaître d'autres gaz, ils en formèrent un nouveau, produit par de la paille légèrement mouillée et de la laine.

» Alors, ayant rempli de ce gaz un fourreau de soie d'une capacité de deux mètres cubes, ils le virent s'élever soudain au plus haut de l'appartement. Tout aussitôt ils disposèrent un second ballon pouvant renfermer vingt mètres cubes. Une fois remplie de gaz, la nouvelle enveloppe s'éleva si violemment qu'elle rompit ses cordages, monta à trois cents mètres, et alla tomber sur une colline du voisinage.

» Cette fois ils songèrent à une grande expérience.

— Celle du 4 juin 1783, n'est-ce pas ? dit, en interrompant le Lyonnais, un magistrat de la cour impériale. Elle a laissé de grands souvenirs à Annonay. Mon père, qui faisait partie de l'Assemblée des Etats particuliers du Vivarais, y assista ainsi que tous ses collègues. L'aérostat avait douze mètres d'épaisseur, et n'était fait que d'une toile d'emballage sur laquelle on avait collé du papier. Dix livres de paille humide et de laine furent brûlées sur le réchaud placé au-dessous de l'orifice. Quand la machine fut gonflée, on la laissa libre, et en dix minutes elle atteignit cinq cents mètres de hauteur.

— Cinq cents mètres! fit un naïf bourgeois dans une pose admirative.

— Aussi, d'après la prière de M. de Breteuil, ministre de France, et sur la demande de l'Académie, qui nomma une commission présidée par Lavoisier, Etienne Montgolfier vint à Paris. La capitale voulait voir son expérience. On la prépara par les soins d'un professeur du Jardin-des-Plantes, qui réunit dix mille francs dans une souscription, et fit confectionner la machine par de savants mécaniciens. Un jeune savant, Charles, suivit tous les préparatifs. Ce fut sur la place des Victoires que l'on gonfla le ballon, et il fallut quatre jours pour cette opération. Puis, afin de satisfaire la curiosité publique, on le transporta, pendant la nuit, au centre du Champ-de-Mars. Plus de trois cent mille spectateurs se trouvèrent réunis et dans son enceinte, et sur les bords de la rivière ou les hauteurs de Passy. Un coup de canon annonça son départ. En deux minutes l'aérostat s'éleva à mille mètres; alors il disparut dans un nuage; mais se remontra un instant après à une immense élévation...

— Et alla tomber près d'Ecouen, à cinq lieues de Paris... dit tout d'une traite un jeune peintre, qui voulait aussi placer son mot dans ce concert scientifique.

— Ajoutez donc, reprit le magistrat, que, nonobstant une pluie violente qui tombait, les Parisiens, stupéfaits, fondaient en larmes d'admiration et semblaient en délire. Et, pour rendre le récit complet, dites que les paysans de Gonesse, à la chute du ballon, saisis d'épouvante, crurent que c'était la lune qui tombait du ciel. Si bien que, voyant immobile l'objet de leur terreur, ils le mirent en pièces, l'attachèrent à la queue d'un cheval, et lui firent tous les outrages possibles.

— Etienne Montgolfier n'était arrivé que pour le départ du ballon, dit à son tour le marchand retiré, c'est pour cela que le professeur Charles avait été si long à gonfler la machine. Mais le Montgolfier proposa de renouveler l'épreuve dans un ballon à feu; c'est-à-dire que celui du Champ-de Mars n'ayant été gonflé qu'avec du gaz produit par la limaille de fer, l'acide sulfurique et l'eau, cet autre ballon devait l'être avec de la paille et de la laine brûlées. Or, le 11 septembre 1783, on essaya la nouvelle machine, préparée dans les jardins de M. Réveillon, ce fameux fabricant de papiers peints du faubourg Saint-Antoine, qui périt plus tard dans les premières émeutes révolutionnaires de 1789. Ce nouveau ballon avait la forme d'un prisme, comptait vingt-cinq mètres de hauteur et quinze de diamètre. On le gonfla en neuf minutes. Il perdit terre aussitôt, entraînant avec lui un poids de cinq cents livres. Mais une tempête le détruisit.

— Et alors que fit-on? demanda le peintre.

— On recommença sur de nouveaux frais, dit le magistrat; mais, cette fois, ce fut pour rendre Louis XVI, à Versailles, témoin de cette autre épreuve. Elle eut lieu le 19 du même mois. Quand l'aérostat eut été gonflé dans la grande cour du château, on plaça dans une cage, pour devenir les premiers aéronautes, au-dessous du ballon, un mouton, un coq et un canard. Paris vint à Versailles ce jour-là. A midi, le roi et la reine, avec les seigneurs et les dames de la cour, descendirent, se promenèrent autour de l'aérostat, causèrent avec Montgolfier, et enfin prirent place sur l'estrade qui leur avait été préparée. Une détonnation d'artillerie donna le signal du départ. L'aérostat s'éleva magnifiquement dans les airs, décrivit une grande courbe, poussé qu'il était par le vent du sud, resta ensuite immobile quelque temps, et enfin tomba à Vaucresson, se déchira; mais rendit sans encombre ses hôtes à la terre, où ils furent reçus par deux gardes-chasse. Mais avec eux se trouva Pilastre du Rozier, passionné déjà pour l'étude de cette nouvelle découverte.

— Ce Pilastre du Rozier était directeur du Musée royal, reprit l'ex-professeur, qui s'adressait spécialement à ses enfants. Il songea à prendre la place du mouton, du coq et du canard. Aidé des Montgolfier, il eut bientôt construit un aérostat avec lequel il entreprit une ascension de cinquante pieds seulement; et encore, par précaution, attacha-t-il au ballon une échelle de cordes, à l'effet de pouvoir descendre à volonté. L'expérience réussit à merveille. Aussitôt une grande ascension fut annoncée au public, qui se pressait en foule chaque jour aux portes du jardin de Réveillon. Mais Louis XVI, apprenant qu'un homme allait exposer ainsi sa vie, exigea que cette ascension fut faite par des condamnés à mort. Pilastre du Rozier résista, et fit parler au roi par le marquis d'Arlandes, gentilhomme languedocien, qui, pour gagner le prince et prouver qu'il n'y avait nul danger, offrit d'accompagner Pilastre.

» Le 21 novembre, à une heure, le départ se fit, en présence du dauphin et de ses gentilshommes, dans les vastes jardins de la Muette. A la hauteur de cent mètres, les voyageurs saluèrent; puis on les perdit de vue, tant ils s'élevèrent haut. Toutefois, l'aérostat longea l'île des Cygnes, fila le long de la Seine, passa entre les Invalides et l'Ecole-Militaire, plana sur les Missions-Etrangères, et s'approcha de Saint-Sulpice. Enfin, franchissant les murs de Paris entre les barrières d'Enfer et d'Italie, le ballon alla se poser sur la butte aux Cailles.

— C'est après cette belle épreuve, continua le magistrat, que l'on vit poser dans Paris une affiche ouvrant une souscription pour

UN GLOBE DE SOIE
DEVANT PORTER DEUX VOYAGEURS,
Lesquels s'enlèveraient à ballon perdu, et tenteraient en l'air des observations et des expériences de physique.

» La souscription fut remplie en quelques jours. Charles et Robert étaient les deux voyageurs annoncés. Seulement, ces deux hommes distingués par leur amour de la science préparèrent leur expédition avec sagesse et maturité. Ils imaginèrent la soupape, la nacelle, le filet qui la rattache à tout le globe de l'aérostat, le lest, l'enduit de caoutchouc qui imperméabilise la soie, et enfin le baromètre, servant à mesurer l'élévation.

» C'était un immense progrès fait par l'art aérostatique.

» L'expérience se fit au jardin des Tuileries, le 1er décembre. Les savants, les souscripteurs, les hommes de cour, occupaient le jardin. Au-dehors, sur les quais, dans les rues, aux ponts, aux fenêtres, et jusque sur les toits, la foule stationnait, immense, impatiente, avide. Le spectacle annonçait d'autant plus d'attrait qu'on voyait de loin, nager dans l'air, oscillant de droite et de gauche, un dôme brillant, zébré de jaune et de rouge, supportant une conque bleue rehaussée d'or. A une heure, au bruit de la mousqueterie, le ballon s'éleva dans les airs, au milieu de la foule et parmi les gardes-françaises présentant les armes, pendant que les officiers saluaient de l'épée. Quatre cent mille spectateurs battaient des mains.

» Après avoir passé la Seine entre Asnières et Saint-Ouen, puis l'avoir repassée près d'Argenteuil, après avoir couvert Sannois, Francouville, Saint-Leu, l'Ile-Adam et d'autres villages, l'aérostat alla tomber à Nesles, à neuf lieues de Paris.

» Cette excursion savante faisait un art de l'aérostation. Aussi le peuple porta Charles en triomphe. L'Académie décerna le titre d'associé aux deux voyageurs et à Pilastre du Rozier; enfin le roi fit à Charles une pension de deux mille livres.

— C'est à merveille, cela, Messieurs, dit le professeur; mais vous remarquez, sans doute, que voici maintenant deux sortes de ballons en présence?

— Sans doute, fit le magistrat : les montgolfiers, qui ne sont qu'en toile gonflée par le gaz qui se dégage de la paille humide et de la laine, et les aérostats, chargés de gaz hydrogène, comme celui de Charles; car c'était le grand bassin situé devant le pavillon de l'Horloge qui avait reçu l'appareil pour la production du gaz.

— Maintenant, Messieurs, à moi, comme Lyonnais, fit le brave marchand retiré, à moi de vous raconter le troisième voyage aérien, qui se fit dans notre ville de Lyon.

M. de Flesselles, intendant de la province, avait ouvert une souscription, lui aussi, pour donner à la seconde cité du royaume le spectacle d'une ascension aérostatique. Joseph Montgolfier fut chargé des détails: Il donna quarante-trois mètres de hauteur et trente-cinq de diamètre à son ballon. Aussitôt que l'on sut, à Paris, ce qui se préparait à Lyon, les amateurs arrivèrent. Il y eut jusqu'à trente personnes qui se firent inscrire pour prendre part au voyage. Mais l'hiver et ses pluies, la neige et le froid retardèrent beaucoup ce départ. On dut même modifier l'énorme machine, qui n'offrait pas moins de volume que la coupole de la Halle-aux-Blés de Paris. La partie supérieure était blanche, et le reste de différentes couleurs. On avait écrit sur une zone brillante ces deux mots : *Le Flesselles*. Joseph Montgolfier, Pilâstre du Rozier, le comte de Laurencin, le prince de Ligne, M. de Dampierre et un autre montèrent dans la nacelle; mais, même avant de partir, elle était bien malade. Mon père, l'un des témoins de cette excursion, m'a dit qu'elle était criblée de trous, que des cordes étaient rompues, et qu'il y avait tout à craindre pour la vie des voyageurs. Ce pronostic devint une réalité, hélas! Voilà qu'arrivés à huit cents mètres de hauteur, la machine s'abattit avec une inexprimable rapidité. Les voyageurs, toutefois, en furent quittes seulement pour un choc des plus rudes.

— Ah! le chapitre des évènements commence! fit une excellente douairière qui prêtait ses deux oreilles aux récits de ces messieurs.

— C'est alors qu'apparut Blanchard, dit timidement le jeune peintre. Le 2 mars 1784, il fit sa première ascension au Champ-de-Manœuvres, devant l'Ecole-Militaire. Au moment où son ballon s'enlevait, un jeune élève de l'Ecole, que l'on prétendit être Napoléon Buonaparte, mais que ce noble exilé nous révèle, dans son *Mémorial,* avoir été l'un de ses amis, nommé de Chambon, voulut, l'épée à la main, prendre une place dans la nacelle. On le repoussa. Aussitôt Blanchard s'enleva, resta cinq quarts-d'heure en mouvement, et vint retomber dans la plaine de Billancourt.

» Blanchard prétendit avoir dépassé de quatre mille mètres les ascensions de ses prédécesseurs; il affirma même avoir dirigé son ballon contre le vent avec un gouvernail et des rames dont il avait muni son appareil. Mais on ne peut s'en rapporter à Blanchard, qui se plaisait à mentir.

— C'est le fait des aéronautes, à ce qu'il paraît, dit en riant le professeur; car Garnerin, l'un des aéronautes de la même époque, racontait que s'étant élevé, à Berlin, à la hauteur de trois mille toises, par suite de la dilatation des fluides, à une grande élévation, sa tête enfla si fort que son chapeau tomba sans qu'il pût le remettre.

— Dites alors, fit le magistrat, que Robertson, un autre aéronaute, leur contemporain, pour lui faire reproche de son exagération, répondit malicieusement que sa tête, à lui, dans les hautes régions, s'était amoindrie de telle sorte que son chapeau lui tomba subitement sur le nez.

— Il est au moins certain, répartit le professeur, d'après ce que je sais de M. Margut, que, dans les régions élevées de l'air, l'aéronaute sent son visage se gonfler et ses veines se prononcer fortement. En un mot, toutes les parties de son corps tendent à s'expanser. Cela doit être dû à la dépression de l'air ambiant.

Vous comprenez, cher lecteur, que je vais vous faire grâce du récit des mille autres ascensions dont parlèrent mes curieux voisins. A quoi bon vous dire, en effet, que, le 4 juin 1784, madame Thible fut la première femme qui brava, dans une montgolfière, les périls d'un voyage aérien; qu'elle l'accomplit en l'honneur du roi de Suède, qui se trouvait alors à Lyon, et qu'elle fut des plus heureuses ?

Pourquoi vous raconter aussi que Pilastre du Rozier, accompagné du chimiste Proust, eut l'honneur de répéter un autre voyage devant Louis XVI et le roi de Suède; qu'à un moment donné, une tente, qui cachait la machine, s'abattit tout-à-coup, et que les quatre cents ouvriers qui maintenaient le ballon l'ayant lâché soudain, l'immense montgolfière s'éleva avec une majestueuse lenteur, et alla descendre à Chantilly?

Vous plaît-il de savoir qu'alors, à Rhodez, l'abbé Camus et le professeur Louchet donnèrent le spectacle d'une expédition aérienne? qu'à Dijon, M. Guyton de Morveau fit bon nombre d'essais assez peu dignes de remarque? qu'à Marseille, deux négociants; à Aix, un autre amateur; à Nantes, Coustard de Massy; à Bordeaux, d'Arbelet des Granges et Chalfour, allèrent visiter les régions de l'air? Toutes les villes eurent leurs aéronautes, ces messieurs me le répètent à m'en fatiguer, croyez-moi, et permettez-moi le silence là-dessus maintenant.

Je passe de suite à l'article des accidents; car ce fut le plus terrible de tous les caquetages qui bruissaient à mes oreilles. Il n'était pas jusqu'aux femmes qui, de leurs mots incisifs, ne me blessassent au cœur par leur trop fidèle mémoire des déplorables évènements arrivés à grand nombre d'aéronautes.

Voici comment débuta la litanie funèbre que je vais redire, toujours d'après mes sinistres voisins :

— Pour ces voyages-là, bien du plaisir, je n'en suis pas, moi! disait une camériste de grande dame à une chambrière de moindre condition. En fait de promenade, j'aime mieux les Prés-Saint-Gervais, c'est un peu plus solide.

— Mais il n'y a que de la poussière dans vos Prés-Saint-Gervais, répondait la soubrette; tandis que dans ces ballons, grand air et beau soleil.

— Merci de votre soleil! avec toute cette étoffe pour ombrelle, n'est-ce pas ? On me donnerait une fortune, ma chère, que je ne voudrais pas mettre le pied dans ce plat à barbe...

— La nacelle, dites donc ! Elle est pourtant bien jolie...

— La tête doit vous tourner rien qu'en ouvrant les yeux.

— Le fait est que, pour y penser un peu... j'ai mal au cœur !

— Ah ! jeunes filles, on ne saurait trop payer le plaisir de voir le monde... à ses pieds !... interrompit une brave vieille femme qui passait sa tête blanche par un œil-de-bœuf.

— Tiens, la mère Jouvence qui a des idées de jeunesse, à cette heure !... s'écria la plus rieuse des chambrières. Eh bien ! mais donnez-vous ce plaisir-là ; voilà un monsieur qui peut vous offrir une place dans son berlingot. Tout juste, on y met déjà des provisions de bouche, et vous les aimez, maman Jouvence...

— Zéphirine, Zéphirine, tenez, ma femme, dit un bon vieillard qui feuilletait un livre, voici le fait dont je voulais te parler ; je vais te narrer la chose, écoute. Ecoutez, vous aussi, jeunes filles...

— Papa Jouvence, vous qui êtes toujours dans les livres, fit la maligne chambrière, dites-nous donc à quoi servent ces machines que l'on place dans la nacelle du ballon ? J'aimerais mieux cela que votre histoire...

— Mademoiselle, c'est un baromètre, d'abord, et le baromètre sert à mesurer la hauteur à laquelle parvient le ballon. Ensuite, c'est un hygromètre, autre instrument dont les aéronautes font usage pour évaluer la quantité d'eau qui est suspendue dans l'air atmosphérique. Et puis...

— Silence, Maximilien, dit subitement madame Jouvence, écoute ce que raconte le jeune peintre du troisième. Il vient de dire que Blanchard, ayant fait gonfler son ballon sur un rocher voisin de Douvres, partit pour Calais, à l'aide d'un vent favorable. Mais, voilà qu'au-dessus de la mer, le ballon se mit à descendre, tant et si fort, qu'il jeta tout à la mer, que même il allait couper les cordages de sa nacelle, et la précipiter aussi dans l'eau, en s'attachant aux cordages, lui, lorsqu'heureusement le ballon remonta, et alla déposer l'heureux voyageur, et un certain Jeffries, son compagnon, sur un chêne de notre belle terre de France. Il a ajouté que l'on éleva une colonne à la place du chêne, pour faire honneur à Blanchard, qui, le premier, osa passer la mer. Tiens, voilà le peintre qui continue, écoute...

— Les lauriers de don Quichotte *de la Manche,* ce fut là le surnom donné à Blanchard après son expédition, reprenait mon voisin, empêchaient Pilastre du Rozier de dormir. Blanchard était venu d'Angleterre en France, il voulut se rendre, lui, de France en Angleterre. Ayant eu l'audace de s'élever le premier dans les airs, il regrettait de n'être que le second à franchir un détroit. Il hâta donc ses préparatifs, fut aidé par le ministre, encouragé par le roi, qui lui promit une pension de six mille livres, et enfin, dès sept heures du matin, le 5 juin 1785, il s'élevait de la côte de Boulogne, en compagnie d'un individu nommé Romain, physicien distingué de Boulogne.

C'était près du bourg de Vimelle, presqu'à l'endroit même ou Blanchard et Jeffries avaient abordé, et où se dressait depuis peu leur colonne d'honneur. Deux machines, l'une aérostat au gaz hydrogène, l'autre montgolfière, portaient leur nacelle, et elles s'élevèrent aussitôt à quatre cents mètres. Mais presqu'au même instant, l'aérostat se déchirant, perdit son gaz, s'abattit sur la mongolfière, et toutes deux, entraînées par le poids, s'abattirent avec une effrayante rapidité.

Pilastre était tué ; Romain expira quelques minutes après.

— Affreux destin ! firent les femmes...

— Grand et cruel malheur ! dirent les hommes.

— Pour vous remettre le cœur, s'écria tout aussitôt un étudiant en médecine qui n'avait pas encore dit son mot, laissez-moi vous raconter, belles dames, que Testu-Brissy fut à son tour l'inventeur des ascensions équestres. Il monta un cheval, qui une fois placé sur le plateau de la nacelle, y resta immobile, sans aucun lien, et fut enlevé dans les airs à une hauteur prodigieuse. Le cheval versa du sang par les narines et les oreilles, et l'homme ne souffrit rien.

— Mais si le cheval avait fait un pas? dit Zéphirine.

— Eh bien! ma bonne mère, il aurait galoppé un peu plus vite que d'ordinaire! riposta l'étudiant. Mais Testu-Brissy tenait bien les guides...

— Rien de mieux, repartit M. Jouvence. Mais si la bête avait fait la méchante, et s'était mise à caracoler?

— Elle aurait dégringolé, quoi, mon brave, et l'un portant l'autre, la terre les aurait reçus.

— J'aime encore mieux la méthode de M. Poitevin, moi, dit le peintre. Il attache le cheval au filet, par un appareil de suspension, ce qui ôte tout danger...

— Alors un cheval de bois ferait tout aussi bien l'affaire! objecta l'étudiant. C'était un homme de *tête,* allez, que M. *Testu!* continua-t-il. Figurez-vous qu'un jour les paysans de Montmorency le voient descendre dans un ballon qui avait des ailes et des rames. Furieux, ces pauvres ignorants saisissent les cordes, et, comme il y a du dégât, exigent de l'argent. M. Testu-Brissy leur accorde ce qu'ils demandent, mais à la condition que la somme sera fixée par le maire. Pour aller le trouver, l'aéronaute jette une longue corde, dit aux paysans de conduire le ballon par cette longe, et pendant qu'ils exécutent sa manœuvre, il se débarrasse de son lest, coupe la corde, qui retombe sur le nez des paysans, et s'envole au plus haut des cieux.

— En voilà un qui s'envole, parlons d'un autre qui tombe... dit le professeur du collége de France. Vous savez que Jacques Germain dépassa Blanchard, en descendant lui-même en parachute, au lieu que Blanchard ne faisait descendre que des animaux. C'est lui qui inventa le parachute dont on se sert encore aujourd'hui : il en fit une épreuve magnifique le 1er novembre 1797. D'abord le vent porta son aérostat à l'écart de la foule. Mais afin de rendre les spectateurs témoins de sa chute, l'habile aéronaute prend son couteau et tranche au-dessus de sa tête la corde fatale, qui attachait son parachute à la nacelle. Le ballon fit explosion sur-le-champ, et le parachute se déploya en oscillant beaucoup, ce qui effraya beaucoup le public. Des cris perçants retentirent de toutes parts. Mais le parachute descendit noblement à terre, longtemps après le ballon rompu, et Garnerin fut porté comme un triomphateur par la foule enthousiaste.

— Arrière, tous ces essais! dit M. Jouvence, en faisant tremblotter sa voix. Je ne voudrais monter dans un ballon qu'autant qu'il serait captif, retenu par une corde et qu'on ne le laisserait monter qu'à cent pieds!

— Cent pieds! fit Zéphirine... Maximilien, continua-t-elle, je vous défends bien de jamais commettre une pareille imprudence... Cent pieds!

— J'ai vu cela à la bataille de Fleurus, car j'y étais, reprit Maximilien Jouvence. Ce fut un nommé Coutelle qui avait eu l'idée de disposer des aérostats pour s'élever au-dessus du champ de bataille et observer les positions de l'ennemi. L'idée n'était pas mauvaise. Aussi avait-on créé des *aérostiers* pour le service des ballons de guerre. Le gouvernement avait donné à ce Coutelle et Meudon et mille ressources pour la confection des ballons. Mais je crois qu'on n'a fait usage de cette invention qu'à Fleurus, où encore la fumée du canon gêna beaucoup les observateurs.

— Vous avez donc été militaire, papa Jouvence! demanda l'étudiant. Vos allures civiles et toutes casanières m'auraient fait supposer que vous étiez l'un des membres du Congrès de la Paix...

— Précisément, Monsieur, pour avoir trop arpenté l'Europe, je me plais mieux dans le repos maintenant. Je charme mes loisirs par la lecture des livres et des journaux. Ainsi, je trouvais tout à-l'heure dans cet almanach le détail suivant sur une descente en parachute :

« Un anglais, du nom de Cocking, ayant eu la fantaisie de construire un parachute à sa façon, M. Green, un autre anglais, se prêta à ce caprice : le parachute de Cocking avait, non pas la forme d'un parapluie ouvert, mais celle d'un parapluie renversé, retourné par le vent. Il advint donc que le 27 septembre 1836, Green s'étant embarqué, au Wauxhall de Londres, prit Cocking et son déplorable appareil suspendus à sa nacelle. Ils arrivèrent à une hauteur de douze cents mètres, lorsque Green ayant coupé la corde, livra le malheureux Cocking à l'éternité. En moins de deux minutes l'aréonaute arrivait à terre, et s'aplatissait sur le sol. »

— Quelle horreur ! exclama la camériste patricienne. S'il est possible que la police permette toutes ces abominations ! M. et madame Poitevin, avec leurs chevaux et leurs bœufs ; M. Godard, avec ses parachutes ; Thevelin et son trapèze, et puis, je ne sais plus quel nigaud monté sur une planche entre deux aérostats qui s'envolent, devraient être mis à Charenton, jusqu'à ce qu'ils aient renoncé à leurs envies de monter là-haut faire des cabrioles.

— Et tous les Parisiens avec, alors, interrompit la chambrière plébéienne, car les spectateurs sont aussi coupables que les charlatans.

— Oh ! dans tout cela ne voyez pas du charlatanisme, Justine, fit le marchand de Lyon, qui s'était éclipsé un moment. C'est l'amour de la science qu'il faut y voir, dans le plus grand nombre des aréonautes du moins.

— Oui, chez madame Blanchard, par exemple, qui, en 1819, s'étant élevée au Tivoli, voulut mettre le feu à une couronne de flammes de Bengale qui ornait le parachute dont elle allait se servir. La lance dont elle se servit mit le feu, non pas aux flammes de Bengale, mais au gaz de son ballon, qui produisit soudain une colonne de feu, au grand effroi des curieux de Montmartre et de Tivoli. Madame Blanchard descendit à terre, car la soie du ballon ne brûlait pas, et peut-être eût-elle échappé à la mort, si son ballon se fût abattu sur le pavé d'une rue. Mais il tomba sur le toit d'un hôtel de la rue de Provence. « A moi! cria madame Blanchard. » Et sa nacelle s'accrochant à une tige de fer, l'infortunée tomba du toit sur le trottoir et se brisa le crâne.

— C'est dommage, car madame Blanchard était habile. Elle avait une telle habitude de ces périlleux exercices, dit le Lyonnais, qu'il n'était pas rare qu'elle s'endormit dans sa nacelle, en attendant le jour pour opérer sa descente.

— Vous m'interrompez, M. Metrum, dit madame Jouvence, qui venait de raconter la mort de madame Blanchard, et vous ne me laissez pas vous demander si c'était par amour de l'art ou par amour de l'argent qu'elle exposait ainsi sa vie.

— Par amour de l'argent, je l'avoue! fit le marchand.

— Oui, mais certains savants, comme MM. Biot et Gay-Lussac; comme MM. Banal et Biscio, c'est bien par amour de la science! répondit de suite le magistrat.

« Déjà, avant eux, Robertson, à Hambourg, en 1803, avait exécuté une ascension savante, dans laquelle ils étaient restés six heures dans l'air, avaient fait vingt-cinq lieues, et s'étaient élevés à sept mille quatre cents mètres.

— Dans certaines occasions, on peut faire plus de vingt-cinq lieues, s'écria la voix nasillarde de M. Jouvence, qui ouvrait triomphalement un journal. Écoutez-moi un moment, je vais vous en donner la preuve :

« *Constitutionnel du* 20 *novembre* 1853, n° 324.

« Voici un nouvel et frappant exemple des étranges vicissitudes auxquelles s'exposent les navigateurs aériens. On se souvient qu'il y a plus de deux ans, l'aéronaute Arban, de Lyon, après une ascension exécutée à Barcelone, disparut complètement, et que depuis cette épo-

Aventures.

que on n'en avait plus reçu de nouvelles. La croyance générale était qu'il avait été forcé de descendre dans la mer, et qu'il y avait péri.

» Mais voilà qu'aujourd'hui les journaux espagnols nous apprennent, dit la *Gazette de Lyon*, que l'infortuné aéronaute vient de reparaître, après une série d'aventures tout-à-fait romanesques. On écrit d'Alicante, au *Clamor Publico*, de Madrid, les lignes suivantes :

« Le malheur qui semble poursuivre de préférence les hommes courageux, n'a pas épargné l'intrépide aéronaute Arban. Descendu, il y a plus de deux ans, dans son magnifique ballon, sur les sables brûlants de l'Afrique, il fut pris par une horde de sauvages, qui le conduisirent au marché d'un village de l'intérieur, et l'y mirent en vente comme un objet curieux. Il fut acheté par un vieux cacique, d'un caractère sombre et cruel. Son maître, le croyant sorcier, puisqu'on l'avait vu descendre des airs, le fit enfermer dans un cachot obscur, où il vécut de pain et d'eau pendant trente jours. Chaque matin, il lui faisait donner vingt-cinq coups de fouet, en guise de déjeuner, et chaque soir on lui administrait vingt-cinq autres coups de fouet, afin, lui disait-on, de lui faire trouver plus chaude la paille pourrie qui lui servait de lit.

» Il y avait près de six semaines que le malheureux Arban endurait ce supplice, quand un caprice du vieux sauvage lui permit de revoir le soleil et de respirer un air pur. Mais ses souffrances n'étaient pas terminées. Condamné avec d'autres esclaves à travailler la terre, il passait des journées entières exposé à un soleil brûlant, et n'ayant pas même de l'eau pour étancher sa soif. Lorsque, rendu de fatigue et couvert de sueur, il s'arrêtait un instant pour reprendre haleine, et prier Dieu de le rendre à sa patrie et à sa famille, le fouet impitoyable du maître labourait ses épaules en sifflant, et le forçait à continuer son pénible travail.

» Plus tard, et pour comble de malheur, il fut embarqué sur un négrier, destiné à faire la traite des noirs. Le service des esclaves embarqués comme lui était incessant. Ils n'étaient jamais relevés et n'avaient pas un instant de repos. Les châtiments étaient encore plus cruels à bord que sur la terre : le fouet à lanières de fer du contre-maître ne demeurait jamais inactif, et l'on mettait les jambes des malheureux esclaves entre deux planches, que l'on serrait à leur briser les os. Combien de fois Arban ne fut-il pas témoin de supplices que notre plume se refuse à décrire.

» Enfin, le jour de la liberté vint à luire pour le pauvre exilé : l'esclave a pu fouler un sol libre ! Il a été reçu avec mille démonstrations de sympathies... »

— Cher homme de Dieu, comme il a dû souffrir ! exclama Zéphirine, en essuyant ses yeux, et en se mouchant avec un bruit semblable au ré d'une trombonne.

— Puisque vous en êtes aux distances que peut parcourir un ballon, moi, je vous parlerai de la rapidité de cette marche. De ce que je vais dire j'ai été témoin. Vous verrez comment.

» Or donc, vous saurez que Garnerin avait été mandé à Paris pour les fêtes du couronnement de l'empereur Napoléon Ier. Il prépara un aérostat, mais, voyez-vous, un aérostat près duquel celui qu'on agence au-dessous de nous ne serait qu'une coquille de noix. Il suspendit à sa machine une immense couronne éclairée par trois mille verres de couleur, et, lorsque le feu d'artifice que l'on tirait sur les quais fut à sa fin, cet aérostat et sa nacelle, suivis de la couronne lumineuse, s'élevèrent majestueusement du Parvis-Notre-Dame, montèrent dans les cieux, aux acclamations de la multitude, et au bruit répété par les échos des deux rives de la Seine, de soixante mille fusées sillonnant l'air en tous sens. Le ballon chemina rapidement ; et, chose étrange ! le lendemain, c'est-à-dire de onze heures du soir à neuf heures du matin, notez bien cela, le lendemain donc, les habitants de Rome virent poindre à l'horizon un globe radieux qui s'avançait vers leur ville. J'étais à Rome en ce moment, moi, Messieurs, pour les affaires de mon commerce... Je fus l'un des premiers à voir cette machine ronde, rutilante, qui s'approchait lentement à l'œil, mais vivement, en réalité... Je fus aussi l'un des premiers à reconnaître que c'était l'aérostat impérial. Seulement, je me demandais comment, parti de la veille, jour du couronnement, il pouvait nous arriver déjà... Mais il n'y avait pas à s'y tromper. Tout le monde pouvait lire la belle légende peinte sur une zône d'or autour de l'aérostat, et cela d'autant plus facilement que l'aérostat baissait considérablement comme pour se faire admirer. Cette légende portait :

PARIS, 25 FRIMAIRE AN XIII.
COURONNEMENT DE L'EMPEREUR NAPOLÉON
PAR S. S. PIE VII.

» Quand cette magnifique machine eut plané un certain temps au-dessus de la coupole de Saint-Pierre du Vatican, elle s'éloigna, puis, s'affaissant tout-à-coup, elle rasa la terre, marquant par des débris son passage dans la campagne de Rome. Enfin, ne rencontra-t-elle pas les angles du tombeau de Néron, sur la Via-Appia, et s'y accrochant, elle parut devoir s'arrêter. Mais après quelques minutes d'arrêt, poussée par le vent, elle reprit sa course, laissant au tombeau la plus grande partie de sa couronne, et alla tomber dans les eaux du lac Bracciano.

» J'avais eu l'idée de monter à cheval pour suivre ce ballon qui m'intéressait. Aussi présidai-je à son sauvetage. On put le retirer du lac ; on le transporta même à Rome, et jusqu'en 1814, je sais qu'il demeura suspendu à la voute du Vatican.

— L'histoire de ce ballon finit mal, dit le magistrat ; mais elle avait mal commencé, et vous l'avez ignoré sans doute. Ainsi, ce même 6 décembre 1804, à 11 heures du soir, au moment où la couronne dépassa les hauteurs des tours de Notre-Dame, le vent éteignit une partie des verres de couleur qui l'éclairaient. On comptait sur un spectacle magnifique, et le ballon ne produisit aucun effet, au moins de nuit...

» Du reste, ajouta-t-il, le sort de votre ballon du couronnement est le sort de presque tous les aéronautes. Quand le métier remplace la science, quand c'est pour l'argent que l'on travaille, quand on multiplie les ascensions de façon à devenir millionnaire comme Robertson, doublé de guinées et de roubles comme Jacques Garnerin, tout brodé de dollars comme les époux Blanchard, où peut-on mieux finir que là où on a vécu? Cinquante ascensions font la richesse, et une seule ruine et tue.

— On vous racontait tout-à-l'heure la gloire d'un ballon en 1804, dit l'ex-professeur; laissez-moi vous raconter les infortunes d'un autre ballon en la même année 1804.

» C'est du comte Zambeccari de Bologne dont je vais faire mon héros. Zambeccari fut un savant, et non pas un histrion. Il a fait de grandes études et laissé des écrits sur l'aérostation. On lui doit tout le respect possible.

» Donc, le gouvernement de Milan attendait de lui une grande expérience, et lui avait fourni, par le don de huit mille écus, le moyen de l'accomplir. Son ballon ne fut prêt qu'à minuit, et une tempête grondait dans l'air. Deux amis montèrent seuls avec lui. Nonobstant l'heure et le mauvais temps, Zambeccari partit. A peine dans les premières régions de l'air, son aérostat fut emporté vers les régions supérieures avec une indescriptible vitesse. L'aéronaute et l'un de ses compagnons furent pris de défaillance. L'autre, à l'aide du rhum, sut résister, et ne s'endormit pas.

» Subitement le jeune homme éveillé crut entendre dans le lointain un murmure étrange. En même temps, le ballon lui sembla descendre beaucoup. Malheureusement l'obscurité était des plus épaisses. Andréoli, c'est le nom du pauvre élève en aérostation, agita bien vite ses compagnons pour les tirer du sommeil.

» Leur terreur fut au comble : ils tombaient dans la mer Adriatique !...

» A chaque instant, le bruit des vagues croissait d'une manière effrayante... Ils purent bientôt en apercevoir les reflets... Hélas! ils plongèrent dans les flots !...

» La nacelle cependant n'enfonça pas entièrement. Par moments, les vagues les couvraient bien, mais, le ballon, encore un peu gonflé, flottait sur la cime des vagues, et faisait surnager la nacelle. Dans cet instant de suprême détresse, il leur sembla voir arriver un navire à quelque distance. Mais le navire ne les aperçut pas, et passa outre. Alors ils se préparèrent à mourir, et recommandèrent leur âme à Dieu.

» Mais la Providence ne les abandonna pas. Le jour vint, et avec le jour la terre s'approchait. Déjà l'espoir rassérénait leurs cœurs, lorsqu'un coup de vent les rejeta vers la haute mer. Le ciel et l'eau, tel fut leur horizon pendant bien des heures. Les vaisseaux parurent; les matelots virent leur esquif; mais, effrayés de sa forme étrange, matelots et vaisseaux s'éloignaient en hâte. Enfin, la chaloupe d'un capitaine plus instruit vint à leur secours. Allégé de leur poids, le ballon reprit aussitôt son vol vers l'empyrée... Exprimer leurs souffrances pendant la durée de cet horrible drame serait impossible.

— Je crois bien, fit l'honnête bourgeois, qui ne s'était encore permis qu'une exclamation. C'est un vrai martyre qu'éprouvèrent là ces pauvres gens.

— Eh bien! alors, interrompit le magistrat, qui redira le martyre d'Olivari, voyant à Orléans, le 25 novembre 1802, sa montgolfière devenir la proie des flammes, et tombant de toute une lieue de hauteur.

— Et celui de cet ancien lieutenant de la marine royale de S. M. B. Georges Galle, qui, bourré d'alcool, monta sur son beau cheval attaché à un aérostat, fit une brillante ascension à Bordeaux, le 9 septembre 1850, descendit à Cestas, et, lorsque son cheval eut été détaché, mal secondé dans sa manœuvre par des paysans qui ne comprenaient pas sa langue, fut de nouveau transporté dans les airs, mais sa tête embarrassée par des cordages, et semblant suffoqué. Qu'advint-il? Les hommes ne peuvent le dire. Seulement, sur le soir, on trouva un ballon à demi-gonflé dans des landes, et quelques jours après, un bouvier vit son chien flairer singulièrement un objet caché dans des bruyères. Il y courut. C'était le malheureux Anglais, brisé, pétri, sanglant, et dont les bêtes fauves avaient déjà dévoré la tête et les membres...

» Voilà mon histoire, et j'ai vu la chose... fit l'étudiant en médecine, dont en effet l'accent gascon dénotait l'origine.

— Je frémis de ce que vous racontez là, Monsieur, dit une jeune femme, la maîtresse sans doute de l'espiègle chambrière, car celle-ci disparut en voyant la jeune femme arriver. Mais, permettez-moi de jeter au vent l'émotion que vous m'avez causée, en vous rappelant aussi la triste histoire de la pauvre Emma Verdier.

« C'était l'année dernière, 1853, je crois. La ville de Mont-de-Marsan s'était mise en liesse. Pourquoi? je ne m'en souviens plus. Seulement, je sais qu'afin de récréer les habitants de cette contrée, le conseil municipal avait jugé à propos d'accepter les services d'un aéronaute. Hélas! cet homme n'était qu'un charlatan. Au lieu de monter lui-même sa montgolfière et d'exposer sa vie, moyennant une misérable prime, il gagna les services d'une pauvre fille abandonnée, sans nulle expérience de la navigation aérienne. Il sembla que la Providence voulût se refuser à laisser cette innocente victime se sacrifier pour une cause si futile. Le soir vint avant que le ballon fût assez chargé d'air chaud pour s'enlever. On dut remettre l'ascension au lendemain.

» Enfin, dès neuf heures, au jour dit, une foule immense couvrait les rues et les places de la capitale des Landes. Alors, toute pâle et toute émue, couronnée de fleurs, parut Emma Verdier. Elle prit place dans la nacelle. Le lâche aéronaute donna le signal de la liberté du ballon; la pauvre enfant disparut, rapide comme un éclair. Long-temps son appareil plana dans les airs comme un aigle perdu dans les cieux;

long-temps Basques et Gascons levèrent les yeux pour satisfaire une avide curiosité... Emma Verdier ne revint pas! Deux jours après, de naïfs paysans aperçurent un cadavre suspendu aux branches les plus hautes d'un chêne centenaire, le visage meurtri, les yeux crevés, les cheveux épars, la vie éteinte...

» C'était Emma Verdier!...

Jeunes lecteurs, jusqu'alors j'avais tenu bon, affectant de ne pas écouter les récits de mes impitoyables voisins, donnant des ordres à mes travailleurs, allant, venant, comme un général d'armée, et cherchant à renfermer mon âme dans une triple cuirasse d'airain. Mais, en entendant cette voix funèbre dire d'un ton sinistre la déplorable fin de la jeune aéronaute, je me rappelai de moi-même Emile Deschamps, qui, tout récemment à Nîmes, le 27 novembre 1854, avait également péri... et dont le lendemain peut-être... je partagerais la fin cruelle...

Dieu merci! vous savez ce qu'est le prince Mentschikoff? on en parle de trop. Or, au siége de Varna, en 1829, un soir que cet orgueilleux et intraitable capitaine parcourait le camp, il s'arrêta, les jambes écartées, pour prendre une prise de tabac. Tout-à-coup on entendit un coup de canon, et le prince tomba tout de son long. On le releva.

« Otez donc ce boulet qui vient de me passer entre les jambes, dit-il... Il me gêne pour regagner ma tante... »

Eh bien, la dernière aventure racontée sur Emma Verdier venait de me produire l'effet du boulet qui terrassa Mentschikoff. J'étais abattu... mais, comme lui, je n'étais pas mort. Je rappelai tout aussitôt mon sang-froid, et frappant du pied la terre, je pressai de plus belle le travail.

Je dis même au mécanicien :

— Ces braves gens m'amusent. S'il est arrivé de grands malheurs déjà, c'est que les aéronautes n'avaient pas comme moi un procédé sûr qui leur permit de diriger leurs ballons. On cherche depuis long-temps ce moyen. Dieu me l'a donné, je le garde, et j'en ferai part à l'humanité quand j'aurai recueilli la gloire que j'en attends.

Une sorte d'incrédulité se dessina sur les lèvres de l'ouvrier. Il osa même répondre :

— Malgré toute votre assurance, Monsieur, si vous m'en croyez, ou vous ne monterez pas dans cette nacelle, ou vous ferez votre testament avant de quitter la terre...

— Vous avez au moins le mérite d'être franc, mon cher, ripostai-je. Mais votre franchise est dure et tombe à faux. Je vais étudier la science de la navigation...

— Permettez... me dit mon homme sans me laisser finir : Vous dites : Je vais étudier... je vous arrête sur ce mot. Si vous allez étudier, c'est que vous ne connaissez pas encore, n'est-ce pas? Comment donc avez-vous la prétention d'un succès infaillible? Voyez-vous, à l'endroit des systèmes pour diriger les ballons, j'ai entendu parler M. Petin, tenez, par exemple... puis M. Letur. Ils étaient tous, comme vous, fort assurés du succès. Or, vous le savez, avec leurs mécanismes, ils n'ont pas même pu quitter la terre...

— De ces sortes de choses, mon ami, on ne peut en appeler qu'à l'épreuve. Attendez à demain pour juger, et vous verrez... répondis-je d'un air piqué.

Enfin, le cinquième jour après le commencement des travaux, l'aérostat étant complètement achevé, sans m'embarrasser de limaille de fer, d'acide sulfurique, de tonneaux et de tuyaux, je fis tout simplement ouvrir l'un des robinets de gaz qui donnaient dans la cour, avec la permission de l'administration, et l'introduisant dans mon aérostat, j'eus la satisfaction de le voir s'enfler à vue d'œil. Il devint bientôt une merveilleuse machine que le soleil dora de ses rayons à son lever. Il me fallut appeler vingt hommes pour captiver ses efforts toujours prêts à l'enlever.

La nacelle fut approchée, puis assujettie aux cordages et au filet. On la pourvut d'un ancre, de baromètres, de thermomètres, d'hygromètres, de boussoles, de montres, de crayons, de papier, de livres.

J'eus soin d'y placer aussi des couvertures, mon caban, mon manteau, un parachute, une cage dans laquelle j'avais différents animaux. La partie des vivres ne fut pas oubliée non plus. On y plaça précautionneusement un pâté de chez Rollé, une poularde, un jambon, du pain, quelques flacons de Bordeaux, deux bouteilles de rhum, du sucre, des fruits et de l'eau. Les cigarres se trouvaient au premier rang : c'est la société de l'homme dans la solitude.

Nous étions au 15 de mai 1854.

L'horloge de la mairie voisine sonnait neuf heures et dix minutes.

J'entrai résolument dans la nacelle, un télescope en bandoullière.

Toutes les fenêtres de la cour et des maisons voisines, les rues attenantes, les mansardes et les toits regorgeaient de curieux.

Mes vingt hommes retenaient à grand'peine l'aérostat rebelle.

Je tirai de mon portefeuille une lettre que je remis à mon concierge. Il devait la porter tout après mon départ. Cette lettre était pour ma mère!

Alors, le regard au ciel, j'invoquai Dieu et fis le signe de la croix, en recommandant mon âme au Seigneur.

Enfin, saluant du chapeau tous ces visages qui me regardaient avec sympathie, je criai vivement :

— Lâchez, tous!

Le ballon bondit soudain, et, comme un météore brillant, s'élança dans l'espace.

I.

Du prodigieux spectacle qui s'offrit aux regards de l'aéronaute. — La terre vue des hauteurs de l'empyrée. — Etranges impressions. — Aspect du soleil et du firmament. — De l'air et des vents. — Beautés ineffables des mondes. — Dissertation sur le soleil. — Tempête et rumeurs aériennes. — Apparition des étoiles. — Une nuit dans les cieux. — Des constellations. — Mercure. — Vénus. — Effet des planètes. — Leur lumière. — Montagnes. — Anecdotes. — Mars. — Jupiter. — Bandes obscures. — Saturne. — Son anneau. — Uranus. — Satellites. — Effets d'optique. — Harpes éoliennes. — Harmonie des cieux. — Magique apparition de la lune. — Une rencontre à quinze lieues de la terre.

En un clin d'œil, aussi vite que la pensée, plus rapide qu'une flèche, mon ballon s'était élevé si haut déjà que je dominais tout Paris, dont mon regard embrassait les moindres parties et suivait les plus légers détails.

La tête me tournait bien un peu; mon cœur même battait avec une sorte d'inquiétude et mes tempes frémissaient sous le frôlement de l'air, mais mon énergie et ma volonté me rendaient maîtres de toutes mes facultés. Je m'inclinai vers la droite, je m'inclinai vers la gauche, partout des visages se montraient fixés sur mon équipage. Je voulus à l'instant juger du mérite de mon invention, je serrai le frein. Aussitôt, comme un coursier docile, le ballon ralentit son allure. Je pressai davantage le ressort du mécanisme, le ballon s'arrêta. J'étais assuré dès lors de la puissance de ma découverte; j'en bénis Dieu. En même temps, je me débarrassai de quelques livres de lest, et livrai l'aérostat à tous ses moyens; il s'élança de nouveau vers le zénith, comme une cavale indomptée.

Pour voyager ainsi, nul moment n'était plus propice.

L'air était pur, le ciel d'un bleu moiré de blanc, qui annonçait une journée splendide. Le soleil, un soleil printannier, chaud à achever la floraison de la nature ressuscitée, brillait de tout son éclat. Le bourdon de Notre-Dame sonnait, je ne sais à quelle occasion, et les cloches de plusieurs églises lui répondaient avec allégresse. Les échos de la Marne retentissaient au loin du bruit formidable des canons du poligône de Vincennes. A l'opposé, le champ de Mars m'apparaissait comme une large nappe blanche, couverte d'une multitude de fourmis courant au travail; c'étaient des régiments de l'armée de Paris, qui s'exerçaient à la manœuvre. Les accords de leurs fanfares montaient et passaient, éteintes souvent par de rapides bouffées de vent. La Seine étincelait entre ses deux rives de granit que tigraient les équipages de ses quais. Les obélisques de pierre, de bronze, de plomb, dômes, tours, flèches, campanilles, colonnes, arcs, portes triomphales, môles, minarets, coupoles, pyramides, m'apparaissaient dans une netteté parfaite, avec les mille rues rampant à leurs bases comme des serpents.

L'œil et l'oreille ne perdaient rien encore de ce qui se passait dans cette cuve bouillonnante, dans ce cratère en fusion, que j'avais au-dessous de moi. Je distinguais toutes les places; et, sur toutes les places, le mouvement de la foule affairée, bruyante. Le murmure qui s'exhalait de ces innombrables poitrines, le roulement des véhicules, joint au roulis des vagues humaines, grondaient sourdement, comme un accompagnement continu de contre-basse. A l'entour des palais, au centre des squares, sur cent avenues, au-dedans et au-dehors de la ville, les arbres, les pelouses, les bosquets, les massifs verdoyaient, enchâssant leurs émeraudes dans les teintes d'or d'innombrables constructions. Vraiment c'était un tableau sans rival, c'était une agitation non pareille, c'étaient une vie sans modèle, un bruit inimitable, une effrayante harmonie.

Je vis et j'entendis tout ce que je viens de dire, vivement, rapidement, aussi rapidement que vous le pensez, plus rapidement que je vous le dis. Dans une position semblable à la mienne, on sent et on observe très-vite.

Mon ballon s'élevait avec une rapidité toujours croissante. Je mesurai bientôt 900 mètres.

Pour ceux qui ne savent pas comment on mesure précisément à quelle distance on est de la terre, je dois dire que c'est avec le baromètre. Ainsi, qu'ils apprennent qu'une colonne d'air, prise au niveau de la mer, pèse autant que vingt-huit pouces de mercure. On conçoit, dès-lors, que plus cette colonne d'air est courte, plus elle est légère, ce qui fait que la colonne de mercure d'un baromètre baisse successivement à mesure qu'on s'élève vers le ciel, soit dans un aérostat, soit en gravissant de hautes montagnes. C'est donc avec une facilité puérile que l'on compte les degrés de son ascension.

Un immense horizon se développait à mes regards : Saint-Cloud et son palais, Versailles et ses deux villes, Meudon et le château qui le couronne, Corbeil et les îlots de ses rivages, la vieille tour de Montlhéry, les ruines d'Etampes, l'antique église de Saint-Denis, les bastions effondrés de Pierrefonds, et puis les lignes droites des chemins de fer avec leurs léviathans gigantesques, les rubans d'or de la capricieuse navigation fluviale, les filets d'argent de mille rivières, des bois, des villes, des prairies, des collines, des villages, des vallées, des montagnes. Et toujours le cercle qui limitait mon regard allait s'élargissant, si bien que tour à tour je reconnaissais Saint-Germain, où Louis XIV reçut le jour; Poissy, qui vit baptiser saint Louis; Mantes, que brûla

Guillaume le Conquérant ; Rambouillet, où François Iᵉʳ mourut ; Fontainebleau, qui entendit les sanglots des grognards de la vieille garde aux adieux de l'immortel empereur ; Compiègne, qui reçut les premiers états-généraux ; Noyon, qui vit sacrer des rois, et Beauvais avec les souvenirs de sa Jehanne Hachette ; et Amiens, dont Henri IV bâtit la citadelle ; et Rouen, la vieille capitale normande, qui garde encore, dans chaque rue, quelque joyau ciselé, sculpté, merveilleux ouvrage qui fait pâlir l'archéologue ; et Blois au château plein d'ombres illustres et de mémorables drames ; et Tours, nageant parmi les eaux de la Loire qui arrose le jardin de la France; et Orléans, sur les remparts de qui mon imagination voyait encore le panache de Jeanne d'Arc et son drapeau fleurdelysé.

Paris n'était plus à mes yeux qu'une miniature ; et l'horizon, tout en s'élargissant, s'amoindrissait de manière qu'après un quart-d'heure il ne fut plus pour mon regard qu'un immense tableau chargé de toutes les teintes les plus variées. Cependant les couches d'air que je traversais produisant l'effet d'un verre qui rapproche les objets, je découvrais à chaque instant quelque nouveau point de vue, charmant et pittoresque, mais réduit à des proportions trop fines pour que je pusse ou le reconnaître ou en analyser les beautés. Tout bruit avait cessé : les rumeurs de la terre ne pouvaient plus arriver jusqu'à moi. Je dominais la création sans en faire partie.

Qu'il devenait facile de reconnaître la rotondité de la terre du point où je me trouvais. A mon nadir, qui était le sommet de la terre, le globe allait s'affaissant et donnant une déclivité douce et gracieuse qui tendait toujours à s'abaisser. Il me semblait même que je la voyais tourner sous mes pieds, et qu'alors les contrées et les mers s'offraient aux investigations de mon ardente curiosité : mais non, en tournant, elle m'entraînait dans son mouvement, et je ne voyais toujours que les mêmes aspects. Qu'ils étaient beaux, mon Dieu, et que vous me sembliez grand et sublime dans vos œuvres !

Mon ballon était si docile et se gouvernait si bien, que, comme je viens de le dire, élevé au-dessus de la terre, il n'allait ni à droite ni à gauche, mais suivait toujours le mouvement du globe. Et, nulle brise ne soufflant, je me trouvais toujours au-dessus de Paris. Je voulus alors changer cette marche monotone, et, parti pour étudier l'inconnu, je donnai à mon mécanisme une impulsion telle, que ma rapidité d'ascension devint effrayante.

Malgré la limpidité de l'air, je ne vis plus de la terre, bientôt, qu'une masse énorme, verte, grise, dorée; je ne distinguai plus rien des sites, des villes ou des campagnes. Mais, par opposition, je commençai à sentir diverses impressions peu agréables. Ainsi, j'eus froid, très-froid d'abord; puis au froid succéda une sorte d'engourdissement; et, lorsque je voulus me passer la main sur les joues, afin d'y rappeler la chaleur, il me sembla que mon visage était d'un volume énorme. Je regardai mes mains: elles me parurent gonflées; je pris ma glace et me contemplai: j'avais le nez, les yeux et toute la tête bouffis, enflés. Il me sortait même du sang par les narines. Mais après quelques minutes d'un malaise assez prononcé, comme un commencement d'asphyxie, j'imagine, je me trouvai rendu à mon état normal. Je m'enveloppai dans mon caban, toutefois, et, me sentant l'estomac fort désireux de manger, je déjeûnai d'un grand appétit.

J'achevais de vider un flacon de Grave, lorsque, jetant les yeux sur le baromètre, je vis que j'étais arrivé à une hauteur de trois mille mètres. Je fis jouer l'appareil, car je me sentais d'humeur à braver tous les dangers, et, sous la pression de ma machine, le ballon bondit de plus belle, et s'éleva rapidement à quatre mille, à cinq mille, à six mille mètres...

Vous désirez, sans doute, savoir ce qu'était ce bienheureux appareil qui faisait ainsi bondir un aérostat, comme une cavale sous l'éperon ? Je vous le dirais, bien assurément, car j'ai confiance en vous, mes jeunes lecteurs, nonobstant les calomnies que l'on se plaît à dire sur les démangeaisons de certaines langues; mais, d'une part, si je publiais ainsi mon secret, il perdrait déjà sa première et sa plus essentielle qualité, le mystère; ensuite, quoique d'une facture des plus simples, un mécanisme ne se comprend guère que quand on le voit, quand on le tient, quand on le fait jouer sous vos yeux. Je ne vous refuse pas, du reste, de vous le montrer. Venez chez moi, à toute heure, lorsque vous passerez dans mon voisinage. Je serai flatté d'avoir l'occasion de vous être agréable en vous le plaçant entre les mains et en le faisant jouer en votre présence.

Le baromètre marqua bientôt sept et huit mille mètres, juste la hauteur de l'Himalaya. Il n'y avait donc rien de bien extraordinaire encore, vous le voyez, puisqu'il y a des montagnes de notre globe terrestre qui s'élèvent jusqu'à vingt-six mille pieds. Aussi j'usai de mon invention, et le ballon redoubla de vitesse. J'atteignis dix mille mètres, puis onze, puis douze, etc.

Je vous fais grâce du récit des différentes impressions de températures que je subis. Je vous dirai seulement que le soleil devenait à mes yeux beaucoup plus petit, mais beaucoup plus rouge, et infiniment moins chaud, à raison du peu d'air qui restait au-dessous de moi pour m'apporter ses rayons. J'ajouterai que le bleu du ciel s'effaçait, et que, plus je montais, laissant la plus grande masse d'air au-dessous, plus ce bleu que, dans les conditions ordinaires, l'atmosphère donne au firmament, à la hauteur où j'étais, se trouvant sous mes pieds, s'effaçait et faisait place à une teinte noire qui ne récréait, en vérité, ni le regard ni l'imagination.

Il ne suffit pas de s'attendre à un phénomène pour n'en être pas ému. Le doigt de Dieu et sa puissance se font toujours sentir lorsqu'on est en face de choses que l'on ne connaît pas encore. Ainsi je savais que cette belle couleur azurée du firmament est due non-seulement à cette masse d'air, épaisse de quinze à seize lieues, qui nous entoure, mais encore à d'immenses couches d'eaux légères qui réfléchissent, conjointement avec l'air, les rayons du soleil ; je sentais ces eaux légères comme des nuages, car mon ballon en dégouttait, et j'étais tout imprégné de son humidité ; je le savais, dis-je, et par la physique et par la Genèse, qui nous dit que Dieu, séparant les eaux des eaux, mit les unes en haut... et fit les océans des autres... je le savais, et j'étais ému.

Je savais que cette matière fluide, pesante, élastique, que l'on nomme air, pèse, sur chaque surface d'un pied carré, d'un poids de deux mille livres, de sorte qu'un homme ordinaire, d'une force moyenne, porte très-réellement sur la tête un poids énorme. S'il n'en est pas accablé, c'est que l'air qui est dans son corps, se renouvelant sans cesse, maintient l'équilibre avec l'épouvantable fardeau qui pèse sur lui. Ainsi j'avais vu pomper l'air qui était dans le vaste corps d'un éléphant, et la pauvre bête s'était immédiatement aplatie sous le poids de l'air extérieur, et était morte. J'avais vu aussi, tout au contraire, pomper l'air autour d'un taureau : alors l'air que renfermait son corps s'était dilaté outre mesure, si bien que l'animal, devenu monstrueux, lui aussi était tombé mort. Je savais tout cela, et je me demandais, avec une certaine émotion, ce qui allait advenir si je pouvais atteindre les limites de l'air et ne plus rien avoir au-dessus de moi.

Heureusement, l'imagination entraînant les idées, des pensées moins pénibles venaient me rappeler les poétiques merveilles de l'air. Je me rappelais qu'à l'heure où le soleil disparaît sous l'horizon, sans la présence de l'air, nous devrions entrer subitement dans la nuit la plus noire. Comment se fait-il qu'il n'en soit rien, et qu'au contraire, nous jouissions du jour pendant long-temps encore ? Pourquoi ce crépuscule du soir et pourquoi ce crépuscule du matin ? C'est que, pour nous préparer au jour et à la nuit, la délicate solidité dont le Créateur a doué cet élément le fait courber et prolonger les rayons de lumière qui s'échappent du soleil, quand ils pénètrent de côté dans l'atmosphère.

Je me disais aussi que l'air est le véhicule toujours disposé à nous transmettre les émanations flatteuses pour l'odorat ; le messager qui

Aventures. 4

nous apporte les sons destinés à nous faire connaître ce qui se passe au plus loin; un moniteur fidèle nous confiant avec complaisance ce qu'ont les autres dans la pensée; l'interprète zélé de l'harmonie. Qu'un cri soit jeté, qu'une cloche soit frappée, qu'un canon prenne feu, que la trompette sonne, et soudain, en une *seconde*, l'air a transporté le bruit, le son, l'éclat, les accords, à mille quatre-vingts pieds de distance, et la seconde suivante le jette à un éloignement égal...

J'entamais, à la remorque de cette tirade, une autre hymne en l'honneur des brises, des vents, des aquilons, de l'auster, du sirocco, du simoun et du mistral, variétés de l'air calme, doux, agité, mélancolique, maussade, furieux, brûlant ou acariâtre, lorsque, sans que j'eusse mis la main à l'appareil, serré le frein, dit un mot à mon aérostat, il lui prit un accès de mauvaise humeur. Se sentant mouillé, sans doute, il fit quelques pirouettes sur lui-même. Etait-ce désir de se sécher, était-ce envie de réveiller mon attention, était-ce de nouvelles eaux ou un courant d'air qui lui venaient en barre, je ne saurais le dire; mais il lui fallut bien quelques minutes pour se remettre.

On raconte de Saussure que dans son ascension du Mont-Blanc, lorsque les guides, laissant l'air au-dessous d'eux, eurent atteint le pic le plus élevé, le ciel leur parut si noir qu'ils reculèrent d'effroi, croyant qu'un gouffre immense venait de s'ouvrir sous leurs pas.

Telle fut l'impression que je subis soudain, en revenant à moi-même pour examiner la cause qui faisait ainsi tourbillonner mon ballon.

L'air commençait à manquer, et l'aérostat cessait de monter... On montait lâchement, en s'affaissant à droite, à gauche, en se dandinant de mauvaise grâce.

Je fis mon calcul : je devais être à treize lieues de la terre. C'était un trop funèbre chiffre pour m'y arrêter; j'usai de l'appareil, et le ballon reprit sa marche, mais comme quelqu'un que l'on contraint à avancer, sans goût, sans bonne volonté, sous le fouet de la pression...

Il eût été doué de sentiment, j'aurais cru qu'il avait peur.

Ce n'eût pas été sans motif; il y avait lieu d'éprouver certaines émotions.

Figurez-vous que j'arrivais aux dernières limites de l'air qui se raréfiait de plus en plus. Et comme il est le conducteur de la lumière, le jour disparaissait avec lui. J'entrai dans une région de ténèbres... Ténèbres affreuses, je vous jure! J'avais là, au-dessus de moi, l'espace ; mais, quel espace! un abîme immense, incommensurable, sans fin, noir, noir à faire reculer d'épouvante... Avec cela, un froid glacial; mais mille fois plus aigu, plus mordant, plus âpre que celui qu'on ressent en sortant d'une pièce chaude, pour braver une soirée du mois de décembre, dans une rue large, spacieuse et ouverte sur le nord. J'étais enveloppé de manteaux et de couvertures, et je grelottais. En outre, une sorte de terreur s'emparait de moi... Je fermai les yeux involontairement....

Dans cette disposition d'esprit, j'élevai mon cœur vers Dieu, j'invoquai la Vierge, étoile du nautonnier ; je songeai à ma mère, et puis je pensai à la gloire!...

Eh bien! je l'avoue; Dieu, la sainte Vierge, ma mère, me trouvèrent très-sensible ; mais la gloire et son auréole ne me rendirent aucune chaleur... et me laissèrent froid.

Du reste, j'avais peu le temps de méditer ses avantages et ses heureux résultats. Il fallait songer à la manœuvre. Dans l'obscurité, qui me gagnait de plus en plus, je jugeai que le ballon ne se gouvernait plus sagement, et je résolus de louvoyer.

Quand j'eus disposé les choses pour ne plus monter sensiblement, mais pour rester à la hauteur obtenue, tout en naviguant sur les dernières couches de l'air, au lieu de lever le regard, je le baissai...

Cieux et terre, faites silence! prêtez l'oreille, fils des hommes. Jamais spectacle semblable à celui qui m'était donné n'aura frappé l'œil humain, tant que d'autres n'iront pas, comme moi, chercher les merveilles de Dieu sur les confins du monde.

Au-dessus de moi, je l'ai dit, s'étendait un voile noir, épais, funèbre, effrayant. Mais, au-dessous, se balançait le globe prodigieux de l'atmosphère, renfermant la terre en son centre, comme un noyau, et ce globe indescriptible était lumineux, flamboyant du jour, doré des rayons du soleil, argenté de reflets plus doux, teint d'écarlate ici, mélangé d'opale là, rutilant des feux du rubis en certains endroits, violacé d'améthyste ailleurs; en un mot, offrant, dans toute son immense et merveilleuse sphère, ces charmantes et délicieuses couleurs prismatiques que nous montrent parfois le lever et surtout le coucher du soleil. Seulement, ce que nous voyons sur la terre, à ces heures mélancoliques, tant aimées des artistes, où la nature est si riche, si belle, si fantastique, quand l'horizon dérobe le soleil, qu'au point opposé la lune se lève comme un bouclier sortant de la fournaise, et que le bleu pavillon du ciel s'illumine de myriades de feux, n'est rien qu'un coin du magique tableau qui s'offrait à moi.

Qu'alors j'aurais voulu posséder à mes côtés quelqu'un capable de sentir ces inappréciables splendeurs! Mais, hélas! j'étais seul! Je m'enivrai néanmoins de la sublime contemplation dans laquelle je tombai, et j'adorai, oh! avec amour, l'Être créateur, l'Être souverain, éternel, immuable, infini, l'Être des êtres, l'Auteur des mondes.

Ce que je voyais était d'autant plus admirable, que m'élevant encore, et atteignant la distance de quinze lieues, je n'étais plus éclairé au-dessous que par les reflets de ce magnifique globe qui se balançait lourdement dans cet affreux abîme noir, horriblement noir, contre lequel je nageais, vers lequel je m'avançais. Le sommet de mon aérostat était perdu dans l'obscurité; mais les teintes les plus suaves rendaient splendides sa partie basse, et les cordages semblaient formés de l'or le plus pur, pendant que le taffetas avait l'éclat de la pourpre, et certaines bandes, la richesse du vert émeraude. Ces couleurs, du reste, allaient s'affaiblissant, et bientôt l'obscurité devint reine et maîtresse de la région où je me trouvais.

Cette fois, et bien évidemment, le ballon ne monta plus du tout.

Mais alors, une nouvelle surprise m'était réservée, et j'entrai dans une longue série d'admirations successives, dont je dois vous rendre compte, si mon récit peut vous intéresser.

Dans cette profondeur obscure, noire, mais plus noire, croyez-le, que la nuit la plus sombre, je crus voir un point rouge. Mes yeux, fatigués par le froid et les diverses impressions atmosphériques que j'avais endurées, étaient obligés de se fermer assez fréquemment, et de demeurer peu long-temps ouverts. Aussi se faisaient-ils difficilement à l'observation de ce point de feu. Néanmoins, à force de lutter, je demeurai le regard fixe, et je reconnus que ce point, rouge comme une masse de fer sortant de la forge, n'était autre que le soleil.

Mais ce n'était plus ce soleil dont les rayons nous arrivent grossis par la réflection de l'air, ce soleil magnifique qui répand la chaleur, la sérénité, qui inspire l'allégresse, qui féconde, et, lustre merveilleux, dissémine la lumière sur notre globe. Non, c'était un soleil, puissante gerbe de feu, sphère incandescente, gigantesque création de la volonté suprême; mais, par rapport à moi, pauvre curieux errant, orbe sans chaleur, astre sans rayonnement.

Cette masse brûlante, rouge, sinistre comme un incendie, roulant avec lenteur sur ce fond noir, avait quelque chose de terrible qui me saisit.

— C'est donc là, me dis-je, ce globe treize cent trente mille fois plus gros que la terre, dont la Genèse nous raconte la naissance subite, à la parole de Dieu, et qui se balance, au même point de l'espace, depuis déjà six mille ans. Depuis soixante siècles déjà, la terre tourne autour de ce pivot, de ce centre merveilleux des mondes, à une distance de trente-cinq millions de lieues; et, obéissant à l'ordre du divin Ordonnateur, le géant monstrueux répand sa lumière et sa vie, sans se reposer un instant, sans perdre une seconde de la route qu'il doit suivre. Parcourant huit millions de lieues à l'heure, la sphère terrestre reçoit sans fin ses regards bienfaisants. Qu'est-il cependant?

Hélas! à cette question, je restais muet. Où est le savant qui pourrait résoudre un problème dont Dieu seul connaît le mystère et le secret. Néanmoins, muni que j'étais d'un télescope assez puissant, et de verres noircis, je me mis en mesure d'étudier ce globe dont j'avais bien moins à redouter les feux brûlants.

Le soleil m'apparut alors plus pâle qu'à l'œil nu; mais en même temps je vis bouillonner à sa surface des nuages de feu qui semblaient se fondre ensemble, s'écarter, se rapprocher, se dissoudre et renaître : mais leur ténuité n'empêchait pas de distinguer le noyau de l'astre. J'aperçus donc des taches noires d'une forme très-irrégulière qui paraissaient en mouvement sur sa surface. Chaque tache, environnée d'une pénombre, offrait autour d'elle une bordure lumineuse, dont la lumière avait plus d'éclat que celle du reste du soleil. Extrêmement variables dans leur forme, leur nombre et leur position, je pus en compter jusqu'à cinquante. Il y avait quelques mois, de l'Observatoire de Paris, j'en avais trouvé au plus sept : cette différence dans le nombre, jugée déjà par Galilée, montre que le soleil offre ses différentes faces, diversement maculées, et c'est ainsi qu'on a reconnu qu'il opère son mouvement de rotation en vingt-cinq jours. Ce qui me frappa le plus dans cette étude aérienne, ce fut la grosseur énorme que je reconnus à ces taches. D'après le calcul que je pus en faire rapidement, quelques-unes d'elles avaient quatre à cinq fois le diamètre de la terre. Mais ce qui me parut plus positif dans la nature du soleil, et ce que je signale ici, c'est que le centre du soleil avait une lumière beaucoup plus forte que les bords de son disque.

Tout cela n'indique-t-il pas à la surface de cette énorme masse de feu de vives effervescences dont les volcans n'offrent qu'une faible image? Je ne saurais le dire : mais on est naturellement porté à conclure que le soleil est une mer de feu d'où sortent les cimes de diverses montagnes, qui forment ces taches noires au milieu de cet océan enflammé; ou bien un globe en combustion, semé de volcans, qui, jetant un éclat plus obscur, font croire à ces taches diverses de forme et de grandeur.

Mais alors comment ne se consume-t-il pas? Ah! voilà ce que l'on se demande avec raison, et la question que je me fis.

Ma réponse fut celle-ci :

« Il est probable que si le soleil ne s'épure pas dans l'envoi continuel de ses rayons, c'est qu'il jouit, ainsi que le prouve la chimie pour certains corps, de la faculté d'échauffer ce qui les environne, et de répandre la lumière autour d'eux, sans pour cela jamais se consumer. Un grain de musc parfume bien un appartement sans rien perdre de sa petite masse, d'où cependant s'échappent sans fin, pendant bien des années, des torrents de matière odorante. »

M. Arago, que la France et le monde savant pleurent depuis peu, me revint en souvenir. Je me rappelai que dans un entretien que j'avais eu avec lui, ce fameux astronome m'expliquait que le soleil est un corps obscur, mais entouré de deux atmosphères : la plus voisine de lui, éclatante, enflammée, et la seconde, obscure, mais diaphane, qui nous laissant voir la première, nous éclaire par l'envoi de ses rayons lumineux. Alors les taches du disque ne seraient que la vue du noyau qui nous arriverait quand il serait frappé par des courans d'air assez puissants pour traverser et séparer momentanément la première atmosphère lumineuse.

Cependant mon ballon planait à la surface des limites dernières de l'air, et j'en avais fini avec le soleil, quand mon attention fut portée ailleurs. Comme le globe de feu que je venais d'étudier et d'admirer descendait lentement et allait bientôt disparaître derrière l'horizon de l'atmosphère qui me servait de trône, je jugeai que la nuit venait déjà. Je regardai ma montre, j'eus quelque peine à bien voir l'heure. Mais en faisant jouer la sonnerie, je comptai quatre heures. Ce fut difficilement que je saisis les sons, l'air manquant à la région où je me trouvais. Aussi respirais-je péniblement.

Voici que soudain, sous mes pieds, mais à une grande profondeur, il se fit un bruit sourd qui retentit jusqu'à moi cependant, en arrivant comme un dernier écho de tempête...

Mon ballon subissait des oscillations dont ma nacelle éprouvait le balancement; puis le calme revenu, c'était, un moment après, une nouvelle agitation, qu'accompagnaient de lourdes explosions. J'aurais pu les compter d'abord, car à chaque coup, je ressentais dans la poitrine un ébranlement étrange, mais presqu'aussitôt un roulement prolongé, puissant et terrible, comme la voix des cataractes, comme le mugissement de la mer, retentissait dans les régions inférieures de l'air.

C'était, à n'en plus douter, un orage qui éclatait au-dessous de moi; à quelle distance, à quelle profondeur, je l'ignorais vraiment; mais ce bruit lent, lourd, qui agitait jusqu'aux surfaces de l'atmosphère n'était autre que celui d'une violente tempête, n'était autre que l'éclat de la foudre. Je me rappelai que le matin, avant de quitter Paris, le soleil se levant à peine, il faisait déjà l'une de ces étouffantes chaleurs qui pronostiquent une journée brûlante, et souvent, pour le soir, le désordre des éléments. Dès-lors je ne doutai plus que ce fut un ouragan qui passât sur les contrées terrestres. Il devait être terrible, à en juger la violence dont il ne me venait cependant que des échos fort affaiblis.

Je vous avoue qu'il y avait un certain charme à se sentir ainsi bercé par la tempête, à une distance qui n'en faisait pas redouter les fureurs. L'air supérieur sur les couches duquel je naviguais était comme une mer endormie qu'un rêve pénible, une sorte de cauchemar agite, et qui bouillonne, mais difficilement, lourdement, malgré elle, sous les efforts d'une pression intérieure qui la soulève, ainsi que pourrait faire un monstrueux léviathan, avant de paraître à sa surface. Mon ballon montait, descendait, tournait, s'agitait, secouait sa nacelle, et plongeait sa crête dans l'obscurité, ne recevant à sa base qu'un faible reflet des lueurs de l'atmosphère qui allait s'éteignant.

Et puis, lorsque je baissais le regard pour sonder l'air inférieur qui devenait obscur, je voyais courir dans ses abîmes des serpenteaux de feu, à une incommensurable profondeur : tout le globe vaporeux se teignait de mille lueurs exquises, indescriptibles; les explosions arrivaient à mon oreille; puis le ton sombre, grisâtre, se décolorant, revenait pour bientôt reprendre sa transparence rosée, écarlate, lumineuse, redevenir obscure, être de nouveau sillonnée par la foudre, courant ainsi que des vermisseaux de feu courent sur le papier noir qu'achève de consumer la flamme, et s'éteindre encore.

Enfin ces rumeurs d'orage et de tempête s'amoindrirent, murmurèrent à peine, et cessèrent tout-à-fait. Mais alors une profonde obscurité répandit son voile funèbre, même sur les parties que jusqu'alors une sorte de crépuscule avait doucement colorées.

Je mangeai : j'avais faim. Franchement le pâté que j'avais pris au passage de l'Opéra me sembla bon. M. Rollet ne se doutait guère que la volaille et le jambon dont j'étais muni s'envoleraient vers les astres pour être mangé par-delà les nuages. Je bus de même, avec un plaisir de beaucoup supérieur à celui que j'eusse éprouvé à terre, d'une certaine amphore de rhum, dont le généreux effet fut de me donner une vigueur et une curiosité nouvelles, dont je lui sus gré.

Mon frugal dîner touchait à sa fin, lorsque je me frottai les yeux, pour m'assurer que je n'étais pas victime d'une illusion.

Pendant une partie du jour, depuis que j'avais atteint les régions les plus hautes de l'air, j'avais cru voir scintiller sur le fonds noir du firmament de petits points lumineux presqu'imperceptibles. Je m'étais figuré que c'était à force d'examiner et d'observer le soleil, que mon regard retrouvait des flammes jusque dans les ombres. Mais cette fois, l'heure étant plus propice, sans doute, et le globe de feu du soleil tombant à l'horizon de l'atmosphère, je distinguai à n'en plus douter, d'autres corps lumineux, d'une couleur pâle, dont bientôt je pus déterminer positivement le nombre et la position. Presqu'en même temps, à des distances qui me semblèrent fabuleuses, tant la lueur était minime, je reconnus d'autres astres, mais en nombre infini, qui du même rouge que le soleil, paraissaient un point, mais un point des plus petits, dans l'espace infini.

A leur disposition, aux figures qu'elles formaient, à la couleur de leurs feux, je reconnus les étoiles fixes, ces autres soleils qui, semés dans l'espace par milliers, éclairent d'autres mondes, et proclament la puissance du Créateur.

A l'œil nu, comme sur la terre, je n'aurais pu en compter plus de douze à treize cents, dans notre hémisphère. Mais, à l'aide du télescope, il me devint facile d'en découvrir des nombres infinis, ainsi que fit Herschell, qui en trouva plus de cinquante mille dans un espace de quelques degrés. Et cependant la plus voisine de notre sphère est à la distance de plusieurs millions de lieues. C'est Sirius, cette belle étoile qui brille à l'horizon, vers le mois d'août.

Je retrouvai toutes nos constellations connues et aimées. Les constellations zodiacales d'abord, le Bélier, le Taureau, les Gémeaux, l'Écrevisse, le Lion, la Vierge, alors visibles, et la Balance, le Scorpion, le Sagittaire, le Capricorne, le Verseau, les Poissons, cachés en ce moment sous l'horizon.

Puis ce fut la grande Ourse, le Dragon, la Lyre, Cassiopée, la Chevelure de Bérémée, la Couronne, le Dauphin, Antinoüs, Andromède, Orion, le Triangle, toutes nos belles constellations boréales, qui se montrèrent à moi.

De mon ballon, mieux encore que sur la terre, cette distribution des étoiles ne me parut pas faite au hasard. Elle me sembla combinée de manière à former des systèmes, que nous appelons constellations, et dont Dieu seul a le secret.

Leur feu était le même à toutes, c'était le feu du soleil, un feu rougeâtre, qui lançait une flamme mobile produisant une scintillation. Mais à raison de l'éclat de quelques-unes, je m'expliquai mieux qu'on les divisât en étoiles de première, de seconde et de troisième grandeur, que le nom de nébuleuses fût donné à d'autres, et sans doute ces différences proviennent de leur plus ou moins grand éloignement.

Il me vint en pensée que d'Adam, le premier homme créé, à nous, ces étoiles gardaient fidèlement les mêmes places. Mais mes études astronomiques me remirent de suite en mémoire que non-seulement elles marchaient de manière à changer la position qu'elles occupaient à l'heure de la création, ce qui nous est assuré par les tableaux que nous ont laissés Hipparque et d'autres astronomes de l'antiquité, mais, en outre, des observations modernes attestent que les relations mutuelles de plusieurs d'entre elles ont été troublées d'une manière sensible. Ainsi est-il bien prouvé que ces variations sont subites par fois, par fois périodiques, et atteignent leur couleur comme leur position.

Tycho-Brahé, en 1572, en découvrit une de cette sorte, dans Cassiopée. Parfaitement arrondie, d'une splendeur égale à celle de Vénus, cette étoile demeurait visible même pendant le jour. Sa lumière s'éteignit ensuite par degrés, après avoir excité l'admiration pendant plus de quinze mois.

En 1604, dans le Serpentaire, une autre étoile, qui parut subitement, offrit des variations étonnantes, et disparut de même après plusieurs mois.

Je m'arrêtai peu à l'étude de cette pluie de points de feu, malgré tout le plaisir que j'avais eu à les retrouver, plaisir semblable à celui que l'on ressent quand on rencontre un ami en pays étranger.

Ce qui appelait mon attention ailleurs, c'était un spectacle que nos astronomes paieraient d'une moitié de leur vie, s'ils n'étaient à même de faire ce que je fis, c'est-à-dire d'aller étudier la cosmographie sur l'observatoire de l'atmosphère.

En vous parlant, mes jeunes lecteurs, je crains que mon langage ne soit au-dessous des grandes choses que je veux vous peindre. Pour parler des œuvres de **Dieu**, si grandes, si merveilleuses, il faudrait un langage sublime. Ne laissez pas tomber de vos mains mon livre par dégoût; mais soyez indulgents, et lisez encore.

Au ponant, vers le point qu'abandonnait le soleil, je découvrais, blanche et lumineuse, une mince étoile qui luisait de tout son éclat; plus haut et plus près de moi, j'en distinguais une seconde, si pure, si douce à l'œil, que j'aurais pu la prendre pour un météore. Je reconnus bien vite mon erreur.

Ces deux globes charmants n'étaient autres que les deux planètes inférieures, c'est-à-dire placées entre le soleil et la terre, Mercure et Vénus, pour les appeler par leur nom. Beaucoup plus petit que Vénus, Mercure, quoiqu'à treize millions de lieues du soleil, nage dans une atmosphère extrêmement épaisse, et Newton a calculé que sa chaleur doit être plus intense que celle de l'eau bouillante. Je le vis à l'aide du télescope : je pus m'assurer alors que cette planète offrait un côté de son croissant tronqué. Comme je savais déjà que cette troncature ne revenait qu'après vingt-quatre heures, j'en conclus facilement que sa rotation avait cette durée. Je distinguais parfaitement aussi les montagnes dont Mercure est hérissé : il en est dont la hauteur, après calcul, peut-être portée à trente mille pieds.

Mais, beaucoup plus belle, plus pâle et plus éclatante tout à la fois, Vénus surtout attirait mes regards. Elle mérite bien le nom qu'elle porte, ou ceux de Lucifer, de Vesper, que lui donnaient les anciens, ou encore celui d'étoile du Berger, dont le peuple la gratifie. Le premier astre qui étincelle à la voûte du ciel quand vient le soir, Vénus peut bien faire dire aux colons effrayés :

— Malheur à vos brebis, Pâtre du hameau! Si vous ne les enfermez en vos étables, avec la nuit, le loup va venir...

Je la contemplai long-temps : elle aussi, tronquée dans une partie de son orbe, elle annonce une rotation de vingt-trois heures. Il était facile de voir et d'apprécier les énormes montagnes qui la couvrent. Elle passa sur le soleil, juste à l'instant où cet astre quittait notre hémisphère obscur, et forma sur son disque une tache ronde et noire, mais avec des pointes. Ces pointes ne sont autre chose que des montagnes rocheuses, si brillantes aux feux du soleil, qu'on peut les croire couvertes de neige. Elle a aussi une atmosphère. Elle est presqu'aussi grosse que la terre. Elle fait quatre cent quatre-vingt-cinq lieues par minute, pendant que la terre n'en fait guère que quatre cent vingt. Mais le petit Mercure se livre à une course bien autrement rapide, lui! Ne parcourt-il pas son orbite avec une vitesse de quarante mille lieues par heure!

Plus le soleil s'éloignait sous l'horizon, plus le noir du firmament se couvrait d'une fine poussière de points scintillants, rouges pourpres, sur lesquels s'allumaient les planètes supérieures.

Parmi les étoiles fixes, j'apercevais à merveille Aldébaran, l'œil de la constellation du Taureau, dont la grosseur dépasse d'un million de fois celle du soleil. Puis c'étaient l'épi de la Vierge, le cœur de l'Hydre, la Vendangeuse, et le chaud Sirius, l'étoile la plus proche de la terre. Mais je le répète, sur le semis merveilleux de cette poudre de feu, se détachaient les planètes supérieures, grossies par je ne sais quel prodige d'optique, mais parfaitement nettes à l'œil, d'une couleur blanche fort tranchée, et surtout établissant à merveille, par cette différence de teinte avec les soleils, le système planétaire, tel que nous le livre la science.

Je m'armai de ma lunette, et je reconnus tout d'abord Mars, la plus excentrique des planètes, car elle a un mouvement fort irrégulier.

A son occasion, je me rappelai ce qu'on raconte de Rheticus, disciple de Copernic, qui ne pouvant expliquer ce mouvement original de Mars, invoqua son génie familier. Au rapport de Képler, ce génie saisit Rheticus par les cheveux, l'éleva au plafond, le laissa retomber à terre, et lui dit :

— Voilà le mouvement de Mars!

Je jugeai que Mars avait une atmosphère, car comme une étoile se trouvait dans son voisinage, elle me parut obscurcie. Je lui trouvai également des taches, et un aplatissement assez sensible.

De Mars je passai à Jupiter. Ce qui me frappa tout d'abord, ce sont les bandes obscures qui zèbrent cette planète. Bailly, l'infortuné Bailly, que tua la révolution de quatre-vingt-treize, et qui disait à ses assassins en allant à la mort, sous une pluie fine et glaciale :

« Je tremble, mais c'est de froid ! »

Bailly prétendait que ces bandes sont des mers plus étendues en longueur qu'en largeur, car, d'après la physique, les eaux absorbent une partie de la lumière qu'elles reçoivent. Mais ce qui m'étonne, c'est que j'avais appris que ces bandes étaient au nombre de trois, et j'en comptai jusqu'à huit. Au moins en est-il une qui est constante et fort large : c'est une sorte de grand fleuve qui traverse Jupiter dans sa zône torride. Je vins à bout de distinguer aussi, mais très-difficilement, les quatre petites lunes qui l'entourent.

Un attrait tout spécial m'entraînait vers Saturne, Saturne dont la masse énorme est à la masse de la terre, comme dix mille six cent quatre-vingt-dix est à un.

Mon télescope était à peine braqué dans sa direction, que je vis nettement l'anneau qui le ceint, comme une écharpe, et s'étend au-dehors pour lui former deux anses entre lesquels je revis le ciel noir. Véritablement, devant les œuvres de Dieu, l'homme doit s'incliner ; mais que peut-on dire qui exprime une admiration suffisante en face de ce mystère étrange d'une planète entourée d'une lune lui servant de ceinture, en laissant entre elle et le corps principal un intervalle immense ? Et quand on pense que cet anneau est double, qu'en outre de cette richesse de satellites, cette planète a sept lunes, on est obligé de se taire, car que peut bégayer la science devant toute cette éblouissante grandeur ? Je gardai long-temps ce prodige étonnant sous mon regard, je songeai qu'il avait de diamètre vingt-huit mille lieues, qu'il était éloigné du soleil de quatre cent treize millions six cent quatre mille cinq cent quatre lieues, et qu'il lui faut vingt-neuf ans pour tourner autour de cet astre, après quoi je passai à Uranus.

Cette autre planète est à six cent cinquante-six millions de lieues du soleil; il lui faut quatre-vingt-quatre ans pour remplir son orbite, et cependant il fait trois mille sept cent lieues par minutes!

Que dirais-je de Cérès, de Pallas, de Junon, de Vesta?

J'étais ébloui, et j'avais l'œil fatigué.

Cette fatigue ne venait pas de l'effort que je pouvais faire pour mieux distinguer les astres. Car, comme je l'ai dit, par un étrange effet d'optique, ce qui pouvait rester de parcelles d'air entre les planètes, les étoiles et moi, suffisait sans doute encore pour rapprocher et grossir d'une façon prodigieuse le volume des globes que je voyais, lorsque je faisais usage de ma lunette; ou si les parcelles d'air dont je parle n'existaient pas, je ne sais quel cause mystérieuse produisait l'effet que je signale, quand j'appliquais mon œil au télescope. Ce qu'il y a de sûr, c'est que je voyais admirablement bien les astres avec mes verres, et que nos observations de la surface de la terre sont infiniment moins heureuses. On eût dit que j'étais rapproché de plusieurs millions de lieues du corps que je voulais étudier. Cette fatigue venait donc seulement de l'admiration que je ressentais en face des merveilles qui m'étaient dévoilées.

Je n'étais qu'au début, cependant.

Le soleil était enfin complètement éclipsé par la terre, qui le cachait, lorsque mon oreille fut frappée de sons si doux et si harmonieux, que je crus qu'il se levait une brise fraîche qui faisait bruire une harpe éolienne.

Je me rappelais avoir été surpris, en Angleterre, dans un vaste et délicieux jardin tout brodé de kiosques et de cottages, par une mélodie semblable : je m'étais hâté de courir à l'endroit d'où partaient ces suaves accords, et je n'avais trouvé, suspendues à des arbres, que des tables harmoniques de forme carrée, sur lesquelles deux cordes de métal étaient tendues à l'aide d'un chevalet. Tenues à de courtes distances, ces harpes, appelées éoliennes, parce que le vent seul les faisait vibrer, se répondaient l'une à l'autre et produisaient l'effet le plus délectable dans ce site enchanteur. Cette harmonie s'expliquait parfaitement; car les cordes, par l'excitation de l'air, et surtout lorsqu'il survenait dans l'état de l'atmosphère une brusque variation, faisaient, par la décomposition des ventres et des nœuds, résonner des notes d'un accord parfait.

Mais il était bien évident, du reste, après une rapide réflexion, que je n'avais pas de harpe éolienne dans mon voisinage ni à ma portée. Car si l'abbé Gattoni, l'inventeur de ces tables, eut jadis la fantaisie de tendre, un jour, d'un clocher à un autre clocher, sept cordes qui représentaient les sept notes de l'échelle diatonique, et s'il en résulta un concert aérien qui ravit d'aise les habitants de Milan, sa patrie, certes, Gattoni n'était plus, et personne après lui n'eût eu l'idée d'établir aussi haut une harpe géante.

J'écoutai donc avec bonheur; car l'harmonie croissait douce, pénétrante, exquise, ineffable, mais comme en sourdine, dans un lointain mystérieux, et tout à la fois d'une façon si puissante, que l'on eût dit le céleste orchestre de Jehova chantant la gloire de Dieu par la voix des chœurs magiques des anges, des chérubins et des vierges du ciel.

Voyez-vous, de la grandeur des œuvres de Dieu il est des choses tellement sublimes et supérieures à l'esprit humain, que vouloir les exprimer et les peindre à l'aide de nos faibles ressources, c'est véritablement les amoindrir et les dégrader. Aussi n'essaierai-je pas de vous dire mes impressions. D'ailleurs, cette merveille fut aussitôt suivie d'une autre qui n'était pas moins propre à exciter mon enthousiasme.

A ma gauche, vers l'Orient, à l'horizon de la terre, s'élançaient dans le vide nébuleux de longs mais doux rayonnements d'or pâle, qui allaient s'amoindrissant en s'éloignant du centre qui les projetait. Ce centre était invisible encore, mais il approchait; car le cercle du rayonnement augmentait, et sa lueur, plus vive dans les parties du milieu, venait caresser mon aérostat et ma nacelle de ses teintes de topaze et d'opale.

Que pouvait être cette surprise singulière? Que pouvait être cette étonnante apparition?

Je n'attendis pas long-temps le mot de l'énigme. Le centre du rayonnement d'or était encore caché par l'énorme bloc de l'atmosphère terrestre, qui en recevait une molle transparence; mais il ne pouvait tarder à paraître. En effet, bientôt un globe d'or, de rubis, une plaque ronde de métal sortant de la fournaise, s'éleva, dominant la terre et son immense atmosphère, et je reconnus... la lune, notre belle lune, notre satellite, l'astre des nuits de notre planète.

Oui, c'était la lune; mais elle n'avait pas cette mesquine apparence d'un tambour de basque que nous lui connaissons, et qui fait débiter aux braves veilleuses des villages tant d'histoires fantastiques et saugrenues. La lune se montrait immense, gigantesque, et telle que mon cœur se prit à battre à la pensée que mon télescope allait enfin me donner raison de tous les mystères de la lune.

Cette apparition, du reste, ne faisait pas cesser les accords aériens de la céleste harmonie dont mon oreille était toujours bercée. Au contraire, avec la lune qui approchait, la mélodie allait grandissant et trouvait des échos dans la prodigieuse profondeur des abîmes célestes.

C'était à me prosterner et adorer.

Mais je fus distrait alors par de nouveaux caprices de mon aérostat. Il se prit d'une nouvelle agitation qui m'effraya. L'influence de la lune se faisait sentir jusque sur lui; et il y avait lieu. Voici pourquoi.

On dit généralement la lune sans atmosphère. Sur ce point, les savants astronomes sont en désaccord : les uns disent oui, les autres disent non. Ce que je puis dire, moi, c'est que l'approche de la lune poussait devant elle une brise, plus qu'une brise, un souffle puissant qui jetait l'agitation. J'étais à une grande distance, c'est vrai; mais la

Aventures.

terre est à une plus grande distance encore, et elle sent aussi cette influence dont les marées sont le résultat. Or c'était cette brise, ce souffle qui, s'étendant jusqu'à moi, déferlait ses vagues contre mon aérostat, et produisait l'agitation dont je parle et que vous pouvez facilement comprendre.

En très-peu de temps le globe splendide de l'astre des nuits se trouva au-dessus de ma tête; si bien que, stupéfait, je n'avais pas encore fait usage de ma lunette, et je livrais mes yeux à l'admiration de la lune et mes oreilles aux charmes du concert céleste, lorsque soudain... à quelques toises au-dessus de moi, je vis se détacher un point noir en forme d'aérostat, juste au-dessous de la lune, et quel aérostat! et en même temps une voix, mais quelle voix! me cria :

— Good evening, Friend : come to me...

L'étonnement ne me permit pas de répondre. Je reconnus cependant que l'on me parlait anglais. Aussi la voix, quelle voix, mon Dieu! reprit :

— Usted no me entiende, amigo? Mire usted por aca y venga usted hacia mi!

— Bon! pensai-je, voilà maintenant que de l'anglais on passe à l'espagnol pour m'interpeller...

Presqu'aussitôt la voix, et quelle voix toujours! ajouta en prenant l'allemand :

— Muss man dich denn so sehr bitten, zu mir zu kommen? Lass es dir nicth mehr sagen, komm.

— Va-t-il donc adopter tous les dialectes de l'Europe? me demandais-je. Alors il arrivera certainement au français.

— Non temere, amico mio, appressati. Non te lo far ripetere tante volte.

Mais je l'interrompis subitement en m'écriant à mon tour, et de ma plus grosse voix :

— Venez vous-même, je suis Français. Un Français ne quitte jamais son poste.

— Un homme de la grande nation! je vais donc enfin contempler un Français!... fit la voix.

Et soudain je vis à côté de mon aérostat terrestre, un aérostat lunaire, à côté de ma nacelle terrestre, une nacelle lunaire, et à côté d'un habitant de la terre, un habitant de la lune.

Mais hélas! quelle différence entre les produits de l'industrie de chacun des deux globes!...

II.

Portrait d'un habitant de la lune. — Dialogue entre un terrien et un lunien. — Ce que c'est que la lune, ses fluides, ses volcans, etc. — Prodigieux savoir des luniens. — Comment voyageait l'homme de la lune. — Mademoiselle Stella. — Causerie. — Où l'on prépare le tour du monde. — Lorgnon des luniens. Triste tableau des choses de la terre, etc. — Médisances... mais non calomnies. — Science littéraire des luniens.

Un éclat de rire, inouï jusqu'alors de mes pauvres oreilles, un éclat de rire homérique, strident, sardonique, capable de me briser le tympan si j'eusse été dans les conditions ordinaires, retentit à mes côtés en même temps qu'une main puissante fit osciller mon aérostat en s'appuyant sur ma nacelle. Je voulus fuir, et déjà je pressais le ressort de mon appareil, lorsqu'une force supérieure arrêta mes efforts, et l'on me dit :

— Pour un Français, et les Français sont les plus fameux des Terriens! vous n'êtes guère curieux, mon cher? Voyons, enlevez donc ce hoqueton qui vous cache le visage, et regardez-moi sans défiance.

J'ai grand plaisir à vous contempler; faisons donc connaissance. Il y a long-temps que je désire me trouver avec un Terrien, et si vous avez désiré de même voir un Lunien, l'occasion est venue. Sachons en profiter. Ainsi donc, mon cher, comme a dit votre Poquelin :

— Remettez-vous, Monsieur, d'une alarme si chaude !

Vous comprenez, mes jeunes lecteurs, que grande était ma stupéfaction. Aussi, restais-je bouche close devant un aussi étrange langage d'une créature venant de la lune. Je me frottai donc les yeux pour m'assurer que je ne dormais pas, pour être bien assuré qu'une hallucination ne m'obsédait pas de ses fantômes, et enfin me tournant vers le nouveau venu, je le regardai résolument.

Vrai ! mon pauvre talent de narrateur se trouve en défaut pour vous tracer un digne portrait du Lunien.

Ce qui me frappa tout d'abord, c'est que de sa tête il s'échappait comme une douce lueur presqu'imperceptible, mais marquant un véritable rayonnement, qui devenait plus sensible quand son corps se mouvait dans l'ombre ou les ténèbres. Je jugeai de suite que c'était l'émanation de l'âme renfermée dans le corps, sa prison, et qui se faisait jour par les yeux et la tête, la plus noble partie de la constitution physique. Maintenant voici l'esquisse de mon acolyte.

Sa tête, merveilleuse de beauté, semblait donc douée d'une intelligence supérieure. Mais ensuite sa poitrine et ses épaules, de la forme la plus irréprochable, paraissaient avoir le poli et la fermeté du marbre de Paros. Un sourire bénin se dessinait sur ses lèvres : mais on y rencontrait aussi quelque chose de spirituel et de sardonique que tempérait une exquise expression de bonté. Sa blonde chevelure, toute bouclée, se partageait sur un front haut et large pour ondoyer sur le cou et encadrer la plus heureuse physionomie.

Il était grand, mince et cependant robuste.

Son costume ? Oh ! Ne craignez pas : Je ne puis l'oublier. Et pour le dessiner ma tâche ne sera pas difficile. Il portait avec une charmante négligence un burnous blanc des plus amples et qui l'entourait de ses innombrables plis, depuis la poitrine, où le fixait une large émeraude, jusqu'aux reins, qui se trouvaient captivés par une ceinture d'or semée de fines pierres, et de la taille au-dessus du genou. La jambe était finement modelée dans des cothurnes de cuir vert brodé de perles. Sa main portait une sorte d'anneau singulier dont le chaton formait un petit globe de diamant qui jetait un éclat lumineux.

Vous voyez que rien n'est plus simple qu'une semblable toilette, composée d'un burnous d'une étoffe blanche comme la neige, et de cothurnes verdoyants comme l'herbe des prés au printemps. Et cependant je n'omets rien, si ce n'est un large cercle d'argent qui lui ceignait les tempes et les cheveux.

Pendant que je l'examinais attentivement, lui aussi faisait l'examen de ma personne. Hélas! qu'avais-je donc de si excentrique en mon chétif individu pour appeler l'hilarité, que les lèvres du Lunien frissonnaient sous la démangeaison du rire? Je ne sais. Mais je ne levais pas les yeux sur mon interlocuteur, que je ne visse la gaité poindre sur son visage. Aussi fit-elle explosion quand, pour me donner de l'assurance et de l'importance, ma première émotion passée, je repris avec sangfroid le cigarre encore allumé que j'avais un instant déposé à l'arrivée du Lunien, et en tirai de larges et longues spirales de fumée. Car j'ai oublié de vous dire, ami Lecteur, la chose n'en méritant pas la peine, qu'à l'approche de la lune, pour donner plus de charmes à mes idées admiratives, j'avais allumé un regalia de premier choix.

— Ah! fit-il, voilà donc le grand secret des Terriens! Souvent lorsque j'abaisse les yeux sur la terre, depuis quelques années, je vois le visage des hommes presque constamment voilés de certaines vapeurs comme s'il s'en exhalait de petits nuages. De loin, ils nous font l'effet de petites locomotives qui fument... Je comprends maintenant... C'est donc ce petit bout de je ne sais quoi que vous portez dans votre bouche pour en manger la fumée. Vrai, la chose est curieuse...

Et mon compagnon de route aérienne se mit à rire de si bon cœur, que mon aérostat, dont il tenait encore la nacelle de sa main, oscilla, tournoya, reçut des secousses saccadées qui m'eussent effrayé, si le Lunien n'eût mis l'ordre dans ma position, en reprenant son sérieux.

— Mais que signifie cette manœuvre? dit-il en m'interrogeant. Dans quel but, pourquoi, à quel propos prenez-vous cette fumée dans votre bouche pour la rejeter ensuite... C'est peut-être d'une haute philosophie, cet usage? C'est pour vous rappeler la brièveté de la vie et vous en donner l'image afin de mieux vivre?

— C'est pour en charmer les loisirs, mon cher Lunien, répondis-je, et le cigarre porte en lui des rêveries, des inspirations, des jouissances intellectuelles...

— Vous avez donc bien de ces loisirs? fit le Lunien, qui ne me laissa pas achever. Avez-vous tant ou si peu de choses sérieuses à exécuter, que vous perdiez le temps à faire ainsi de la fumée? Peut-être vous donne-t-elle une plus longue vie?

— Non, pour cela non... dis-je à mon tour. Je crois même que bien des maladies de poitrines, de poumons, de larynx ou de cœur, proviennent, surtout chez les jeunes gens, toujours portés à abuser de tout, de l'usage de la plante importée dans nos contrées par Nicot. En tout cas, nous n'en mourons pas moins, les uns jeunes, les autres vieux, comme chez vous probablement...

Un autre sourire des plus satiriques fut la réponse de l'aérostier lunien. J'allais lui en faire reproche, lorsqu'il me dit :

— Dans la lune, mon cher Parisien, l'on ne meurt pas!

— Mais d'abord, objectai-je, il y a donc des habitants dans la lune? Nous avons eu beau braquer sur cette planète les télescopes les plus forts, inventés par Herschell, perfectionnés par Lerebours, nous n'avons pu rien découvrir de positif sur notre satellite. Nous sommes cependant bien curieux de ce qui la regarde.

— Je le crois bien, et il y a lieu ! fit l'aéronaute lunaire. Elle a bien intéressé les peuples de l'antiquité. Je les ai tous vus l'adorer comme une divinité protectrice, les pauvres niais !

— Pardon, Lunien, laissez-moi vous interrompre. Vous... dites... que... vous... les... avez... vus, vous ?...

— Moi, mon très-bon, moi-même. Quel âge me donnez-vous ? Ne me flattez pas, voyons ?

— Mais dam !... vous devez bien avoir quelque chose comme... quarante ans !

— Ah ! ah ! fit le Lunien, je compte, mon bon, retiens bien le chiffre, je compte cinq mille huit cents ans. Je date de quelque cinquante ans après la création du monde. J'ai vu Adam et Eve dans le paradis terrestre ; j'ai vu Caïn tuer son frère Abel ; j'ai vu Noë ; j'ai vu le déluge... Vous accepterez donc que je vous dise avoir connu tous les peuples du monde ancien.

— Alors vous avez été témoin de choses bien curieuses !

— A qui le dites-vous ? Oui, allez. Mais nous en étions à la lune, ne la quittons pas si vite. Donc, vous saurez que les Egyptiens l'adoraient sous le nom d'Isis, les Phéniciens, sous celui d'Astarté ; chez les Grecs, elle recevait des honneurs au nom de Séléné, et, chez les Romains, elle était invoquée sous celui de Diane, d'Hécate, etc. Les Hébreux la regardaient comme la reine du ciel.

» Pour la mieux observer dans sa marche, les bergers de Chaldée gravissaient leurs plus hautes montagnes, et aussitôt que la lune naissante se montrait au firmament, les braves gens de ce pays se mettaient à la table d'un banquet somptueux.

— L'idée n'était pas mauvaise : c'était un moyen de festiner tous les mois... murmurai-je.

— Les magiciennes de Thessalie se prétendaient en commerce avec la lune ; aussi passaient-elles pour de terribles sorcières, lorsqu'au moment d'une éclipse, elles se vantaient de rappeler sur nous la lumière, à grand tapage de bassines et de chaudrons.

— Autre façon d'exploiter les niais ! Malheureusement la terre est avare de son ombre à l'endroit de la lune... dis-je avec un certain amour-propre, pour faire voir au Lunien que je n'en étais pas aux éléments de la science astronomique.

— Les Péruviens, encore un peu aujourd'hui, la regardent comme la sœur et la femme du soleil. Ils l'appelaient la mère de leurs Incas.

» Les musulmans ne manquent jamais de saluer la lune dès qu'elle se montre, et lui présentent leurs bourses ouvertes.

— Oui, mais ce n'est pas pour qu'elle y prenne le moindre boudjous, j'imagine ?

— Non, mon ami, le mahométan a plus de retenue que cela. C'est, tout bonnement, pour que notre influence lunaire y multiplie les espèces à mesure qu'elle croîtra dans son cours.

— C'est à merveille, tout cela, mon cher Lunien. Pour nous, Terriens, nous avons infiniment moins de respect pour votre patrie. Nous nous permettons même souvent des plaisanteries quelque peu profanes à votre endroit. Mais, en vérité, nous sommes bien excusables, puisque nous ne savions pas qu'elle portait des hôtes d'une aussi vénérable antiquité.

» Et pour vous dire de suite ce que nous en pensons, je vous avouerai que nous la regardons comme un corps inerte et glacé, ayant une forme ronde, aplatie à ses pôles, élevée à l'équateur, possédant un double mouvement de rotation et de révolution, recevant toute sa lumière et son éclat du soleil, éloigné de nous de quelque chose comme quatre vingt mille lieues et n'étant que la quarante-neuvième partie de notre terre.

» Nos savants affirment que vous n'avez pas d'atmosphère, que nul fluide ne vous accompagne, que vous n'avez pas de mers ni de rivières.

On vous accorde des montagnes, par exemple ; on dit même qu'elles s'élèvent à une grande hauteur, et qu'elles apparaissent comme des points très-brillants, accompagnés d'une partie latérale, obscure, dont la position et l'étendue varient avec le progrès de vos phases. Il est même de nos astronomes qui prétendent avoir aperçu, aux bords du disque lunaire, ces montagnes, comme des dentelures qui s'étendent au-delà de la ligne lumineuse. Leur mesure prise nous donne une élévation qui dépasse vingt-cinq mille pieds, cinq mille pieds de plus que le Dawalgères, dans l'Himalaya.

» Quant aux volcans, de nos savants les plus *lunatiques* osent dire que vous en avez, et que nos aérolithes viennent de votre pays, lancés par de violentes éruptions. Ils citent surtout l'énorme aérolithe qui, en 1822, près d'Epinal, dans les Vosges, vint, avec un horrible fracas, défoncer une route pavée, et montrer dans la profondeur qu'il avait faite, un énorme bloc de grés, noir, veiné, sentant le feu, le soufre, et brûlant encore de la chaleur volcanique. Mais il est mille de ces balides, que l'on montre avec curiosité dans nos muséum et nos cabinets de savants, dont on ne peut apprécier l'origine.

» Pour les habitants de la lune, la difficulté est beaucoup plus grande. On n'en a pas encore découvert le moindre échantillon à l'aide de nos lunettes, et aucun de vous ne s'est encore avisé de faire l'aérolithe, pour nous donner une idée de votre existence là-haut. Seulement on est bien convaincu qu'il n'y a personne, pas même des ours blancs, à cause de l'absence de toute végétation, et de l'éternelle présence des neiges et des glaces, vieille comète éteinte et glacée que vous êtes...

— Merci. Donc, *Adhuc sub judice lis est?*.

— Comment?

— Je dis : Adhuc sub judice lis est...

— La chose n'est pas encore jugée...

— Précisément.

— Vous savez donc le latin?

— Certes! ayant connu tous les peuples de l'antiquité comme je connais tous les peuples modernes, je sais toutes leurs langues. Ainsi l'hébreux, le chaldéen, l'arabe, l'assyrien, le mède, le perse, le carthaginois, le grec, le latin, l'égyptien, n'ont aucun secret pour moi et ne m'offrent aucune difficulté.

— Alors peut-être pourriez-vous me dire quelle est la langue mère des autres langues ? On raconte qu'un roi d'Egypte cherchant à résoudre lui-même ce problème, fit allaiter deux enfants par une chèvre, ordonnant à ceux qui les approcheraient, de garder toujours le silence devant eux. Au bout de deux ans, les enfants articulèrent distinctement les deux syllabes *beccos*, dont le son se rapproche beaucoup du bêlement d'une chèvre. Or, *bek* signifiait *pain* en phrygien, et le judicieux monarque en conclut que la langue primitive était celle des Phrygiens.

— Oui, et je sais même que vos Basques de France ont élevé une curieuse discussion au sein du chapitre métropolitain de Pampelune, et que la décision transcrite dans le registre des délibérations de la métropole porte nettement : que la langue basque fut la seule parlée dans le paradis terrestre par Adam et Eve.

» Pauvre monde! Dieu lui a livré bien des sujets de contestations. Je respecte ses vues, mon cher Terrien, et je ne satisferai pas votre curiosité. Je vous dirai seulement que je vous laisse le choix, pour causer avec moi de l'anglais, de l'espagnol, de l'italien, du français, de l'allemand, du chinois, du georgien, du sanskrit, du tamoule, du maleyalam, de l'anamite, du tatare, du kamchadule, du russe, du madjar, du copte, du nouba, du mandingo, de l'achantie, du betjouane, du pécherais, du téhuelhet, du mocoby-abipon, du sioux, de l'onéidas, du saki-ottogami, du chippeways, du...

— De grâce, tenez-vous-en là, mon cher Lunien, vous me déchirez les oreilles. Taisez-vous, je vous prie. Vous êtes un savant, un Panglotte; je le proclame, et je m'agenouille devant vous. Au fait, si vous avez cinq mille huit cent cinquante ans, pour vous désennuyer, vous avez eu le temps d'apprendre toutes ces langues.

— Apprendre! nous n'apprenons rien, mon ami; nous savons tout en naissant...

— Bah! tout en arrivant au monde...

— Mon Dieu, oui. Sur votre planète, la terre, Adam, votre premier père, est venu au monde, sachant toutes choses. Il a malheureusement péché, indignement péché! et l'ignorance est devenue son partage et celui de tous ses descendants. Sur notre planète, à nous, la lune, nous avons eu le bonheur de résister à la tentation, nous avons repoussé le crime d'orgueil et de désobéissance; aussi sommes-nous parfaits, immortels, connaissant toutes choses, voyant tout, sans que rien puisse nous être caché...

» Je vais vous en donner une preuve en éveillant ma fille qui n'a que quinze ans...

— Votre fille? m'écriai-je en prenant le lorgnon suspendu à mon cou par un ruban et l'incrustant dans la cavité de l'orbite oculaire pour voir voler quelque sylphide à l'entour de nos aérostats...

— Qu'est-ce que cela? fit le Lunien.

— Un verre qui grossit les objets ou au moins les rapproche... répondis-je.

— Ce brimborion! dit mon voisin, qui s'empara du lorgnon et le mit à son œil...

Mais il me le rendit aussi vite en riant.

— Autre joujou de vanité... Autre misère humaine! autre moyen de se rendre important, de se poser, de faire de l'effet! Mode et voilà tout... murmura le Lunien. Hochets de l'orgueil, ces prétendus verres empêchent de voir, au lieu d'aider la vue, et cependant, misérables comme ils sont, les hommes, même graves, jouent au lorgnon, comme les stupides dandys du beau monde. S'ils savaient ce qu'ils montrent de ridicules, et toutes les railleries dont ils sont le point de mire... O temps

primitifs, nature primordiale, naïveté antique, qu'êtes-vous devenus?...
Donc, mon bon, dépose ton lorgnon, dont tu n'as nul besoin; ne cherche pas ma fille dans les airs; elle est là dans ma conque; et veille à ne pas te montrer trop... fat... Elle serait impitoyable, quoique n'ayant que quinze ans...

» Voyons, la lune est au milieu de son cours : il est minuit sur la terre ; c'est là le moment le plus favorable pour jouir de l'harmonie des sphères.

— Ce sont donc les sphères qui produisent cet harmonieux concerts?

— Sans doute : les globes célestes, étoiles, soleil, planètes, satellites des planètes, comètes, masses de feu ou sphères opaques, chantent leur créateur et leur Dieu. C'est l'instant pour nous de mieux admirer l'œuvre de la création. Tous nos frères de la lune ont l'oreille et les yeux attentifs. Il est juste que ma fille paie aussi son tribut à l'auteur de tout être.

» Stella, ma douce Stella, réponds à la voix de ton père, ma fille bien-aimée, lève-toi.

— C'est étrange, dis-je; nos pères parlent ainsi à leurs enfants sur la terre.

— L'amour, le véritable amour du cœur est partout le même, répondit le Lunien. Mais dites-moi, cher Parisien, si vos enfants ressemblent à cette petite créature? ajouta-t-il.

Je dois vous dire, car je n'en ai pas encore fait la description, que la nacelle de mon collègue n'était autre chose qu'une longue, profonde et magnifique conque, toute nacrée au-dedans, au-dehors teinte des plus splendides reflets de la pourpre, sertie d'un étroit cercle d'or, auquel venaient se fixer des cordelettes d'argent, passées dans de riches anneaux d'or. Ces cordelettes allaient captiver le ballon de leur brillant réseau, et ce ballon, d'une étoffe violette de la plus belle nuance, inconnue dans nos contrées, était arrondi en forme de cône couché, correspondait par sa partie large et par sa partie plus étroite, à la partie plus large et à la partie plus étroite de la conque. Ses mouvements dans l'air étaient des plus gracieux, et c'était toujours la partie conique la plus large qui s'avançait la première.

— Vous regardez d'abord mon aérostat? fit le Lunien. Le vôtre souffre difficilement la comparaison, n'est-ce pas? Que voulez-vous? la terre et ses produits sont imparfaits. Ce que nous avons, au contraire, nous, Luniens, porte le cachet de la perfection, est merveilleux comme leur auteur, et prouve l'infini.

Maintenant voyez Stella... acheva-t-il.

Sous les flots du blanc tissu qui cachait le fond de la coquille de nacre, je vis en effet se lever lentement une forme que je ne pouvais définir encore: Mais bientôt la blanche enfant se dressa, chassa le sommeil, revêtit l'animation et la vie, et je me trouvai soudain en face de la plus belle enfant qu'il soit donné de rencontrer.

Après qu'elle eut jeté ses bras autour du cou de son père, elle m'aperçut, droit devant elle, dans ma nacelle. Ses yeux s'agrandirent aussitôt, sous l'influence de l'étonnement.

— Un homme de la terre! lui dit son père.

Stella se garda bien de répondre. Elle se hâta de draper sur ses épaules, en la serrant sous son cou, à la façon des juives, une mentonnière qui lui voilait le visage à demi, puis ajustant à une ceinture de pourpre une sorte de chlamyde d'une éblouissante blancheur, elle baissa les yeux avec une modestie pleine de réserve.

Mais bientôt aussi, relevant timidement l'un de ses yeux d'abord; puis l'autre, elle les porta sur mon aérostat, sur ma nacelle, sur moi-même, et, se plongeant de nouveau dans les bras de son père, elle se livra à un rire si naïf et si engageant, que, je l'avoue, je me mis à le partager...

Alors, quand elle eut cédé à cet entraînement de sa nature heureuse, elle dégagea son visage de sa mentonnière, secoua sa tête dont les longs cheveux noirs flottèrent, et fit voir un visage tellement enjoué, si parfaitement innocent, que je fus heureux de dire à son père :

— Votre fille porte bien son nom. C'est bien la plus belle étoile que j'aurai vue dans notre firmament. Merci à vous. La brillante Stella méritait seule mon voyage aérien.

— Monsieur est Français, je le comprends à ses compliments, dit Stella d'une voix douce comme le mi du haut-bois. Mais les Luniens aiment la simplicité du langage, et la pureté des pensées est le seul moyen de leur plaire.

— Ma fille tiendra sa place dans l'entretien, mon cher, fit l'homme de la lune : je vous ai prévenu de vous tenir sur vos gardes. Maintenant faisons nos conventions. Vous plaît-il de voyager de concert, côte à côte, vous dans l'atmosphère de la terre, nous dans l'atmosphère de la lune, car nos deux atmosphères se touchent, et celui de la lune roule sur celui de la terre? ou préférez-vous nous quitter et rester dans la solitude où nous vous avons trouvé?

— Cher Lunien, m'écriai-je, seriez-vous assez peu généreux pour m'abandonner soudain, lorsque j'ai mis à peine les lèvres à la coupe du bonheur que me donne votre connaissance? ce serait cruel!...

— Frrrançais ! pas de ces grands mots, mon ami, où je romps soudain, comme tu dis. Ecoute bien : nous sommes hommes tous deux, tous deux créatures du même Dieu. Mais le péché de ton premier père t'a rendu mortel, et je suis immortel. En outre, ta patrie et ce qui lui appartient est la proie du désordre et de la tempête; notre patrie à nous est l'image du ciel; le bonheur et la paix y règnent. Pouvons-nous bien, même pour quelques heures, associer nos existences? Je le crois, car rien dans ma conscience ne me dit que ce soit mal. Si donc nous continuons nos relations si fortuites, que ce soit pour l'avantage de votre esprit et l'intérêt de votre cœur.

— C'est-à-dire, interrompit Stella, que les œuvres de Dieu, que vous pouvez voir de plus près et autrement que vous ne les contemplez d'ordinaire, vous portent davantage à l'adorer et à l'aimer...

— Que je suis heureux ! m'écriai-je. Est-il jamais arrivé pareil bonheur à un homme de rencontrer des êtres supérieurs à lui qui lui révèlent les magnificences du Créateur et le fassent pénétrer dans leurs régions ?

— Rien de ce dernier point, mon cher Terrien : pas d'erreur ! Notre séjour à nous est le séjour de la perfection, par là même de la félicité. Nul profane ne peut y entrer. Pour y respirer et y vivre, il vous faut d'ailleurs une autre constitution que celle que vous avez. Vous appartenez à la terre, restez sur la terre.

— Ce serait violer les décrets de Dieu que de vous faire fouler d'un pied mortel les régions fortunées de l'immortalité, fit Stella. Ce que peut faire Mikaël, mon père, c'est de vous instruire par des paroles, de vous approcher assez près des globes opaques, et même lumineux, pour que vous puissiez les contempler et les admirer...

— Mais mon aérostat, vous le voyez, même en le livrant à tous ses moyens à l'aide de mon mécanisme, mécanisme dont je suis l'inventeur, ne peut franchir cette limite qui est la dernière de l'atmosphère terrestre, si bien que je ne puis aller plus loin.

— D'abord, reprit le Lunien, vous êtes plus loin, beaucoup plus loin de terre que vous ne le croyez. Vous êtes aux dernières limites, oui ; mais elles sont à des distances immenses déjà de votre planète. Les savants de votre monde croient fort rétrécies les bornes de leur atmosphère ; ils supposent que notre lune en manque : ce sont autant d'erreurs. Nos deux planètes ont chacune la leur, presque infinies tant elles sont étendues, et le point où nous nous trouvons est celui où elles s'arrêtent pour se toucher et se confondre dans leurs éléments les plus ténus et les plus éthérés. Voilà pourquoi votre aérostat oscille et prend une pose oblique, en se couchant sur le flanc, comme sous

Aventures.

une voûte qui contraindrait sa marche, ou comme un coursier qui manquerait d'air. Heureusement cette position oblique vous permet de nous voir ; car notre aérostat arrivant de la lune, et le vôtre venant de la terre, selon les règles ordinaires, devraient s'interposer entre nous et nous cacher mutuellement, à cette heure que nous sommes arrêtés. Le mien est également incliné et immobile, parce que je lui ai imprimé cette manœuvre ; mais, parfait dans sa facture, comme tous nos ouvrages, il va dans toutes les atmosphères et d'un globe à l'autre, selon notre volonté.

— Mais le mien n'en est pas là, cher Lunien, et je ne pourrai lui faire franchir cet obstacle qui le fait se surbaisser... objectai-je.

— Oh ! fit Stella, qui, ayant pris une courroie d'argent flexible qui se terminait aux deux bouts par des crochets d'or, en fixa l'un aux agrès de ma nacelle, oh ! en remorquant comme ceci votre aérostat, et en le reliant au nôtre comme cela, ajouta-t-elle en mettant l'autre crochet à l'un des anneaux de sa conque, votre appareil devra suivre le nôtre, et, franchissant cette limite rebelle, il s'élancera dans notre atmosphère. Nous pourrons même vous faire faire le tour des mondes.

— Et que verrai-je, alors ? dis-je.

— Les globes de feu, les corps opaques, planètes, satellites, comètes... répondit Mikaël, que je puis nommer par son nom, puisque je le sais de Stella.

— Les globes de feu ? m'écriai-je. En vérité, je redoute d'autant plus l'incendie que je ne suis point encore de la nature de la salamandre ou de l'amiante. Je vous tiens quitte des globes de feu ; pour les connaître, il me suffit du télescope. Mais les planètes, la lune surtout, notre chère lune, tant aimée sur terre pour les belles nuits qu'elle nous donne, ah ! je tiens à la voir, puisque la chose est possible.

— Eh bien ! nous te conduirons vers notre satellite, dit Mikaël, qui se familiarisait avec moi, après quoi...

— Après quoi ? dis-je avec le cri de l'espérance.

— Après quoi nous te ramènerons sur ta planète d'origine, ta chère patrie, pour y attendre le jour où ton âme s'envolera vers la grande et véritable patrie.

— Patrie! oui, c'est un mot sacré celui-là... Le cœur bat à ce nom... Maintenant que j'en suis loin, je sens que je l'aime...

Et, en disant ces mots avec sentiment, une larme glissa de ma paupière. Je baissai les yeux vers la terre.

En ce moment la lune jetait sur nous sa plus belle lumière. Elle argentait aussi faiblement l'atmosphère terrestre, qui, purgée de tout brouillard et de tout nuage, me laissa voir la terre comme une masse noire, énorme, en boule allongée, un peu déprimée à ses deux pôles, nageant lourdement dans l'espace. C'est ainsi que la lune nous apparaît, grise et terne en plein jour, nageant dans les plaines de l'air. Seulement la terre m'apparaissait d'un volume cent fois plus gros, deux cents fois plus gros que la lune. Et il faisait nuit sur terre.

— Vous voyez bien que votre ballon a monté plus que vous ne croyiez, me dit Mikaël, et que vous êtes à un très-grand éloignement de votre planète. Mais vous êtes triste, mon cher. Avez-vous peur?

— Je ne suis pas triste, répondis-je, mais je pense...

— Aux intérêts de la science que vous poursuivez en ce moment dans quelque calcul? continua le Lunien.

— Non; mais à un être tendrement chéri, parfaitement aimé, et qui dort là, sur cette sphère que j'ai quittée... Peut-être pleure-t-il en pensant à moi...

— Père? fit Stella.

— Que veux-tu, ma fille? répondit Mikaël...

— Si tu lui prêtais le fanal sacré qui fait luire les mondes à nos yeux? dit la jeune fille.

— Quel est ce fanal? demandai-je vivement.

— Celui-ci!... fit Mikaël.

Et il me montrait le brillant chaton, étrangement taillé, de la bague qu'il portait au doigt.

— Que puis-je faire de ceci? dis-je tout désappointé.

— Que désires-tu voir? me demanda le Lunien.

— La terre... dis-je...

— Et sur la terre?

— Paris.

— Et dans Paris?

— L'être dont je parle, ma mère!

— Quoique Terrien, il a le cœur bon... murmura Stella.

— Regarde... me dit le Lunien.

Et il mit à mon doigt son anneau, dont il plaça le chaton sous mon regard, entre la terre et moi...

— Ciel! m'écriai-je.

— Qu'y a-t-il? demanda Mikaël.

O chers lecteurs!... mon cœur bat encore à ce doux souvenir... Je voyais ma mère, oui, ma mère! Elle m'apparaissait dans son blanc peignoir, debout à côté de sa couche qui l'attendait, et courbée près de la lampe qui veillait avec elle. L'excellente femme lisait, et ce qu'elle lisait... c'était ma lettre, cette lettre que je lui avais envoyée à l'heure du départ... Et tout en lisant elle la baisait, et tout en la baisant elle pleurait...

— C'est bien un ange que Dieu nous donne pour mère, m'écriai-je, à nous, pauvres enfants perdus sur la terre. Voyez, Mikaël, voyez, Stella, cette pâle statue qui semble inclinée là-bas, comme le génie de la douleur, c'est une femme, et cette femme, c'est ma tendre mère! Vertueuse autant que bonne, après le souvenir qu'elle me donne, vous allez la voir s'agenouiller, je n'en doute pas. Ce sera pour prier, et pour prier pour moi. Les mères ont tant à dire à Dieu pour leurs enfants! Tenez; la voici qui place la lettre sous les flots de mousseline de son oreiller; maintenant elle s'approche de son crucifix, se prosterne et adore! Bonne mère, la foi fait sa vie d'à-présent, et lui prépare celle d'outre-tombe. Bonsoir, mère, bonne nuit! Je t'aime, va, et de l'empyrée je t'envoie ce baiser de fils aimant et soumis... Je suis bien sûr qu'il arrivera jusqu'à ton front; car c'est mon cœur, le cœur le plus filial, qui te l'adresse... Voyez-vous, elle a tressailli...

— Père, je rends mon estime aux Terriens... exclama Stella... Le péché ne les a pas encore dégradés jusqu'à leur ôter le sentiment du cœur...

— Comment, interrompit Mikaël, vous me rendez déjà le fanal précieux que vous désiriez tant connaître; et qui cependant ne vous a pas trompé dans votre attente?

— En aucune façon, tout au contraire. Mais après avoir vu ma mère, je ne tiens pas à voir autre chose. Je reste sur cette bonne pensée... dis-je avec mélancolie.

— Voilà qui est noble et beau, n'est-ce pas, ma fille? reprit le Lunien en s'adressant à Stella.

— Cependant la terre, votre monde à vous, Monsieur...?

— Gerpré...

— Votre monde à vous, monsieur Gerpré, continua Stella, Paris, par exemple, méritent bien d'être examinés avec un tel instrument. Il est vrai que la terre est plus triste la nuit. Mais je ne veux plus en dire trop de mal; vous la réhabilitez dans mon esprit.

— Je serai doublement heureux de mon voyage, alors, répondis-je avec urbanité. On voit bien à votre indulgence que vous êtes des créatures immortelles et parfaites. Aussi je vous prie de me la continuer.

— Vous êtes imparfait, sans doute, mon cher Français; mais dans votre dégradation même on retrouve les preuves de votre grandeur passée, qui est la nôtre toujours... dit le Lunien, sans joindre, cette fois, à ses paroles son rire railleur.

— Merci de vos bonnes paroles, mon cher hôte; mais puisque, d'une part, vous m'acceptez comme compagnon de voyage et que vous avez bien des choses à me montrer, que ne partons-nous d'abord? Et puis, d'autre part, comme nous sommes en frais d'aménités, ayez donc la bonté de m'instruire, et dites-moi, s'il vous plaît, comment il se fait qu'habitant notre satellite, qui n'est qu'une planète fort rétrécie, et jouissant tous de l'immortalité, vous n'arrivez pas à être trop nombreux pour l'espace qui vous est réservé?

— Je vous répondrai tout-à-l'heure, fit Mikaël... Pour le moment, je donne jour à ce tube qui communique à notre aérostat, et... vous le voyez... nous sommes en marche...

Aussitôt une secousse de mon ballon se fit sentir si brusque, si rapide, que je crus qu'il fendait l'air, et j'ouvris des yeux éperdus en m'attachant de mes deux mains à ma nacelle, dans la crainte d'en tomber. Entraîné par celui du Lunien, mon aérostat franchissait avec une sorte de violence les dernières couches de l'atmosphère terrestre. Mais à peine eut-il brisé la force centrifuge de la lune pour tomber dans sa sphère d'attraction centripète, que je me sentis monter vers notre satellite.

— Maintenant, causons... reprit le Lunien.

« Mon cher ami, dit-il, je ne vous dirai que peu de choses de notre séjour et de nous-mêmes. Il est de mon devoir de ne point révéler à l'homme ce que Dieu lui a caché. Cependant, comme à certains points de vue notre histoire eût été la vôtre, je vous en dirai assez pour vous satisfaire.

» En nous donnant la justice, l'innocence et l'immortalité, Dieu n'a pas permis qu'une race nombreuse couvrît notre globe. La lune est parfaite dans toutes ses parties et nous offre un véritable Eden. Nous y sommes divisés par familles, et nous y gardons, même les plus âgés, une éternelle jeunesse. Chaque famille a sa vallée, ses collines, ses versants, sa demeure. Notre vie, toute patriarchale, se passe dans de doux et agréables labeurs. Le jour, les beautés de notre nature nous occupent; la nuit, les accords des sphères, les mélodies des mondes nous ravissent. Nous nous livrons parfois à de paisibles sommeils; mais c'est sans besoin rigoureux. Les fruits, les fleurs, le miel, le lait forment nos aliments. Notre distraction la plus grande est de voir la marche des sphères, leurs phases, leurs merveilles, les spectacles qu'elles nous offrent, et dont nous ne perdons rien si la main de Dieu les conduit près de nous, et que nous suivons à l'aide du fanal des mondes, si la main de Dieu les porte dans l'infini des cieux.

— Alors vous nous regardez quelquefois? demandai-je.

— Non, je vous l'avoue, répondit le Lunien; nous détournons, au contraire, les yeux de... dégoût; et notre seule douleur est de voir les Terriens tombés dans de si profonds abimes de maux.

» Pour notre amusement, toutefois, nous vous empruntons, pour le reproduire et nous en récréer sur notre sphère, mais sans travail, vos œuvres d'en-bas qui le méritent. Aussi nous avons, comme vous le voyez, nos aérostats, nos chemins d'or au lieu de fer, nos palais, nos temples, nos musées et des villes superbes. Mais, pour notre bonheur ou notre utilité, nous n'avons nul besoin de ces choses. C'est de cette façon que nous attendons la fin des temps, époque heureuse, qui mettra fin à la condamnation de la terre, et réunira tous les êtres des sphères en un même séjour qu'on appellera le ciel!

— Et l'enfer? vous l'ignorez sans doute? dis-je tout bas.

— Nous ne l'ignorons pas, mon pauvre frère! fit Mikaël. Nous savons, au contraire, par votre exemple, hélas! que Dieu est terrible dans ses vengeances, et qu'il sévira contre ceux que le vice et l'orgueil auront tellement abrutis, qu'ils ne seront plus dignes de s'asseoir jamais aux banquets de l'éternité.

— Mon père, fit Stella, tout en poussant un profond soupir, tout ce que vous venez de dire, et qui n'est que l'expression de la vérité, par contraste, montre combien est pénible la condition des pauvres Terriens... Je vous plains bien de toute mon âme, allez, frère, me dit-elle avec une larme dans les yeux; car, quand je songe qu'à peine venus au monde par la douleur, vous ne cessez de subir une succession de peines et de souffrances qui ne se terminent que par la mort! je m'écrie : Qu'il est affreux, le péché, puisqu'il entraine de si grands maux!

» Aussi je ne vous dissimule pas qu'avec notre tendresse de cœur, nous autres créatures d'un monde meilleur, nous nous gardons bien d'abaisser jamais les yeux sur votre planète.

» Qu'y voir, en effet?

» Vous ne vivez que de la mort, vous autres Terriens... Il vous faut la torture et les supplices pour votre vie. Aux oiseaux vous prenez leurs plumes, aux brebis leurs toisons, aux bêtes fauves leurs fourrures. Vous n'avez de vêtements que ce que vous en donnent le trépas, l'agonie, la géhenne d'êtres créés et qui eussent été heureux de vivre. Les pelleteries qui cachent vos mains, les cuirs qui enveloppent vos pieds, c'est la mort qui vous les donne. Vos aliments les plus simples, comme les délices de vos tables, c'est à la mort que vous les devez. Voulez-vous des plaisirs? On peut être sûr que ce sera au détriment de vos semblables, par le danger, par la douleur, par la vie, par le sang d'êtres faits pour l'ornement du monde.

» Voulez-vous un exemple?

» Dites-moi s'il est dans les sphères un animal plus noble et plus beau que le cheval?

» Vous savez ce qu'en dit le romain Virgile dans ses admirables Géorgiques :

— Primus et ire viam, et fluvios tentare minaces (1)
Audet, et ignoto sese committere ponti :
Nec vanos horret strepitus. Illi ardua cervix,
Argutumque caput, brevis alvus, obesaque terga.

---

(1) Géorg., L. B. v, 77.

> .... Tum si quæ sonum arma dedere,
> Stare loco nescit, micat auribus, et tremit artus ;
> Collectumque fremens volvit sub naribus ignem.

» Et ailleurs, dans l'Enéide :

> Quadrupetante putrem sonitu quatit ungula campum (1).

» Ce qui veut dire, monsieur Gerpré (si j'en fais la traduction, c'est que j'y ai plaisir, et non point pour vous épargner un travail qui doit vous être agréable) :

» Le premier il ose aller en avant, tenter le passage d'une onde menaçante, se risquer sur un pont inconnu; aucun bruit ne l'épouvante. Il a l'encolure haute, la tête effilée, peu de ventre, la croupe rebondie... Un bruit d'armes a-t-il retenti au loin, l'animal ne sait plus se tenir en place; il dresse les oreilles; tout son corps tremble; il roule dans ses naseaux les feux comprimés de sa poitrine...

» Les pieds des chevaux tombant et retombant ensemble battent la plaine poudreuse de leur corne sonnante...

— C'est d'autant mieux dit du galop du cheval, m'écriai-je, que j'apprécie singulièrement à cette heure le bonheur du coursier qui s'ébat dans la plaine, à travers les prairies...

— Pourquoi cela? demanda le Lunien.

— Parce qu'étant dans ma nacelle depuis hier...

— Dites dans votre panier ! fit Mikaël...

— Je sens à mes jambes des milliers de fourmis qui les dévorent. J'aurais grand besoin de les étendre, ou de faire quelqu'exercice gymnastique un peu violent...

— C'est très-difficile où nous sommes...

---

(1) Enéid., L. VIII, v. 596.

— A qui le dites-vous? Connaissez-vous l'infirmité dont je parle, Lunien?

— Nous n'en connaissons aucune, mon cher...

— Que vous êtes heureux! Mais je crois que la circulation du sang se rétablit... Vous veniez, Mademoiselle, de citer un auteur qui a passablement tendu de piéges, jadis, à ma jeune intelligence, et m'a valu plus d'un *pensum!* Mais je connais un autre auteur, que nous comptons parmi nos gloires, qui a dignement parlé du cheval, du bœuf, du chien, des animaux en général, de leur étonnant instinct, de leur belle intelligence, de leur aptitude à s'instruire, et des précieuses qualités dont ils font preuve... Quels services ces admirables créatures de Dieu ne rendent-ils pas à l'homme?

— Or comment l'homme les récompense-t-il? interrompit Mikaël. Il faudrait que vos paysans terriens connussent tous le M. de Buffon dont vous parlez. Mais je voudrais surtout qu'ils sussent ce que dit la Bible du cheval encore. J'aime à en parler, parce que c'est la plus belle conquête de l'homme. Le savez-vous, vous-même, Monsieur? J'ai remarqué que les Français ont le commun défaut de s'engouer de beautés factices, et ne regardent pas même quelquefois les beautés réelles. Ainsi, par exemple, dans le livre sacré, Job fait paraître à nos yeux le cheval tout plein de force, d'ardeur et de courage, frappant du pied la terre, et s'élançant avec audace au-devant des hommes armés; sentant de loin l'ennemi qui s'approche; répandant la terreur par le souffle de ses narines; de sa voix répondant à la trompette qui sonne la charge; inaccessible à la peur; marchant sans s'arrêter contre le tranchant des épées, et dévorant le sol quand son cavalier le guide au combat.

» Et cependant, quel est l'animal que vous torturez le plus sur la terre? C'est le cheval. Vous lui imposez des fardeaux que ses forces sont impuissantes à porter; s'il succombe sous le faix, vous l'abrutissez de coups, la noble créature! Et souvent même, dans votre stupide colère, vous lui brisez les membres et le privez de la vie.

» N'est-ce pas tous les jours que cet odieux spectacle se reproduit?

— Hélas! reprit Stella, je n'abaisse pas une fois les yeux sur votre pauvre planète, infortuné Terrien, que je n'y voie le sang, le meurtre, le pillage, la guerre, la rapine, l'incendie... La guerre, vos guerres même les plus justes, y a-t-il rien de plus odieux? Aussi c'est sur leurs auteurs que le blâme doit retomber le plus... Oui, j'ai horreur de votre globe : il sue la mort, il sent l'agonie; on n'y entend que le râle. Partout ce ne sont qu'abattoirs, cirques, arènes, colysées, victimes, supplices, convulsions, sanglots, gémissements, détresse et mort !

— Enfin voici ma fille qui parle, dit le Lunien. Elle retrouve sa verve, et vous prouve, mon ami le Français, combien, même en nos enfants, la raison, le jugement, la sagesse se produisent dès l'origine.

— Malheureusement, elle parle trop bien, et ce qu'elle dit est trop vrai, répartis-je.

» J'en baisse la tête de honte, mais il n'est pas jusqu'à nos enfants à nous dont la dégradation native ne fasse éclore prématurément une précoce perversité.

» Vous me donnez vos preuves, voici les miennes :

» Je possède à Morsan, là, sur un point imperceptible de notre île de France, une charmante maisonnette qu'entourent des collines verdoyantes, de grasses prairies, et des eaux vives qui sourdent et jaillissent de toutes parts. Mais ce que j'aime le mieux dans ce modeste retiro, ce qui fait aussi le charme de ma mère, c'est que nous ne sommes pas les seuls hôtes de ce logis champêtre. Dans l'immense embrasure d'une fenêtre gothique, figurez-vous la plus vaste et la mieux étagée des hirondellières... Oui, des hirondelles, ces architectes du premier ordre, ont construit là tout une cité qui révèle un talent architectural des plus prodigieux. Je vous assure que c'est tout un travail magnifique, dans lequel interviennent, avec la science de l'architecte, l'art du maçon et le savoir du plafonneur.

» Or, pendant l'hiver, cette cité d'ordinaire si bruyante n'est qu'un sarcophage. Le vide dort dans ses nombreuses cellules.

» Mais à peine le souffle du printemps a-t-il rafraîchi la nature, à peine de tièdes brises annoncent-elles les beaux jours, soudain le gazouillement d'une hirondelle nous salue; puis une, puis deux lui répondent. Ce sont comme les trompettes de toute la troupe qui nous saluent de leurs fanfares. Et ne vous y trompez pas, elles nous saluent en effet. Elles nous connaissent et nous aiment, comme nous les aimons et les reconnaissons. Car ce sont bien les mêmes petits volatiles des années précédentes : voici les mâles, voici les femelles. A tel signe nous retrouvons l'un, à tel autre signe nous retrouvons l'autre. Il n'y a pas à s'y tromper, ce sont exactement nos mêmes locataires; et malheur aux intrus qui auraient eu la paresse ou la prétention de s'emparer de leur petit domaine. Chacune donc reconnaît son lit et s'installe aussi vite chez elle.

» Et savez-vous comment nous nommons, en France, ces charmants oiseaux? Les oiseaux du bon Dieu. Ce n'est pas sans motif : vous allez juger.

» Il n'est pas une espèce animale à laquelle Dieu ait versé avec une partialité plus visible ses faveurs et ses dons. La tourterelle et le moineau-franc n'ont pas sa tendresse; la perdrix n'approche pas de son dévouement maternel; la bergeronnette est loin de sa charité sociale ; le faucon ne pourrait lutter avec elle pour la puissance du vol, la finesse de la vue et la légèreté. Quant à la fidélité, Philémon et Baucis ne sont près d'elle que des enfants volages.

» L'hirondelle est l'amie de l'homme; elle nous arrive dès les premiers soleils, afin de nous délivrer des insectes que produisent ses chaleurs. C'est à nos demeures qu'elles fixent leurs nids, afin de vivre avec nous et d'égayer nos loisirs de leur vol gracieux et de leur frais gazouillement. Suivant les printemps de toutes les latitudes, sa vie n'est qu'une longue fête, et son chant qu'une hymne joyeuse en l'honneur des beaux jours et de la liberté.

» Le ménage de l'hirondelle est indissoluble; la mort seule les sépare; et alors on voit les voisines se charger des enfants des défunts et les nourrir... Quelle leçon pour les mauvaises mères, qui n'ont pas même soin des leurs ! L'esprit de maternité se manifeste chez elle dès l'âge le plus tendre. Aussi, quand arrivent les mauvais jours, il n'est pas rare de voir de pauvres petites hirondelles, à peine sorties du nid, s'empresser autour de leur père et de leur mère, et les aider dans les soins d'une éducation nouvelle.

» Vous comprenez dès-lors qu'ayant fait toutes ces remarques à l'endroit des hirondelles, je me sois attaché de cœur, aussi bien que ma mère, à mes charmantes petites pensionnaires. Dès le matin je causais avec elles; mon approche ne les faisait pas fuir; elles me réservaient, au contraire, leurs plus doux concerts. Mais surtout quand ma mère apparaissait, c'était de l'enthousiasme dans leur joie.

» N'allez pas croire qu'elles ne songeaient qu'à leurs joies de ménage et à leur jouissance. Pas le moins du monde. Elles avaient une mission à remplir, au nom de la Providence, autour de nous, et elles y étaient fidèles. Je les voyais protéger de leur regard et de leur vigilance et les poulets de nos basses-cours, et les pinsons de nos vergers, et les linottes de nos haies, et les mille oiseaux qui voletaient sous les arbres de nos prairies. Apercevaient-elles un ennemi, aussitôt elles faisaient entendre un cri tout particulier qui jetait l'alarme... Et nos délicieux petits voisins de se cacher ou de s'enfuir au plus vite.

» Que de fois aussi, aux heures de chaleur, lorsque nous étions à la promenade dans notre domaine, ne voyions-nous pas nos hirondelles nager par centaines au-dessus de nos vignes, sous nos arbres fruitiers et nos chenevières. Savez-vous bien ce qu'elles faisaient? Elles détruisaient les chenilles et les milliers de mauvais insectes qui souvent, sans que l'on s'en doute, détruisent des récoltes pour des cent millions par an.

» Un jour, c'est dans ces derniers temps, je dus aller à Rome. Comme on était en guerre alors, ma mère tremblait d'autant plus que des brigands dévastaient les contrées qu'il me fallait traverser. Pour la rassurer, je pris avec moi l'une de nos hirondelles que j'avais rendue très-familière; je lui mis un petit ruban rose, fort court, à la patte, et je l'emportai avec moi. J'étais arrivé, après cinq jours de voyage, sans nul accident et bien portant, à six heures du matin. Je mis sous l'aile de ma petite captive un billet fort court. Il portait :

— *Je vais bien. Rome, 18 juin, six heures du matin.* »

» A huit heures, lâchée à six, le même jour bien entendu, enfin deux heures après, ma petite voyageuse arrivait... et ma mère avait de mes nouvelles. Elle avait fait près de cent lieues à l'heure.

» Aussi les anciens Quirites, qui avaient aussi leurs paris de course, se servaient-ils des hirondelles en guise de pigeons de poste pour la transmission de leurs bulletins de victoires au cirque et dans les arènes.

» Nous avions eu grand plaisir, un soir, ma mère et moi, à mon retour de Rome, de voir nos hirondelles se baigner et s'abreuver en volant, mieux que cela même, nourrir leurs petits dans les airs. Rien de plus délicieux, en effet, que cette distribution de becquées aériennes si sagement partagées pour ne pas faire de jaloux, rien de plus charmant que le zèle des parents à diriger dans l'espace les premiers coups d'ailes de leurs élèves, et à les former à la chasse du moucheron; rien enfin de plus saisissant de folie et d'ivresse comme la joie de ceux-ci à leurs premiers succès. Alors l'hirondelle-mère coudoyait généreusement la proie qu'elle eût pu saisir, afin de la laisser prendre par ses nourrissons. Nous rentrâmes au logis en les appelant les reines de l'air par la légèreté, la grâce capricieuse et la puissance du vol.

Ma petite voyageuse arrivait....

» Quel ne fut pas mon effroi lorsqu'à peine séparé de ma mère, je l'entendis pousser un cri... Je courus en hâte où elle se trouvait : c'était auprès de l'hirondellière... Ma pauvre mère était blanche comme une statue de marbre de Paros. Elle me montra du doigt l'hirondellière en ruines...

— En ruines? s'écria Stella.

— En ruines! répondis-je. Ses décombres couvraient le sol; les plumes des nids étaient éparpillées par le vent; de petites hirondelles, presque sans duvet encore, mortes, écrasées, étaient éparses çà et là... Et ce qu'il y avait de plus triste, les pères, les mères, par centaines, les jeunes hirondelles, arrivaient à tire-d'ailes, poussaient un cri lugubre, tournaient, revenaient, pépitaient langoureusement et s'enfuyaient...

» Quelle nuit les pauvres innocentes durent passer !

» Chaque matin, pendant les jours qui suivirent, nous trouvâmes les petits corps des pauvres hirondelles qui venaient mourir, près de leur hirondellière, à côté de nous, qui les avions rendues heureuses!

— Mais comment cela s'était-il fait? demanda Stella.

— Hélas! répondis-je, une bande de petits vauriens avait envahi notre propriété en notre absence, sous le prétexte d'une permission que nous avions donnée d'aller recueillir le bois mort dans la futaie; et ces misérables enfants, mal élevés, sans idées sages sur aucune chose, sans pensées sur Dieu, sur ses œuvres, presque sans discernement, avaient trouvé plaisir à démolir avec des perches les ouvrages de nos hirondelles, et, ce qui est affreux, ils s'étaient beaucoup amusés du supplice qu'ils avaient infligé, à l'aide de baguettes et de couteaux, aux petites victimes de leur stupide sauvagerie.

— Tels sont les fruits du péché! Ignorance, concupiscence, imbécillité, folie, aveuglement! fit Mikaël.

— Depuis cette époque, ma mère n'a plus voulu revoir cette campagne, que nous quittons huit jours après, continuai-je. Et lorsqu'il nous arrive de rencontrer sur les boulevards de Paris de ces odieuses créa-

.tures, indignes du nom de femmes, qui offrent aux passants de mettre en liberté, pour deux sous, les hirondelles qu'elles ont en cage, ma mère vide sa bourse à l'instant même, comme pour expier, près des captives, le sac et la razzia de notre hirondellière de Morsan.

— D'abord, c'est que l'hirondelle, mise en cage, meurt... dit Stella. L'air de la servitude lui est mortel. C'est avant tout l'oiseau de la liberté, des champs, des demeures aériennes.

— En Amérique, fit Mikaël, il n'est pas une ferme, pas une maison champêtre, pas une misérable cabane d'oncle Tom qui n'ait son hirondellière; cela tient à ce que l'Américain, qui comprend ses véritables intérêts, aime l'hirondelle, reconnaît les immenses services qu'elle lui rend, et se garde bien de lui faire du mal. En France, où vous êtes souvent niais, pardonnez-moi le mot, au point de ne pas réfléchir, et où l'homme est le bourreau de son propre bonheur, vous détruisez l'hirondelle bêtement. On voit vos paysans, vos lycéens imberbes, vos ridicules chasseurs, essayer leur adresse sur la pauvre petite bête la plus utile à l'agriculture. N'est-il pas juste alors que le Français expie la fureur de destruction dont il est dévoré? Aussi vous plaignez-vous, chaque année, de la maladie des vignes, de la maladie des céréales, de la maladie des pommes de terre... Vous avez posé la cause, recueillez le résultat!...

— Laissons de côté cette inintelligente tuerie de certains animaux que nous devrions admirer, et, sans parler de la belle république des fourmis, de la monarchie incomparable des abeilles, du gouvernement merveilleux des castors, et enfin de toutes les races d'animaux que le Créateur a dotées de facultés indescriptibles, tant elles sont variées, grandes, prodigieuses, souffrez que je vous plaigne d'appartenir à un monde si détestable, que ses misères me désolent...

— Mais tu n'es qu'un enfant, Stella; tu n'as pas eu le temps encore de voir et d'apprécier les calamités du monde sublunien... dit avec amertume Mikaël, dont le visage prit une expression des plus graves.

Que diras-tu donc quand ce ne sera pas seulement la surface des choses qui t'émouvera? La terre n'a qu'une ressource pour trouver du bonheur, c'est la religion. Hors de là tout est désastre autour d'elle. Jette les yeux, comme nous le pouvons faire à toute heure, avec une réflexion sage et vraie; que verrons-nous?

» D'abord la peste, que ce soit le choléra, que ce soit la fièvre jaune, que ce soit tout autre nom, laissez-moi l'appeler la peste.

» N'est-ce pas là un homicide géant qui semble se promener sans cesse du nord au midi, de l'occident à l'orient. Ne peut-on pas dire de lui qu'il moissonne l'humanité?

— Certes! repris-je, on peut bien dire de lui :

> Son souffle furieux, chargé de noir venin,
> A semé de trépas les côtes de Benin.
> Du sang qu'il a versé notre sphère est rougie;
> On a pleuré partout, en Chine, en Colombie.
> Du tropique du nord au tropique du sud
> Il étend les grands bras de son squelette nud.
> Tour à tour dévorant les peuples d'Allemagne,
> Il décime les Turcs, puis infecte l'Espagne.
> Le cadavre lui plaît, il rit avec la mort;
> Plus il fait d'orphelins, plus il se trouve fort.
> Il lui fallut la Grèce, il lui faut la Russie;
> Délaissant la Pologne, il surprend l'Italie.
> Aux sanglots, aux soupirs qui suffoquent le sein
> Il trouve des accords : la douleur est sa faim.
> . . . .
> . . . .
> Ils tombent, regardez! comme en été les gerbes,
> Comme aux prés, sous la faux, on voit tomber les herbes.
> Alors d'accents d'effroi tout le sinistre essaim,
> Derniers baisers d'adieu, suaires sur le sein,
> Saisissements, terreurs, colères, agonies,
> Sanglots entrecoupés, sinistres harmonies,
> Montent, montent sans fin, mélangés au grand deuil
> Des cloches réclamant encor une prière

> Pour tous ces morts jetés en hâte en un cercueil,
> En hâte aussi confiés à la terre!

— Donnes-tu donc dans la poésie, cher ami? continua le Lunien. Je te soupçonne quelque peu d'être l'auteur de ces méchants vers.

— Je ne dirai plus rien de la peste, répondis-je; mais je vais parler de la famine :

> D'abord je vis la Faim dévorant les humains.
> Tous les âges, saisis par ses horribles mains,
> S'agitaient éperdus. Partout et jeunes filles,
> Pères, mères et fils tombaient sous les faucilles
> D'un supplice sans nom, d'un odieux trépas.
> C'était horrible à voir; car pour elle il n'est pas
> De beauté ni d'argent, de nom ni de jeunesse
> Qui protègent les jours des coups de sa détresse.

— Décidément, c'est un poème inédit que tu tiens à nous faire entendre dans la lune, ne trouvant pas de lecteurs sur la terre? reprit Mikaël avec un sourire mélancolique. Mais j'achève, et je dis que l'*eau*, le *feu*, les *tremblements de terre*, la *peste* et la *famine* sont des maux bien terribles; mais que tous ces fléaux réunis ensemble sont moins désastreux que la colère des rois ou des peuples; car c'est de cette sinistre colère que naît le plus affreux des fléaux, la GUERRE. La guerre! monstre cruel, qui veut toujours des pleurs, des cris, du sang, des ossements, des ruines!

» Je voudrais parcourir, seulement à vol d'oiseau, les désastres de la guerre enregistrés par l'histoire, je perdrais haleine! Je voudrais toucher seulement du doigt les ruines principales faites par la guerre, depuis Pharaon jusqu'à Napoléon III, depuis la mer Rouge jusqu'à l'Alma, je perdrais mes forces.

» Oui, je m'épuiserais à vous montrer Thomyris, la reine des Scythes, plongeant la tête de Cyrus dans le sang, et criant :

« — Bois de ce sang dont tu as toujours été altéré ! »

— Père, interrompit Stella, ne pourrons-nous pas tout-à-l'heure, dans la lune, montrer au Terrien les tableaux mouvants?

— Peut-être, répondit le Lunien; l'idée de ma fille est parfaite, et nous te retracerons là la réalité des choses que je te dis en paroles. Pour le moment, je répète que je perdrais haleine à vous montrer l'Europe se heurtant contre l'Asie dans la lutte commencée par Achille et close par Alexandre, lutte qui date de la prise de Troie et finit à l'entrée de Bucéphale dans Babylone. Oui, je perdrais haleine à suivre les légions romaines à Albe, à Cannes, à Carthage, à Numance, à Pydna, par toute la terre. Du débordement des barbares, que pourrais-je donc dire? Il ne me resterait pas la force de vous citer Azincourt et Poitiers, Crécy et Moscou, Waterloo et Sinope, les plus grands désastres qui soient jamais tombés sur des armées et des peuples : tous les maux à la fois, à la fois les plus effrayantes calamités, la faim et le froid, l'eau et le feu, la mitraille et la trahison, la souffrance et la mort.

— Vous parlez là, mon cher maître, dis-je à mon tour, des grandes douleurs de l'humanité qui ont le ciel et la terre pour témoins ; mais vous ne dites mot de ces autres douleurs dont les appartements seuls sont les théâtres, de ces drames intimes qui se passent dans le secret des demeures, de ces formidables misères, de ces dénuments sans pareils que recueillent des galetas ignorés, ni de ces martyres silencieux qui se font de bourreaux à victimes, sous le regard seul de Dieu !...

— Mais, mon Dieu ! fit Stella, se verse-t-il donc plus de pleurs sur la terre que l'on n'y voit éclore de sourires? C'est donc pour cela que souvent, en prêtant l'oreille pendant les nuits, tous les sanglots et les gémissements des poitrines souffrantes viennent frapper mon oreille et me révéler que la faute d'Adam est terrible et grande, puisqu'après six mille ans ses enfants se lamentent toujours jusque sur la couche du repos !

— Vous êtes vraiment bien philosophe pour une jeune fille! essayai-je de dire en changeant le ton grave de notre conversation. J'aurais supposé qu'à raison de votre âge, vous eussiez prêté de préférence l'oreille et le regard à nos fêtes, à nos jeux, à nos plaisirs. Car enfin il y a sur la terre, parfois, de ces mises en scène qui impressionnent et captivent la vue.

— Que me feraient donc vos sérénades, vos concerts, vos lanternes vénitiennes, vos kermesses, vos promenades sur les lagunes, vos courses de chars et vos joies ?

— Vous êtes difficile, Mademoiselle. Il y a jouissance peut-être à voir le monde se faire corbeille d'or et de fleurs, où les guipures et les dentelles ondoient sur la moire et le velours, où les diamants et les perles scintillent au feu des lustres, où les parfums...

— Ah ! hi ! oh ! de grâce, arrêtez, mon pauvre Terrien, et ne vous mettez pas tant en frais de description... J'ai regardé le monde dont vous parlez, ce fameux serpent fascinateur; je l'ai prié de déployer pour moi ses enchantements et ses merveilles; j'ai même eu la complaisance d'étudier ses caprices, artistiques s'entend, ses fantaisies, ses prodiges que votre fashion admire à se pâmer, dans votre caravanserail que l'on nomme Paris. J'ai contemplé vos arts et vos œuvres mis en faisceaux, en gerbes éblouissantes, formant auréole au banquet de la vie, et, ne vous en fâchez pas ?...

— Non, dites, achevez...

— Je n'ai pu retenir le rire entraînant que voici qui éclate...

En disant ces mots, Stella partit d'un éclat de rire sardonique si lutin, si plaisant, si moqueur, si heureux, qu'entraîné par la contagion de l'exemple, je ris à mon tour.

— Je n'ai pas tout dit, reprit soudainement Stella redevenue sérieuse, veuillez m'écouter encore.

» J'ai donc vu les lions et les lionnes de cette arche bizarre. Eh bien ! je ne me suis point laissé tromper, moi, par les voiles de fard ou les nuages de blanc de céruse; mais creusant sous les outrecuidantes manières de ces héros et de ces héroïnes de la Gentry, j'ai mis mon œil à la petite fenêtre du cœur et à l'œil-de-bœuf de l'âme, et qu'ai-je vu?... Vide, vide affreux! égoïsme monstrueux! fourmilière de petitesses, de misères! Ah! hi! oh! non, non, rien de tout cela ne m'a séduit... Et... je redeviens grave pour le dire, mais le monde m'a fait une telle pitié, que j'ai pleuré sur lui...

— C'est un peu vrai... répondis-je, je l'avoue.

— Heureux donc ceux qui ont en eux foi, espérance, charité! fit Mikaël en me frappant sur l'épaule...

— Mais, dit Stella, malheur, trois fois malheur à ceux qui font leur idole de leur orgueil, et qui négligent leur seule ressource sur la terre, l'amour de Dieu et des hommes!

— Savez-vous bien, m'écriai-je, que je suis tout confus de me trouver avec vous, seigneur Lunien. Mes talents sont des plus problématiques; mes connaissances ne s'élèvent guère au-dessus de zéro; en fait de philosophie, je n'ai que celle du cœur, c'est-à-dire que je suis chrétien, je crois à ma religion catholique, et je fais du bien à mes semblables dans l'occasion.

— Mais c'est la meilleure de toutes, celle-là, mon cher Terrien, exclama Mikaël. Vous me faites en ce moment de l'amour-propre déguisé.

— Pour cela, non. Je voulais simplement dire que j'étais loin, comme vous, de connaître les causes et leurs effets, les prémisses et leurs conclusions, les faits et leurs conséquences.

— Mon ami, vous représentez l'imperfection; nous, au contraire, nous sommes les types de la perfection. Il y a donc tout un monde entre nous. Si, d'une part, nous ne devons concevoir aucun orgueil de notre grandeur, vous ne devez pas non plus vous décourager de votre abaissement. Nous devons à Dieu ce que nous sommes, nous; vous, par l'expiation du péché d'Adam, vous vous restituez à Dieu; et vous vous rapprochez de nous si bien, qu'un jour tous ensemble nous nous trouverons confondus dans les délices du ciel.

— En attendant, j'ignore, et vous savez. Au moins, mon cher Lunien, puisque vous avez la clef des mystères de la nature, faites-moi profiter de vos leçons. Mieux que cela; pour satisfaire quelque peu ma curiosité, dites-moi donc comment il se fait que vous sachiez ce qu'a dit tel ou tel de nos auteurs, qu'il soit grec, latin, chinois, juif ou berbère?

— C'est la chose du monde la plus simple, mon brave Terrien. Nous avons nos bibliothèques; et il nous suffit de lire une fois, une seule, et rapidement encore, les livres qui les composent.

— Alors vous avez vos auteurs?

— La lune ne produit aucun auteur et n'en a nul besoin, mon cher. Mais il ne se publie pas dans le monde, sur votre terre, un ouvrage que nous ne l'ayons aussitôt. Cela vous étonne?

— Je l'avoue, car comment vous le procurer?

— D'une façon très-naturelle. Vous voyiez tout-à-l'heure lire la lettre que vous écrivîtes hier à votre mère, n'est-ce pas?

— Oui.

— Vous savez ce qu'il y avait sur la page que votre mère couvait du regard, et vous n'avez pas même eu la pensée de vous lire vous-même, cela se conçoit? Mais si vous n'aviez pas su ce que renfermait cette lettre et que vous eussiez été désireux de la connaître...

— J'aurais donc pu le faire?

— Sans doute. Essayez sur quelques livres...

— Mais votre fanal me semble passablement indiscret, alors?

— Pas le moins du monde. Nous ne voulons connaître que les choses bonnes et justes, justes que nous sommes.

— C'est vrai.

— Vous comprenez donc que nous connaissions les ouvrages qui se publient, et même ceux, bons en eux-mêmes, que refusent les éditeurs et qui restent à l'état de manuscrit.

— Comment! seraient-ils édités dans la lune?

— Sans aucun doute, du moment qu'ils ont du mérite.

— *O fortunatos nimium sua si bona norint !*

— Aussitôt l'apparition d'un ouvrage, nos appareils fonctionnent.

— Vous avez donc des imprimeries?

— Nous n'avons autre chose, chacun à notre disposition, qu'une suite de lettres qui se posent de façon à les imprimer sur des feuilles larges, blanches et satinées que nous empruntons à un arbre magnifique, aussi vite que nous lisons nous-mêmes, que les ouvrages appartiennent à tel ou tel peuple, à telle ou telle langue.

— Mais alors c'est un plagiat?

— Non, c'est tout au plus une contrefaçon. Or, j'estime qu'en agissant ainsi nous faisons honneur aux génies de la terre.

— Après tout, si les auteurs n'en étaient pas satisfaits, j'imagine que vous leur laisseriez le droit de vous poursuivre?

— Oui, certes!

— Vos bibliothèques, du reste, doivent être énormément volumineuses?

— Depuis la fameuse bibliothèque sur le fronton de laquelle le Pharaon Osymandyas avait écrit : *Trésor des remèdes de l'âme,* jusqu'à celle d'Alexandrie, qui fut brûlée par Jules-César; depuis la minime bibliothèque de Charles V, composée seulement de neuf cent cinquante volumes péniblement rassemblés et pompeusement placés dans une tour du Louvre, jusqu'à celle qui se pavane rue Richelieu, dans votre Paris, il ne s'est pas publié en Chine, en Hollande, en Europe, au monde, Elzévir ou Barbou, Etienne ou Didot, un seul livre que nous n'ayons réuni à nos bibliothèques lunaires.

— Au fait, c'est le plus noble moyen de chasser l'ennui, que de lire!

— D'abord, nous ne nous ennuyons pas, monsieur le Français...

interrompit Stella d'un ton piqué; le temps nous manque pour cela. C'est bon pour vous autres mortels qui en avez encore de trop. Mais ensuite il est rare que nous lisions ces livres, fort imparfaits comme ceux qui les ont composés. Les livres que nous préférons sont les livres des cieux. Ceux-là disent toujours du nouveau et nous entretiennent constamment de merveilles.

— Mais, outre vos bibliothèques renfermant les trésors de l'esprit humain...

— De l'esprit humain! fit Stella en accompagnant ces mots de son rire strident et railleur.

— En outre, reprit Mikaël, nous avons les musées dont ma fille vous a parlé. Ces musées ne ressemblent en rien aux vôtres. Ils reproduisent...

— Non plus les trésors de l'esprit humain... fit Stella, mais les folies, les colères, les turpitudes et les hontes de l'histoire de l'humanité...

— Nous en parlerons en son temps... acheva Mikaël. En ce moment nous approchons de la lune, et il est bon d'initier notre hôte aux choses qu'il va voir.

— Et de le fortifier à l'aide de cette liqueur puisée dans la source qui coule sous les aloës et les liquidambars de nos prairies... ajouta Stella.

En même temps la jeune Lunienne me présentait, dans une coupe d'or décorée de perles magnifiques, une boisson blanche comme les frimats et plus odorante que la rose.

— Vous voulez me prouver, dis-je en acceptant la coupe, que, dans toutes les régions, sur toutes les sphères, à toutes les latitudes, sous toutes les longitudes, la femme est toujours l'être le plus charitable et la créature la plus compatissante et la plus tendre.

Je pris de cette liqueur...

Chers lecteurs, jamais constance, jamais madère, tokai, malaga, xérès, lacryma-christi, joannisberg, porto, jamais rhum des meilleurs n'ont produit le bienfaisant et généreux effet que je ressentis. Je humai, je l'avoue, jusqu'à la dernière goutte de la riche patère...

Après quoi j'eus chaud, j'eus du courage, je me sentis transformé...

— C'est un repas bien sobre que nous vous faisons faire là, cher Terrien, dit Stella, et peut-être vous semble-t-il indigne de vous. Car, laissez-moi vous le dire, vous autres, gens d'en-bas, vous ne mettez la jouissance de la vie que dans l'alimentation de l'estomac. Vraiment, c'est à rire de pitié et à vous demander si vous faites un dieu de votre ventre; car vous ne trouverez bien qu'un dîner somptueux, tels que je les vois dresser dans votre Paris.

» Pour potages, il vous faut tortues à l'anglaise, soupes à la reine, tortues claires.

» Comme relevés, on vous voit déguster des poulets à la toulouse, des jambons braisés au vin de Madère, des dindons à la chipolata et à la béchamelle, des filets de bœuf à la napolitanie.

» Ensuite viennent les entrées : salmis de bécasses à l'essence, suprêmes de volailles aux truffes, côtelettes d'agneaux aux pointes d'asperges, timbales de macaroni à la milanaise, pâtés chauds de mauviettes à la financière.

» Et puis pour rôts, ce sont des canetons, des faisans, des sarcelles.

» On mélange le tout d'entremets : gelées d'orages, charlottes russes, bavaroises au café, meringues, sauce au beurre, gâteaux viennois au marasquin, gelées à la macédoine, à l'ananas, crevettes montées sur socle, mayonnaises, puddings de marrons aux abricots, babas à la polonaise.

— En vérité, demoiselle Stella, vous me faites venir l'eau à la bouche, et j'avoue que si dans ce moment... j'avais à ma disposition la trentième partie des délicieuses choses que...

— Taisez-vous, mon cher, dit vivement Mikaël, avec votre cuisine vous courez plus vite à la mort; voilà votre histoire. Ecoutez un moment mes avis et recueillez-les.

» Vous avez souvent de *grands* dîners, mais vous en avez rarement de *bons*. Vos repas vous conduisent généralement à la gravelle, à la goutte, à l'obésité, à l'apoplexie. Au premier aperçu, rien de plus tolérant que cette vaste poche que l'on nomme estomac, et dont vous faites un gouffre où s'amoncellent les victuailles; mais, en réalité, rien de moins complaisant.

» Vos plus habiles cuisiniers ne sont que des gâte-sauces, tant ils rendent indigeste l'affreux salmigondis d'aliments qu'ils vous versent dans l'œsophage comme un plomb fondu qui vous corrode. Il n'y a qu'un estomac d'autruche qui ait pu inventer l'infernal amalgame que vous engloutissez.

» Croyez-moi, cher Terrien, si vous vous posez quelquefois en amphytrion, si vous tenez à la santé de vos convives et à la vôtre, si vous souhaitez la réputation d'homme de bon goût, d'abord et avant tout n'empilez pas, n'encaquez pas votre monde dans une salle trop étroite, qui, régulièrement, peut en contenir douze, mais n'a jamais le don de se gonfler de vingt. Préparez une chaleur convenable, et gardez-vous d'embraser l'air du feu de lampes qui seules absorbent déjà tout l'oxygène de la pièce. Eclairez-vous avec de beaux candélabres, couronnés de constellations de bougies; et sur le plus beau linge de Saxe, groupez des fleurs et des fruits, des sucreries délicates et de fines chatteries; ayez des valets parfaitement dressés, après quoi: Portes, ouvrez-vous! et, mes nobles cavaliers, introduisez vos dames.

» Arrière le tapioca gluant, l'intolérable julienne. Présentez le bouillon le plus parfumé, et qu'il montre, nageant à sa surface, quelques grains de sagou teint d'un furtif arôme de safran de Constantinople.

» Alors entamez une belle truite saumonée, dormant sur un lit de laitance de carpe, se plongeant à demi dans un coulis d'une saveur exquise. Puis, ayez un filet de chevreuil cuit dans sa boîte, reposant sur un hachis de truffes et de morilles, et arrosé d'un jus sans pareil. Entourez ces pièces principales de quelques salmis, de frais sorbets, faites courir le xérès, la vieille amphore d'un vieux pomard, et du champagne frappé.

» Enfin, vienne une poularde du Mans, richement truffée ; et comme la truffe ne peut avoir de rivale, et qu'après elle tout semble insipide et fade, qu'une délicate châteaubriand serve seule de transition entre la truffe et le dessert. Que le bordeaux achève l'œuvre, et qu'après un verre de constance le moka fasse son entrée triomphante, et vous aurez alors un dîner.

— Votre éloquence me persuade, mon cher Lunien, et la logique de votre langage me range parmi vos adeptes. Vraiment, Carême et Chevet ne sont que des sauteurs auprès de vous.

— Dites des empoisonneurs ; car, avouez-le, quand vous sortez de vos repas d'apparat, les mets dont vous vous êtes gorgés ne hurlent-ils pas de se trouver confondus dans le même récipient de votre estomac ? Aussi, repus comme des boas, aspirez-vous après le sommeil, un sommeil lourd et perfide, et le lendemain, à votre réveil, vous sentez-vous l'esprit obtus, le cœur triste, l'âme maussade ?

— Seigneur Mikaël, je le jure, je ne vivrai plus pour manger, mais je mangerai pour vivre. Seulement, cessons notre dialogue culinaire, car voici la lune.

III.

La Lune. — Ses phases : quadrature, opposition, dernier quartier, conjonction, lumière cendrée, libration, éclipses. — Comètes, leur nature physique, leur mouvement. — Reflets de la grandeur de Dieu. — Génie de l'homme. — Inventions et découvertes. — Vêtements. — Charpentes. — Fer. — Navigation. — Automates. — Horloges. — Cloches. — Orgues. — Soie. — Boussole. — Poudre à canon. — Imprimerie. — Vapeur. — Photographie. — Télégraphes électriques. — Gaz. Ethérisation.

J'ai souvenance qu'étant enfant, et qui n'a pas cette douce mémoire? je passais des heures entières en contemplation devant la lune. J'y voyais une figure humaine, puis l'image de l'Océan et de la terre, comme par la réflexion d'un miroir. Puis, ma vieille gouvernante me faisait des histoires à dormir debout, mais qui cependant tenaient en éveil ma jeune imagination, et me portaient bien vite près de ma mère, comme dans un refuge sacré.

Devenu grand, j'étudiai l'astronomie, j'observai les étoiles, je m'arrêtai de préférence à la lune. Mes sympathies pour elle me la faisaient examiner avec une attention soutenue. Je lisais tout ce qui avait rapport à elle. Satellite de la terre, et, après le soleil, le plus remarquable de tous les astres, je savais qu'elle décrit dans l'espace une ellipse dont notre planète occupe un des foyers. Mon professeur m'expliquait que l'extrémité du grand axe de cette ellipse la plus voisine de la terre s'appelait le *périgée*, l'extrémité opposée l'*apogée,* également désignés sous le nom d'*apsides*. Outre son mouvement diurne, je reconnaissais qu'elle avait un mouvement propre qui se faisait en sens contraire, c'est-à-dire, le premier d'orient en occident, et le second d'occident en orient. Ce second mouvement étant de treize degrés par jour, on me montrait qu'elle complète sa révolution autour du ciel en vingt-sept jours, sept heures et quelques minutes, et par rapport au soleil, en vingt-neuf jours et demi. J'avais appris bien vite que les diverses apparences de sa lumière, pendant cet espace de temps, ont reçu le nom de *phases*. Ainsi, après avoir disparu quelques jours dans les rayons du soleil, quand elle passe devant cet astre, la lune commence à se montrer le soir du côté de l'occident, peu après le coucher du soleil, sous la forme d'un filet de lumière en forme d'arc, et qu'on appelle *croissant*, dont les points sont à l'opposite de cet astre. Au bout de cinq ou six jours, ce croissant prend la forme d'un demi-cercle, et la partie lumineuse est alors terminée par une ligne droite ; c'est le *premier quartier*. On dit à cette époque de la lune qu'elle est en *quadrature*. A mesure qu'elle s'éloigne du soleil, sa lumière devient de plus en plus circulaire, et, après sept ou huit jours, son disque entier brille pendant toute la nuit : c'est le moment de la *pleine lune* ou de *l'opposition*, parce qu'elle est en face du soleil, relativement à notre terre qui est entre ces deux sphères. Ensuite arrive le décours qui donne les mêmes phases, si bien que quand la lune reparaît sous la forme d'un demi-cercle, elle est à son *dernier quartier*. Puis elle diminue de plus en plus ; son croissant devient chaque jour plus étroit, ses cornes sont, en sens inverse de la première apparition, toujours à l'opposite du soleil, et enfin elle se perd dans les rayons de ce globe de feu, ce qu'on appelle *nouvelle lune* ou *conjonction*, parce qu'elle se conjoint au soleil, ce que les Grecs nommaient νεομηνη, et les Latins *nova luna*, dont les astronomes ont fait la *néoménie*.

Les éclipses de soleil me révélèrent, à leur tour, que la lune est un corps opaque, et qui n'a point de lumière par lui-même. En effet, quand la lune se trouve directement entre la terre et le soleil, on voit qu'après avoir intercepté la lumière du soleil en plein jour, elle paraît absolument noire.

Je remarquai aussi fort distinctement, après la nouvelle lune, que le croissant qui en fait la partie la plus lumineuse est accompagné d'une lumière faible, répandue sur le reste du disque, et me faisant entrevoir toute la rondeur de la lune. Je sus que les savants appelaient *lumière cendrée* cette apparence. On m'expliqua que cette lumière secondaire provenait de la lumière du soleil réfléchie par la terre. Bien plus, en me plaçant de manière que quelque toit cachât la partie lumineuse de la lune, je trouvai la lumière cendrée beaucoup plus vive. Je fus frappé d'un autre phénomène : je veux dire cette dilatation apparente du croissant lumineux qui semble d'un diamètre plus grand que le disque obscur de la lune. Mon professeur me fit comprendre que cela venait de ce que la force d'une grande lumière placée à côté d'une petite, efface la moindre.

Quant à la chaleur de ce satellite, on me prouva qu'il n'en avait aucune; je lus même dans un savant ouvrage, que sa lumière était trois cent mille fois moindre que celle du soleil, en comparant l'une et l'autre avec la lumière d'une bougie placée dans l'obscurité.

On me fit calculer aussi que la distance moyenne de la lune à la terre est de quatre-vingt mille lieues, qu'elle n'est que le quart de la terre, qu'elle présente toujours la même face de notre côté, en laissant toutefois paraître, tantôt plus, tantôt moins de son autre face, comme si elle se balançait, son poids étant plus lourd et plus rond vis-à-vis de nous, et l'autre plus plat, lequel balancement s'appelle *libration*.

A l'aide d'un télescope, je me convainquis qu'elle avait la forme d'un sphéroïde aplati vers les pôles, et qu'elle pouvait être comparée à un œuf dont on aurait aplati les côtés. J'observai des irrégularités qui me parurent se composer de points lumineux s'agrandissant à mesure que le soleil les atteint, et derrière lesquels se projette une ombre épaisse. Ce sont, à n'en pas douter, de hautes montagnes, dont les sommets reçoivent les rayons solaires avant les parties moins élevées, et les points obscurs des vallées, des cratères, des abîmes, où le soleil n'arrive pas directement.

Enfin, on me répéta souvent que la lune n'a pas d'atmosphère sensible, qu'elle est privée de saisons, attendu que son axe étant presque perpendiculaire à son écliptique, le soleil ne sort pas de son équateur; qu'une de ses moitiés se trouve éclairée par la terre pendant l'absence du soleil, et n'a pas de nuits, tandis que l'autre en a une qui dure trois cent soixante heures; que si l'on suppose des habitants à la lune, notre planète doit leur sembler treize fois plus grande que la lune ne nous paraît à nous-mêmes; que la terre n'est constamment visible que pour une moitié de son satellite; que ce satellite a un aspect brûlé, présentant des traces manifestes d'anciens bouleversements volcaniques; et, en dernier lieu, qu'elle exerce une grande influence sur nos mers dont elle cause les marées, quand la terre se trouve placée entre elle et le soleil.

Et puis, amateur prononcé des phénomènes de la nature, j'avais vu déjà quelques *éclipses* et les avais étudiés. Ainsi ce n'était plus pour moi un mystère, puisque je savais que la terre et la lune étant des corps opaques, toutes les fois que l'une de ces planètes se placera au-devant de l'autre et entre le soleil, celle-ci devra être couverte d'une obscurité plus ou moins profonde, et il y a éclipse pour elle : car, la terre occupant un point de l'intervalle qui sépare la lune du soleil, lorsque celle-ci se trouve en opposition, si elle vient à pénétrer dans l'ombre qui se projette derrière la terre, elle cessera d'être éclairée et devra, par conséquent, *s'éclipser*. Si c'est, au contraire, la lune qui prend, par rapport à la terre, la position que nous venons d'indiquer, nous cesserons de voir le soleil, et il sera éclipsé. Mais il est facile de comprendre qu'un pareil phénomène ne peut avoir lieu que quand la lune sera à l'époque de la néoménie.

Il ne faut pas conclure toutefois que la lune étant en opposition ou en conjonction, points de son orbite appelés *syzygies*, il doit y avoir éclipse de lune ou éclipse de soleil. Car alors, la lune accomplissant sa révolution autour de son orbite en vingt-neuf jours et demi, nous aurions tous les quinze jours l'une ou l'autre de ces éclipses. Il n'en est pas ainsi. L'orbe lunaire coupant l'écliptique en deux points du nœud, la lune prend, par rapport à ce plan, des inclinaisons variables. Alors, en conséquence de ces divers mouvements, si, lors de son opposition avec le soleil, elle est éloignée de ses nœuds, elle effleurera seulement l'ombre terrestre sans y pénétrer, ce qui arrive le plus souvent; mais, si la ligne qui joint les centres du soleil, de la terre et de la lune est la même pour chacun de ces astres, ce qui se produit lorsque la lune est dans les nœuds, ou au moins fort près, il y a éclipse de lune. Elle est *partielle*, si elle ne pénètre qu'en partie dans l'ombre terrestre, *totale* si elle s'y plonge tout entière, et centrale si son centre coïncide exactement avec celui de l'ombre terrestre.

Je ne regarde pas comme nécessaire de dire qu'en astronomie *nœud* se dit de chacun des deux points opposés où l'écliptique est coupé par l'orbite d'un corps céleste.

Or, les phénomènes dont je parle se reproduisent exactement lorsque la lune est interposée entre le soleil et la terre, et on aura les diverses éclipses partielles et totales que nous avons signalées.

Un mot des *appulses* ou approches. Quand l'ombre de la lune ne fait qu'effleurer légèrement les bords de l'ombre, ou qu'elle passe entièrement en dehors, il y a appulses. Quand le soleil, caché par la lune, déborde de toutes parts sous forme d'un anneau lumineux, l'éclipse est *annulaire*. Enfin, on appelle éclipse *centrale* celle dans laquelle l'observateur est placé sur le prolongement de la ligne qui traverse les centres de la lune et du soleil.

J'ai dit que les éclipses n'étaient plus pour moi un mystère. Je faisais en ceci allusion aux croyances étranges de bien des peuples à l'endroit de la lune éclipsée. Quoique dès 640 avant J.-C., Thalès, chez les Grecs, calculait déjà le retour des éclipses, ce qui montre que l'astronomie livrait déjà ses secrets, néanmoins les Hellènes attribuaient les éclipses de lune aux visites que Diane ou la lune rendait à Endymion dans les montagnes de la Carie. Ils croyaient aussi que les sorcières, surtout celles de la Thessalie, attireraient la lune sur la terre par la force de leurs enchantements, et ils faisaient un grand vacarme avec des chaudrons pour la faire remonter à sa place.

Les Romains modifièrent un peu cet usage. Quand arrivait une éclipse de lune, ils allumaient un grand nombre de flambeaux élevés vers le ciel, pour rappeler la lumière de l'astre éclipsé.

Les Egyptiens avaient une coutume à peu près semblable, et honoraient avec un pareil charivari de chaudrons la déesse Isis, considérée comme le symbole de la lune.

Du reste, les éclipses furent souvent aussi d'une grande ressource pour les hommes instruits. Ainsi Drusus, au rapport de Tacite, se servit d'une éclipse pour apaiser une sédition dans son armée. Ainsi Cyaxare, roi de Perse, attaquait les Lydiens de l'Asie-Mineure; les deux armées allaient en venir aux mains, lorsque tout-à-coup le jour se changea en nuit; et les soldats s'arrêtèrent, épouvantés. Cyaxare rassura les siens, et remporta la victoire. Ainsi les Thessaliens, opprimés par Alexandre de Phères, imploraient le secours de Thèbes, qui leur envoya Pélopidas avec une armée. Mais, au moment du départ, une éclipse de soleil frappa les soldats d'une si grande épouvante, que la plus grande partie des troupes refusa de partir. Pélopidas expliqua le phénomène, et l'expédition eut lieu. Ainsi Christophe Colomb, chez les peuples sauvages, rendit utile à sa flotte la terreur des indigènes. J'en passe et des meilleurs.

C'est qu'en effet les éclipses sont bien propres à inspirer l'effroi. De profondes ténèbres couvrent brusquement tous les points de la terre que l'ombre de la lune peut atteindre. Les étoiles se montrent comme pendant la nuit. Aussitôt les animaux sont terrifiés et recherchent leurs abris et leurs étables. Les chiens hurlent, les taureaux beuglent, l'éléphant barète dans les savanes, le tigre rauque au désert, le sanglier gromelle dans nos bois, l'aigle trompette au sommet des montagnes. Puis un silence, un grand silence succède à ces cris, aux vents qui ont soufflé, à l'agitation des arbres, aux plaintes de la nature. Alors on voit autour de la lune comme une lumière pâle qu'on croit être l'atmosphère du soleil. On donne le nom de *pénombre* à cette teinte intermédiaire entre la lumière et l'ombre pure. Puis l'éclipse commence à décroître, et le premier rayon de soleil, qui s'élance comme un trait, dissipe l'obscurité. Voilà pour les éclipses de soleil.

Pour les éclipses de lune, produites par l'ombre de la terre placée entre le soleil et son disque, quand elle commence à montrer une ligne courbe qui s'imprime en noir sur sa surface, on appelle ce premier mouvement *immersion*. Puis l'éclipse se prononce plus ou moins. Quand elle est totale, elle ne dure guère plus de cinq minutes. Lorsque la fin de l'éclipse approche, c'est *l'émersion*.

Les éclipses de lune sont visibles sur tous les points de l'émisphère qui ont la lune sur l'horizon au moment où elles arrivent. Aussi les peuples civilisés les admirent; mais les peuples barbares, comme ceux de l'antiquité, les redoutent encore. Les Mexicains jeunent pendant les éclipses, et leurs femmes se maltraitent beaucoup, dans la croyance que la lune a été blessée par le soleil dans une querelle. Il est probable qu'en ceci, les Mexicains jugent un peu par analogie. Les Indiens, eux, croient qu'un dragon malfaisant veut dévorer la lune, et, pendant que les uns font avec toutes sortes d'instruments le plus de vacarme possible pour faire cesser cette lutte, d'autres, se mettant dans l'eau, supplient humblement le dragon de ne pas dévorer tout-à-fait la belle et mélancolique planète qui fait à notre petite terre l'honneur de lui servir de satellite. Qui redira jamais les images terribles, les récits effrayants, les terreurs incroyables des Peaux-Rouges, sous leurs wig-wams pendant les éclipses?

Voilà ce que les livres, les savants et mes études me dirent sur la lune. Vous dirai-je de suite ce que sont les comètes? Oui. D'autant plus que notre ballon ou plutôt nos deux ballons, montant toujours avec une effrayante rapidité, je vis bientôt sur le noir du ciel, une longue traînée de feu, précédée d'un point énorme embrasé de toutes les lueurs d'un incendie.

— C'est une comète que vous voyez-là, mon cher Terrien, me dit Mikaël. Je ferais injure à votre science astronomique, si je vous disais que les comètes ne sont pas ce qu'un vain peuple pense. Car, comme l'a dit Brébeuf :

> — D'un lugubre ascendant l'influence secrète
> Fait d'un feu lumineux *un sinistre comète*.

» Si donc les mouvements des comètes vous sont bien connus, il n'en est pas de même de leur nature physique. Leurs noyaux sont-ils opaques ou transparents? La lumière de ces astres leur est-elle propre, ou réfléchissent-ils celle du soleil? Quelle est la nature de la matière dont se compose leur queue? Pourquoi ces queues sont-elles tournées tantôt dans un sens, tantôt dans un autre? Les comètes à une seule queue sont-elles de même nature que celles qui en ont plusieurs? Autant de questions, mon ami, dont vous seriez bien aise de rapporter la solution sur la terre, afin de passer pour un savant de premier ordre, et de vous faire ouvrir les portes de l'Académie. Mais ma conscience me fait un devoir de vous taire les secrets que Dieu s'est réservé.

— Ou qu'il abandonne aux profondes études de nos mathématiciens : car nous en avons de fameux! m'écriai-je avec le ton de l'amour-propre froissé. Savez-vous bien que monsieur Le Verrier, par exemple, jugeant, aux perturbations ordinaires à la marche d'Uranus, qu'il y avait un astre quelconque d'achoppement qui lui nuisait, par la simple force du calcul, et sans employer la moindre lunette, découvrit la présence, dans les parages d'Uranus, d'un corps céleste inconnu? « Mettez vos télescopes sur tel point du ciel, dit-il, et vous trouverez là une planète. » Et la planète fut trouvée, et porte maintenant le nom de Neptune. C'est une gloire, savez-vous, pour le génie de l'homme, d'arriver à une pareille puissance de travail et à un si beau résultat!

— C'est vrai, je le reconnais avec plaisir, et c'est pour cela que je trouve en l'homme, malgré la dégradation que lui a faite le péché, l'image de Dieu, notre créateur. Qu'eût-ce été, mon cher, si vous n'aviez pas été frappés de malédiction, pour votre révolte contre notre maître à tous?

— Hélas! trois fois hélas! répondis-je. Nous serions, comme vous, les possesseurs des sphères, au lieu d'être en exil sur notre pauvre planète dont le séjour fait ressentir tant de douleurs. Nous pourrions alors suivre les comètes décrivant autour du soleil leur courbe fermée que nous nommons ellipse, et nous saurions comment il se fait qu'elles diffèrent des planètes, s'il est vrai que leur globe est solide, pourquoi tantôt plus, tantôt moins éclatant, il est toujours enveloppé de vapeurs dont une partie forme la trainée lumineuse que l'on nomme chevelure ou queue.

— Et vous croiriez à l'innocence des comètes et de la lune, n'est-ce pas? fit Stella. De sorte que vous vous écrieriez avec Lebrun :

> Ces comètes échevelées,
> Qui fendent l'air d'un vol brûlant,
> Egarent leurs sphères ailées
> Aux yeux du vulgaire tremblant :
> Il craint que leur fatale route
> N'embrase la céleste voûte,

Et ne détruise l'univers ;
Mais à l'œil pensant d'Uranie,
Leur désordre est une harmonie
Qui repeuple les cieux déserts.

— Je reviens, mon pauvre Terrien, à la grandeur de l'homme déchu, reprit Mikaël. Je t'ai dit que nous reproduisions, par pur agrément, les grandes et belles inventions de la terre, celles surtout qui sont marquées au coin du génie. Maintenant, je te l'avoue, ce n'est pas uniquement pour notre plaisir que nous copions vos œuvres, c'est par admiration pour Dieu qui vous les inspire, et qui permet que l'homme reçoive encore quelquefois les splendides reflets de son intelligence et de sa divine science.

— C'est qu'en effet l'homme, nonobstant son malheur, est grand et sublime, clama la jeune Lunienne, en se mettant debout et en se dressant de toute sa taille.

» Au lendemain de la malédiction originelle, il reçut de Dieu la terre aride, couverte de ronces et d'épines, mais cachant dans ses entrailles ses trésors et ses richesses.

» Au lendemain du déluge, il la retrouva nue, désolée, couverte de décombres enfouies, de ruines éparses, bouleversée par le souffle de la colère céleste, et mieux que jamais recélant ses mines et ses biens.

» Loin de se décourager, l'homme se redressa plein d'ardeur, ivre d'audace, ressentant son intelligence, et prêt au travail. Il sonda les abîmes de l'Océan, les profondeurs de la terre, et commença la longue série de ses admirables découvertes.

» D'abord, il s'empara de la toison des brebis, enleva leur fourrure aux bêtes féroces, prit le fil de soie du ver qui rampe, utilisa le brin d'herbe où se meut l'insecte. Alors il produisit le pourpre, la soie, et ces mille étoffes élégantes et somptueuses où la finesse des tissus le dispute à la grâce du dessin et à la variété des couleurs. Descendant au plus profond des gouffres de la terre et des vallées de la mer, il en ressortit rapportant d'éblouissants cristaux, des diamants étincelants, des métaux précieux. Il y trouva le marbre et l'anima. Il y trouva le bronze et lui donna la vie. Il fit respirer le fer; il fit respirer la toile. Il inventa l'art, l'une des beautés des œuvres humaines.

» A l'égal de Dieu, son énergique volonté dompta les éléments et les rendit esclaves. Il réunit l'eau et le feu, jusqu'alors ennemis, et c'est merveille à voir comment ces formidables ouvriers, captifs sous sa main, travaillent avec ardeur, précision et naïve docilité. Mues par eux, les plus ingénieuses machines portent sa puissance jusqu'aux dernières limites. C'est ainsi que la vapeur est devenue le magique levier avec lequel, véritable Archimède, demain, si l'homme veut, le monde sera soulevé sur son axe.

» Et le moment n'est-il pas venu où l'atmosphère conquise ouvre ses plaines immenses à des flottes ailées? Pour compléter son œuvre et assurer son triomphe, l'homme alors domptera peut-être l'âme du monde. Dominateur de l'électricité, il remplacera nos précaires subsides par cet agent indestructible. Il s'appliquera sans doute à toute chose. En des proportions infinies de simplicité comme de bien-être, nous la verrons devenir la lumière, la chaleur, le véhicule et le coursier de son vainqueur dans tout son immense domaine.

— Bravo! bravissimo! fit à son tour le Lunien. Oui, l'homme imposant son joug aux mers, usant des vents pour l'essor des ballons qu'il saura diriger, comme notre hôte illustre le prouve par sa découverte récente, jouant avec le feu qui nous donne la vapeur de l'eau, appliquant à d'autres usages l'électricité, comme il en a doté le télégraphe qui suit les rail-ways des deux mondes, il deviendra vraiment le roi, le roi superbe de la création.

— Me voilà confus maintenant, du panégyrique que vous faites à l'envi de notre pauvre humanité... dis-je timidement.

— Non pas, interrompit Mikaël; nous attribuons ces grandes choses à Dieu, leur auteur, qui les inspire à l'homme. Ainsi, depuis la plus simple des découvertes jusqu'à la plus savante, l'homme n'a été que l'instrument du Créateur, le miroir dans lequel s'est reflété sa puissance. Lorsque l'an 130 du monde, une belle jeune fille, Noëma, qui avait pour père Lamech et Sella pour mère, prit à des buissons la laine qu'en passant de blanches brebis y avaient laissée, s'avisa de la filer, et inventa les étoffes qui habillent l'homme, c'était Dieu qui l'inspirait dans son œuvre.

— Quant Enoch, fils aîné de Caïn, devint l'inventeur de la charpente, fonda la première ville et lui donna son nom, c'était Dieu qui était avec lui.

— C'est de cette ville, fis-je en interrompant mes hôtes, qu'il est dit dans un ouvrage français, *le Monde antédiluvien*, écrit par un sage, Ludovic de Cailleux :

« En ce temps-là, les flots orageux des géants battaient les noirs créneaux de l'antique Hénochia, fille de l'homicide.

» Les murailles de la ville, couleur de rouille, étaient cicatrisées par le feu du ciel, comme les donjons brunis de l'enfer.

» Au faîte des remparts, vingt-quatre taureaux d'airain se tournaient vers l'aquilon.

» A l'occident, se déroulaient les tombeaux des Colossiens sous un bois de cèdre, golgotha des géants.

» Devant les portes d'orient, croissaient deux palmiers stériles, avec des figuiers, sur une pelouse désolée.

» Le désert, des montagnes brûlées, des forêts, des torrents, entouraient la cité de Caïn.

— C'est du style biblique, ce que vous dites-là, mon bon Terrien, et j'ai plaisir à l'entendre. Mais je reprends et je dis : au temps où Thubalcaïn, en 3100 avant J. C., découvrit l'usage du fer et l'appliqua au travail de l'homme ou à son plaisir de la chasse, et puis, au jour où, en 1500, Isis, femme d'Osiris, roi d'Egypte, imagina de s'en servir pour confectionner une charrue afin de sillonner la terre et de lui confier des semences, c'est Dieu, Dieu toujours qui, par pitié pour l'homme, lui donnait l'idée de faciliter ses pénibles labeurs.

— Mais, balbutiai-je, n'est-ce pas la même Isis, qui eut la première l'idée de la navigation et fit construire des vaisseaux?

— Oui, répondit le Lunien. Et sous Néchos, l'un des successeurs de Sésostris, quelques-uns des nouveaux navires égyptiens, partis d'Arsinoë, doublèrent le cap Tormentoso, aujourd'hui Bonne-Espérance, remontèrent les côtes jusqu'aux colonnes d'Hercule, à présent Gibraltar, et revinrent, par la Méditerranée, mouiller en Egypte, aux bouches du Nil.

» Il y eut ensuite des navigateurs phéniciens qui allèrent jusqu'à Thulé, l'Islande de nos jours, au nord, et aux Canaries, au sud-ouest.

» Enfin, la boussole et l'astrolabe s'introduisant dans la marine, y firent une révolution complète. Ce ne fut plus de simples bateaux plats comme les Egyptiens, ni des galères à deux et trois rangs de rames, comme chez les Carthaginois et les Romains, ni de grossières pirogues comme chez les sauvages, ni de légères gondoles, ni de grossiers catimarons, comme dans l'Inde, ni même des vaisseaux marchands, comme chez les peuples du Nord, mais d'élégants et vigoureux trois mâts, qui, sous le règne de Ferdinand et d'Isabelle, en 1492, portèrent l'Espagnol sur les plages du Nouveau-Monde, qui dut trembler et gémir, car, la venue de ce nouveau peuple dans les régions de l'or, fut le signal du massacre de plus de douze millions de Péruviens, d'Incas et d'infortunés Mexicains.

» Puis, presqu'au même temps, sous Jean II, roi de Portugal, Barthélemy et Pierre Dias doublèrent le cap de Bonne-Espérance, et Vasco de Gama, sous Emmanuel, alla conquérir les Indes pour son maître.

» Ce n'était pas assez que Christophe Colomb, par Améric Vespuce, son lieutenant, eût découvert le nouveau continent de l'Amérique, après avoir trouvé lui-même les Antilles; après lui, Vincent Pinçon découvrait le Brésil.

» Puis, l'escadre de Magellan, partie sous Charles-Quint, en 1519, faisait le tour du monde.

» Sous le règne suivant, l'Espagne découvrait encore diverses îles riches et fameuses.

» A son tour, l'Angleterre prenait possession de Terre-Neuve, de la Virginie, de la Guienne, etc. Par Barlow, Hudson, Parry, Davis, elle s'efforçait surtout de trouver un passage dans l'Océan-Pacifique. Auson, Byron, Wallis, Cook, Vancouver, continuaient les découvertes de ces habiles navigateurs.

» Venait, après l'Angleterre, la Hollande, qui, par Van-Noort, Peter-Nuyt et Abel Tasman, découvrait la terre du Van-Diémen.

» Enfin la Russie, elle aussi, expédiait Krusenstern et Kotzebue, vers des régions inexplorées.

— Ne direz-vous donc rien de la France? hasardai-je.

— C'est pour te faire un plaisir plus grand, Terrien, mon ami, que j'ai mis les Français au dernier rang, parce qu'en ceci, comme en beaucoup d'autres choses, ils sont les plus ardents et les plus dévoués, répondit Mikaël. Ainsi, depuis Jacques Cartier qui, en 1534, remonta le fleuve Saint-Laurent, et ouvrit ainsi la voie pour fonder la belle colonie du Canada, jusqu'à vos temps modernes, on compte Bougainville, Chabert, Fleurieu, Borda, inventeur du cercle de ce nom, puis Lapérouse, d'Entrecasteaux, de Rossel, Beautemps-Beaupré, Baudin, Hamelin, Milluis, les deux Freycinet, Duperré, Legoarant et Dumont-d'Urville, si déplorablement enlevé par le feu sur le chemin de fer de Versailles, en 1844.

— Voyez-vous, interrompit Stella, quand Horace disait en parlant du navigateur de son temps :

— Illi robur et œs triplex
Circà pectus erat, etc.

il était loin certainement de rendre tout ce qu'il a d'audacieux, de grand dans la vue, ou plutôt dans la contemplation d'un de vos vaisseaux sous voiles, cette masse énorme flottant comme un jouet, au gré de la volonté d'un homme, et emportant jusqu'aux confins de la terre l'abrégé de tout un monde. Mais c'est surtout dans les ouragans que se développent mieux tout le génie et toute la puissance du marin. Il semble qu'alors le vaisseau, impatient d'user du mouvement et de la vie qu'on lui a donnés, s'apprête à partager avec l'homme les efforts de la lutte qu'ils vont soutenir tous deux contre les éléments. Comme il s'agite, comme il frémit sous les premiers coups de la brise et de la mer! comme il se relève fièrement sous les premières rafales qui ont tenté de l'abattre! Et, quand la tempête est dans toute sa force, comme il obéit rapidement aux plus légères impulsions que lui communique la barre ou le moindre lambeau de voile! On dirait qu'il comprend que c'est à la promptitude et à la docilité de ses mouvements qu'est attaché son salut et celui de l'homme qui lui a confié sa destinée.

— Aussi, répondis-je, on ne saurait concevoir les rapports sympathiques, mystérieux, qui s'établissent à la mer, entre le marin et son navire. Le premier est souvent plus fier de l'élégance, de la bonne tenue de l'autre, que de la sienne propre. Il y a entre eux unité, solidarité d'intérêts; ils s'appellent du même nom; ce sont comme deux parties du même tout. C'est enfin une sorte de vie double, que des hasards continuels, le pittoresque de la navigation et la majesté de la mer remplissent souvent, pour le marin, d'une poésie dont ne saurait se faire une idée celui qui n'a jamais navigué.

— Après les choses sérieuses, reprit Mikaël, l'homme, comme pour se reposer, appliqua les facultés de son esprit à des choses d'agrément, mais qui montrent cependant tout ce qu'il porte en lui de talents. En 1420, avant J.-C. toujours, un fameux artiste du nom de Dédale et qui était grec, imagina la scie, et s'avisa de faire des automates, statues à ressorts qui marchaient, qui parlaient, qui chantaient, tout aussi bien que des êtres doués d'intelligence et de vie.

— Aussi des automates à l'horloge il n'y avait pas loin, dit Stella.

Cependant il s'écoula un assez long temps encore, entre la première et la seconde invention. C'est sous le règne de Charlemagne, l'un de vos grands rois, que l'on vit en France l'étonnante merveille d'une horloge. Elle était envoyée à ce prince par le fameux calife de Bagdad, Aaroun-al-Raschild. Elle était en airain, et marquait les heures par le moyen de douze petits cavaliers qui ouvraient et fermaient douze portes, en allant jeter sur un timbre de petites boules d'airain, qui sonnaient ainsi les heures.

— Cela me rappelle, osai-je dire en interrompant Stella, qu'en Suède, à Lunden, j'ai vu une horloge si singulièrement combinée, que pour diviser le temps, deux cavaliers se rencontraient et se donnaient autant de coups qu'il y avait d'heures à sonner. Aussitôt qu'ils avaient fini, une porte s'ouvrait, et on voyait apparaître sur un trône la vierge Marie, tenant l'enfant Jésus dans ses bras. Alors les rois Mages venaient l'adorer et lui offrir leurs présents. Deux trompettes sonnaient en même temps. Puis tout cet appareil se cachait pour reparaître à l'heure suivante.

—Vous devez être moins surpris de ce travail que de celui de l'horloge astronomique de Strasbourg? me demanda le Lunien. Comme Français, vous devez la connaître. Rien n'est curieux comme la mort sonnant les heures, le coq chantant qu'il faut veiller toujours, et les mille indications relatives aux mouvements des sphères, aux nombres d'or, aux épactes, etc.

— Je l'ai bien admirée en effet, répondis-je, car j'ai eu le plaisir de la voir et de l'entendre, aussi bien que la magnifique horloge de l'appartement de Louis XIV au château de Versailles, les Jacquemards de Dijon, et les horloges très-ingénieuses de la Belgique.

— Assez sur ce chapitre, fit Stella. N'engendrons pas la monotonie, et passons à l'orgue.

» La cloche, première harmonie de vos églises, fut inventée au temps de Clovis, qui fit don à Paris de la première cloche que cette ville ait possédée. C'était vers 500 après la venue du Sauveur.

» Depuis, toutes les églises du monde en ont été pourvues, et c'est bonheur, car, comme le dit le vicomte Walsh, dans un livre sublime qui est une hymne au christianisme :

« La corde qui pend sous le porche, c'est le conducteur avec lequel la main indifférente du sonneur répand la joie ou la tristesse dans la campagne ; avec elle il va réveiller, jusque dans les hauteurs de la tour ou de la flèche, la cloche qui sommeillait silencieusement.

» Aussitôt elle élève sa voix sonore : tantôt lente et vibrant par trois fois, au milieu des lueurs naissantes du crépuscule, elle sonne l'*Angelus*, et cette première voix de la terre, ce premier soupir après le repos de la nuit, dit à ceux qui ont dormi sous des tentures de soie, et à celui qui a couché sur la dure :

» — Voici le jour qui commence, élève ton âme à Dieu !

» Et, quand la lumière s'éteint, quand les ombres descendent du ciel, elle dit encore :

» — Voici venir l'heure du repos, voici venir la nuit avec toutes ses étoiles ; homme fatigué, réjouis-toi, et bénis celui que tu as prié ce matin ! »

— Ces paroles sont fort saintes, Mademoiselle, dis-je à la Lunienne ; aussi puisque vous aimez la poésie sacrée, surtout quand elle vous rappelle les choses de la religion, laissez-moi vous redire ces beaux vers de Devoille :

 — Cloche qui te balance
 Au sommet de la tour,
 Voix du ciel qui t'élance
 Avec les voix du jour :
 A mon âme qui prie
 Viens parler de patrie,
 D'espérance et d'amour !

— Ma chère enfant, dit Mikaël à sa fille, tu as parlé trop légèrement tout-à-l'heure, en attribuant l'invention de la cloche à l'époque de Clovis.

» La cloche a été connue dans les Gaules à cette époque, oui. Mais elle était inventée depuis long-temps par les Egyptiens.

— C'est vrai, fit Stella, qui voulut se relever de sa défaite. Les Egyptiens prétendaient même posséder une cloche que Noë lui-même avait fondue, par ordre de Dieu.

» Les Athéniens se servaient de cloches pour convoquer le peuple aux fêtes de Proserpine et de Cybèle.

» Les Romains indiquaient par le son de la cloche, l'heure des bains et des marchés.

» Chez les Hébreux, la robe du grand-prêtre était garnie d'une frange de clochettes d'or.

— Néanmoins, reprit Mikaël, ce fut en Italie qu'eut lieu l'invention de la cloche, telle que vous les avez aujourd'hui. L'an 400 de votre ère, la première cloche à battant, à pavillon, et couronnée du mouton, fut fondue à Nôle, en Campanie, d'où lui est venu le nom de *campana*, qui veut dire cloche.

» Lorsqu'en 659, Clotaire assiégeait Orléans, saint Loup, évêque de cette ville, fit sonner les cloches de l'église Saint-Etienne. Les soldats franks furent tellement effrayés qu'ils s'enfuirent, et Clotaire fut contraint de lever le siége.

— Nos plus grosses cloches au xviie siècle, ajoutai-je, étaient l'*Emmanuel*, de Paris, pesant trente-un milliers; *Georges d'Amboise*, de Rouen, qui en comptait trente-trois. Le Kremlin, palais des czars, à Moscou, en perdit une, dans l'incendie de 1814, qui pesait deux cent quarante mille kilogrammes.

— Anne de Bretagne, dit Stella, passant un jour à Chartres, entendit un enfant de chœur, dont la voix et le chant la surprirent. Elle pria les chanoines de le laisser emmener avec elle. « Messieurs, leur dit la reine,

Elle pria les Chanoines....

je ne veux pas que vous y perdiez. Au lieu d'une petite voix argentine et fluette, je vous en promets une qui se fera entendre à cinq lieues à la ronde. » L'épouse de Louis XII tint parole, et la cathédrale de Chartres eut à se glorifier d'avoir la cloche la plus sonore et la plus belle des villes voisines.

— Tu voulais nous parler d'orgues, je crois, ma chère fille, dit ironiquement Mikaël, et je vois que nous en sommes loin.

— Pas le moins du monde, répondit Stella, les cloches et les orgues ne sont-elles pas sœurs ?

— C'est très-vrai, m'empressai-je de dire, et c'est aux orgues, plus encore qu'aux cloches, que nous devons la beauté, la sublimité, la pompe de nos solennités religieuses.

J'ai ouï dire que le premier orgue que nous ayons eu en France fut envoyé à Pépin-le-Bref, en 757, par l'empereur Constantin Copronyme. Dès lors on cultiva la musique, qui, cependant, fit peu de progrès jusqu'à Louis XIV...

— Je vous interromps, mon cher Terrien, pour vous dire que l'orgue ne remonte pas au viie siècle, comme vous le feriez supposer. Dans les siècles les plus reculés, on avait l'*organum,* dans un instrument analogue. Cet instrument c'est la styrinx ou flûte de Pan, dont l'origine mythologique atteste assez la haute antiquité.

» Pindare, dans sa douzième pythique, attribue à Minerve l'invention d'un instrument avec lequel elle voulut reproduire les cris lugubres de la Gorgone au moment où Persée l'extermina, et les sifflements des serpents qui entouraient sa tête. L'ode est adressée à Midas d'Agrigente, habile sur cet instrument, et vainqueur dans son art, aux jeux pythiques. Le scoliaste de Pindare ajoute qu'un accident survenu pendant que Midas d'Agrigente jouait de cet instrument l'obligea à le renverser, et à jouer avec les seuls tuyaux, à la manière de la syrinx. Or, une syrinx renversée n'est autre chose que l'orgue.

» Quelques siècles après Pindare, Ctésibius d'Alexandrie appliqua à l'orgue les découvertes qu'il avait faites dans l'hydrodynamique. L'orgue alors, au lieu de rester flûte, prit le nom d'hydraule, de ύδωρ eau et αυλος flûte. Il avait, à cette époque, la forme d'un petit autel. La puissance et la beauté de ses sons, comme aussi la complication de son mécanisme, en firent l'objet de l'étude des mathématiciens fameux. Ces orgues, je les ai vus, étaient construits de telle sorte, que la pression de l'air, dans les tuyaux, avait lieu par l'impulsion de l'eau.

» C'est au ve siècle que l'orgue pneumatique a été inventé. L'empereur Julien, l'apostat flétri, dit dans une de ses épigrammes :

— Je vois ici une tout autre espèce de tuyaux; ils ont pris racine dans un sol de bronze. Leurs sons bruyants ne sont pas produits par notre souffle, mais le vent, s'élançant d'un antre formé de peau de taureau, pénètre dans tous les conduits, tandis qu'un artiste habile promène ses doigts agiles sur les touches qui y correspondent et produit aussitôt les sons les plus mélodieux.

— Cornelius Severus, interrompit Stella, a écrit un poème sur l'Etna, avant le siècle d'Auguste, et il compare l'effet de l'eau qui pousse l'air dans les cavités de la terre, à celui de l'orgue hydraulique, dont les sons puissants remplissaient en effet la vaste enceinte des théâtres, d'après ce que m'a dit mon père, qui les a entendus.

— Oui, reprit Mikaël, car les gladiateurs et les athlètes combattaient au son de l'hydraule. Néron, le terrible Néron, fit vœu de se faire entendre sur cet instrument, s'il échappait à un danger qui le menaçait.

» Et puis au ive, aux ve et vi^e siècles, l'orgue était connu et cultivé sur les bords du Jourdain, au nord de l'Italie, au milieu des Gaules, partout enfin où Rome avait apporté son luxe et ses fêtes. Théodoret, Cassiodore, saint Augustin, saint Isidore, ont connu l'orgue pneumatique.

» J'ai vu à Jérusalem, au temps de saint Jérôme, un orgue qui ne comptait pas moins de douze soufflets, et qui s'entendait à mille pas de distance. C'est à l'aide de mon cornet d'or, que j'ai pu en recueillir les sons. Ils étaient admirables.

— Vous avez donc un cornet pour entendre sur la terre et dans les mondes, comme vous avez un fanal pour voir? demandai-je.

— Absolument... répondit Mikaël, et c'est le même anneau que voici, dont le chaton nous sert de lunette et le tube de cornet... Au besoin, je vous en ferai faire l'essai.

» Mais je reviens à l'orgue. Au temps d'Ammien-Marcellin, on se livrait tant à l'étude de cet instrument, que cet homme illustre fait dans ses ouvrages des plaintes amères sur l'abandon des sciences. Sidoine Apollinaire loue, dans le même sens, Théodoric de n'en avoir point admis dans son palais.

— Alors à quelle époque remonte donc l'introduction des orgues dans nos églises? demandai-je à Mikaël.

— L'usage tout profane auquel servait l'orgue jusqu'au VIIe siècle avait empêché les chrétiens de l'admettre dans leurs temples. Mais dès que les fêtes et les spectacles du paganisme eurent disparu avec ses divinités, les orgues furent transportées dans les basiliques chrétiennes.

— Aussi Venantius Fortunatus, dans ses vers au clergé de Paris, met-il l'orgue au nombre des instruments dont on se sert pour accompagner la voix, dit Stella. Mais son emploi dans les églises ne fut solennellement consacré qu'en 660, par un décret du pape Vitalien.

» Le premier organiste célèbre est Francisco Landino, surnommé Cicco, car il était aveugle. Il fut organiste à Venise en 1340.

» Squarcia Lupo, à Florence, en 1430; Antonio Degli Organi; Milleville, organiste français, qui suivit en Italie la duchesse Renée de France, fille de Louis XII; Aranxo, de Séville; Bernard Schmitt, à Venise encore; enfin John Bull, organiste de la reine Elisabeth, sont les plus célèbres artistes dont le nom nous soit resté.

— Mais j'ai lu quelque part, dis-je à mon tour, qu'au XVIIe siècle florissait à Rome un certain Frescobaldi, organiste de Saint-Pierre. Suivant Baini, trente mille auditeurs se rassemblèrent dans cette basilique quand Frescobaldi s'y fit entendre.

Aventures.

— Ce fut un maestro de premier ordre, en effet, répondit Mikaël. On possède de lui des fugues et toccates qui sont regardées comme des chefs-d'œuvre de science.

» Avec Bach, Haendel, Mozart, Haydn, Nicolo, Mehul, Grétry et Boïeldieu, qui ont été d'illustres organistes, on peut joindre MM. Ad. Adam, Niedermayer, Monpou, Neukomm, Fétis, Fessy, qui produisent des merveilles sur cet admirable instrument.

» J'ajoute, pour terminer, que les plus grandes orgues connues sont celles de Saint-Sulpice de Paris, de Saint-Paul de Londres, de Beauvais, de Caen, de Fribourg et de Harlem.

— Maintenant, comme femme, je prends la parole pour vanter l'admirable découverte de la soie. Les vers qui la produisent, si peu charmants à l'œil et si précieux par leurs cocons dorés, ont été introduits en Europe vers 552. Deux moines persans, après un long séjour en Chine, y dérobèrent des œufs de vers qu'ils vous apportèrent dans un bâton creux. Arrivés sous le climat d'Europe, ils les firent éclore à l'aide de la chaleur de fumier. Puis, le comte Roger, premier roi de Sicile, ayant saccagé plusieurs villes de la Grèce, célèbres déjà par leurs soieries, emmena à Palerme un grand nombre d'ouvriers. Aussitôt l'art de fabriquer la soie se répandit dans toute l'Italie. Venise, Milan, Florence, Lucques devinrent promptement fameuses par cette découverte nouvelle. Ce fut au XIII° siècle que cet art magnifique fut apporté à Avignon. Enfin, en 1480, sous Louis XI, des Grecs, des Vénitiens et des Génois établirent à Tours, moyennant de grands priviléges, des manufactures considérables.

— C'est donc à des moines, et je les en félicite, m'écriai-je, que la belle moitié du genre humain doit les splendides étoffes qu'elle affectionne et recherche si vivement! Nos dames de France, Mademoiselle, sont moins modestes que vous : elles ne se contentent pas de blancs tissus; il leur faut le mélange des couleurs, et, sur ce point, le luxe fait malheureusement trop de prodiges; car pour vêtir un corps mortel, franchement; on en est venu, à l'heure où nous sommes, à de folles et ridicules dépenses...

— Allons, décidément il y a du bon dans le Terrien, fit Mikaël. J'espère que notre réunion si fortuite le portera davantage encore à l'honneur de la vie et à la sagesse de l'âme.

— Ce voyage me sera fort utile, m'écriai-je encore; j'en rapporterai un profit immense. Les bonnes inspirations que j'aurai puisées près de vous seront ma boussole.

— Boussole! Savez-vous, monsieur le Terrien, reprit la jeune Lunienne, que c'est encore là l'une de vos belles inventions?

— Elle n'appartient pas aux Français, interrompit Mikaël, ce sont les croisés qui ont fait connaître à l'Europe cet instrument précieux. Les Chinois ont révélé cette découverte aux Arabes, et les Arabes vous l'ont donnée. Les anciens avaient bien quelques vagues notions sur la propriété qu'a l'aimant d'attirer le fer; mais la polarité leur était inconnue. N'est-ce pas merveilleux, dites-le-moi, qu'une aiguille aimantée possède la faculté de se tourner toujours vers les pôles, guide les navires d'un hémisphère à l'autre, et indique aux marins une route certaine à travers la plaine liquide?

— C'est Gioja, fit Stella, qui, en 1303, créa la véritable boussole, telle que vous l'avez maintenant. Flavio Gioja était de Naples. Mais le Portugal voulut contribuer à cette grande œuvre. Un Portugais divisa la rose du compas en trente-deux rumbs, formant ensemble les trois cent soixante degrés de l'horizon, et ainsi la boussole fut perfectionnée.

— Vous réformez mes idées sur tant de points, mes chers maîtres, dis-je en m'adressant de préférence à Mikaël, que la question étant sur les découvertes dues au génie de l'homme, je vous demanderai la vérité sur l'histoire de la poudre.

» On débite en France, et sans doute ailleurs aussi, tant de contes ridicules sur l'origine de la poudre à canon, parmi les historiens, les uns en attribuent si de travers la découverte à Roger Bacon, les autres au moine Berthold Schwartz, qu'en ceci votre récit me sera singulièrement précieux et profitable.

— Si vous me demandez, mon cher, quel est l'auteur de la découverte de la poudre, je vous répondrai par cette question : Qui donc a inventé les cheminées ? répondit Mikaël.

» Personne n'a découvert la poudre, mon pauvre Terrien, ou, si tu veux, c'est toi... et tout le monde...

» De tout temps, n'est-ce pas, la guerre a fait recourir au feu comme à l'un des plus terribles moyens d'attaque. Ainsi, l'on a eu le feu grégeois, que les assiégés ou les assiégeants lançaient à l'aide de longs tubes ou que l'on attachait aux flèches et aux dards. Chaque époque, chaque peuple cherchant à perfectionner ses mélanges incendiaires, de lents mais successifs avantages ont été révélés, et on en est venu à trouver la propriété explosive de ces mélanges et leur force de projection. C'est ainsi qu'après plusieurs siècles d'expériences et d'efforts, on en est venu à créer cet agent terrible, qui, en déplaçant dans les armées la force brutale, a complètement changé l'art de la guerre.

» Après la prise de Constantinople par les croisés, en 1204, de chez les Grecs le feu grégeois était passé chez les Arabes. En outre, les mêmes Arabes avaient appris des Chinois à mélanger le salpêtre avec le soufre et le charbon. Il en résulta une poudre; mais cette poudre fusait et ne détonait pas. Cela tenait à l'impureté du salpêtre. Bientôt, au XIVe siècle, ayant mieux purifié leurs matières premières, non-seulement la poudre fit explosion, mais on put lui faire chasser des projectiles.

— Alors c'est donc aux Arabes que nous devons cette découverte qui devait changer toute la tactique militaire? demandai-je.

— Comme tu le dis, ajouta Mikaël. Et ce qui le prouve, c'est qu'en un manuscrit arabe, tiré de la bibliothèque de Saint-Pétersbourg, on trouve la description d'armes à feu. Voilà pour les auteurs terriens.

Mais pour nous, témoins des événements, je dirai : Les Arabes réduisaient leur composition de baroud, de charbon et de soufre en poudre fine dont ils remplissaient le tiers d'un tube de fer nommé madfaa. Pour presser la poudre, ce que vous appelez bourrer, ils avaient un autre madfaa de bois en rapport avec le madfaa de fer. Après cela, ajoutant à la charge soit un bondoc, soit une flèche, ils mettaient le feu à l'amorce, et malheur à l'ennemi!

— Et dès-lors adieu aux casques, aux cuirasses, aux hauberts, haumes, brassarts, cuissarts, etc., dis-je.

— Comme aussi les bastions tombèrent et furent remplacés par des remparts à fleur de terre, continua Mikaël. Car bientôt du madfaa arabe les Européens en vinrent aux *bastons à feu* ou *bombardes*, qui, lançant de grosses pierres, dans leur chute écrasaient les édifices et ruinaient les défenses extérieures des places.

» A Rosbecque, à Crécy, à Calais, en 1347, vous avez eu de l'artillerie, vous, Français. Brive-la-Gaillarde, en 1348, était défendue par cinq canons.

» Puis après Crécy, où l'on n'avait que peu de bouches à feu, c'est par centaines qu'on les voit paraître. Ainsi Clisson et Du Guesclin surent repousser de Saint-Malo les Anglais, aidés de quatre cents canons. A l'armée du duc d'Orléans, sous Charles VI, on ne compte pas moins de quatre mille canons ou couleuvrines. Dix mille couleuvrines étaient au service de l'armée des Suisses, lorsqu'en 1476 elle remporta sur Charles le Téméraire la sanglante victoire de Morat.

— Mais enfin qu'était donc Berthold Schwartz? demandai-je avec une sorte d'impatience.

— Berthold Schwartz était un cordelier résidant à Fribourg. En 1378, s'étant rendu à Venise, il parla des perfectionnements qu'il songeait à donner aux bouches à feu. En effet, l'année 1380 vit employer son artillerie au siège de Chiozza. Pour le rémunérer, les Vénitiens mirent Schwartz en prison. On prétend même que l'empereur Venceslas, pour le punir de son talent à rendre plus terribles les armes à feu, le fit asseoir sur un baril de poudre auquel on mit le feu...

— Mais vous devez savoir si ce fait est vrai, vous, cher Lunien? objectai-je à l'improviste.

— Mon bon, recueille bien mes paroles : quand parlent et foudroient barces, basilique, bastarde, cardinale, coulevrine, émérillon, fauconneau, ribadoquin, serpentins, qui sont tous les titres donnés aux canons, tu le comprends, on n'y voit que du feu! répliqua Mikaël.

— Eh bien! laissons la poudre dans ses arsenaux, mon cher Lunien, repris-je, et parlons un moment d'une autre invention qui a tout autant fait de bruit que celle de la poudre.

— Tu veux dire de l'imprimerie, n'est-ce pas? fit Mikaël?

» On avait dit adieu depuis long-temps aux tablettes de cire dont se servaient les anciens, et au beau papyrus du Nil, si bien employé pendant plusieurs siècles; on avait substitué le vélin d'abord; puis, à Nuremberg, on avait imaginé le papier de chanvre, en 1319, lorsqu'il fut parlé, vers 1440, d'une invention mystérieuse, étonnante, sublime, qui allait changer le monde. C'était à Mayence. Un homme du nom de Guttemberg, après bien des essais infructueux, venait de réussir à mettre en œuvre des caractères mobiles, dont chacun, employé des milliers de fois, reproduisait la pensée humaine de manière à la faire connaître à tous.

— L'imprimerie était inventée! murmurai-je.

— Oui! fit avec un soupir le bon Lunien; elle allait rendre de merveilleux services aux sciences, aux lettres, aux arts, à la société, au monde!

— Et semer des tempêtes, reprit Stella, et répandre des calamités sans nombre, et se donner en alambic aux poisons des mauvaises doctrines!

— Ah! c'est que plus la civilisation se fait parmi les nations, plus au contact des lumières jaillissent d'autres lumières, ajoutai-je. Ainsi nous marchons vers la grande découverte de la vapeur.

— D'abord, mon ami, vous faites erreur : on avait déjà des notions sur la vapeur cent vingt ans avant Jésus-Christ. Un Grec d'Alexandrie, Héron, après avoir écrit un petit traité nommé *Spiritalia,* avait inventé et construit une première machine à vapeur.

» Ce que fit Héron n'était qu'un joujou, c'est vrai; mais enfin l'invention était faite et l'idée trouvée.

» Et puis, vous êtes convaincus, vous autres Français, qu'il n'y a que votre époque qui a de la valeur, et vous jetez le dédain aux temps qui vous ont précédés. Vous avez tort, Monsieur : sachez bien qu'en France, à Paris, vers 1605, un gentilhomme de Henri IV, Florence Rivaut, qui fut le précepteur de Louis XIII, utilisa la vapeur en l'appliquant à des bombes remplies d'eau brûlante.

» Apprenez en outre, monseigneur le Terrien, qu'une révolution se faisait dans les sciences sous le grand savoir de Bacon, en Angleterre, de Descartes, en France, et de Galilée, en Italie. Tous les esprits étaient tendus vers de nouvelles choses. Luther ayant brisé le frein religieux, le frein politique était ébranlé. Alors surgissent sur la scène du monde ces trois héros de l'intelligence, qui lui révèlent les uns les secrets de la sagesse, les autres les secrets de la mécanique céleste.

» Alors Salomon de Caus écrit sur les forces mouvantes, au nombre desquelles il place l'eau chauffée; alors le Père Leurechon, Lorrain et jésuite, invente les *éolyphiles, moulinets qui tournevirent par le mouvement des vapeurs;* alors Giovanni Branca, l'évêque Wilkins, le Père Kircher écrivent sur la vapeur et ses propriétés.

» Enfin, après la découverte du baromètre, par Toricelli, de la pesanteur de l'air, par Pascal, vint Denis Papin, né à Blois en 1647. Cet homme laborieux écrivit d'abord sur le vide et les machines qui le produisent; puis il inventa la machine appelée la marmite de Papin, qu'il munit bientôt d'une soupape de sûreté. De là aux machines à vapeur il n'y avait qu'un pas, et Denis Papin, aidé de la machine de Savery, puis de celle de Newcomen, franchit ce pas qui allait amener de si grandes conséquences dans le monde.

» Alors le marquis de Jouffroy exécuta les premiers essais de navigation par la vapeur. En même temps on fit sur le Doubs des expériences avec un appareil palmipède; puis vinrent les bateaux à roues, que l'on essaya à Lyon sous la conduite du même marquis de Jouffroy. C'était un tout jeune gentilhomme de la Franche-Comté que ce de Jouffroy, et il arrivait de la Provence à Paris lorsqu'il se révéla dans la carrière de la science. L'exil de la Provence, qu'il avait subi pour une affaire d'honneur avec le colonel de son régiment, lui avait été profitable; car il avait préparé son travail sur les bateaux à vapeur par des études sur des galères à rames.

» Mais les essais de Fitch et de Rumsey, en Amérique, puis ceux de l'Irlandais Robert Fulton, qui, né en Amérique, vint en France vers 1796, et, en 1803, faisait naviguer un bateau sur la Seine en présence de l'Académie de Paris et de toute la population de la grande cité, avancèrent singulièrement le progrès de cette noble découverte; mais l'indifférence du gouvernement d'alors la retarda.

» Mieux secondé aux Etats-Unis, Fulton produit enfin la navigation par la vapeur.

» New-York et Albany sont deux villes situées l'une et l'autre sur les bords de l'Hudson, mais distantes de *soixante* lieues. Le navire à vapeur de Fulton, *Le Clermont*, fit la traversée en trente-deux heures et revint en trente heures.

— C'était un véritable triomphe ! dis-je.

— Ce qui en fut un bien plus grand, mon cher Terrien, continua Mikaël, après l'émission des premières idées sur la locomotion par la vapeur, jetées dans le monde savant par Denis Papin; après la consécration de la machine atmosphérique par Savery et Newcomen à l'épuisement des eaux dans les mines de houille; après l'accomplissement d'une révolution dans le système des machines à vapeur, par James Walt, ce fut la vapeur s'adaptant aux voitures, sous l'inspiration du docteur Robinson, de Glascow; puis la locomotive terrestre du Français Cugnot; puis celle d'Olivier Evans; et enfin la diligence à vapeur de Trevithick.

— Pour faire manœuvrer plus facilement ces appareils, hasardai-je, n'avait-on pas imaginé des ornières artificielles, puis des rails de bois, et enfin les rails de fer?

— Oui, cher Terrien; c'est ainsi qu'on en vint à compléter cette magnifique découverte dont vous vous enorgueillissez sans doute sur votre planète, mais que votre malheureuse condamnation laisse accompagnée de dangers des plus sérieux.

— Hélas! les événements ne le prouvent que trop! fit Stella, depuis long-temps silencieuse. Cela se conçoit, du reste. Pour obtenir la vapeur et pour être en état d'en faire un usage continu, il est nécessaire de chauffer l'eau qui sert à la produire dans des vases clos, contre les parois desquels sa force élastique agit continuellement, et avec d'autant plus d'énergie que la température de l'eau se trouve élevée à un plus haut degré. Or, s'il arrive que la matière qui forme le récipient se trouve trop faible pour résister à l'effort qui se fait contre ses parois, alors elle est forcée de céder, une explosion a lieu, et les débris du vase, écartés avec violence par la force élastique de la vapeur, renversent et détruisent, en se dispersant, tout ce qui se rencontre sur leur passage.

— Heureusement, objectai-je, l'invention de la soupape prévient ces terribles accidents. Ces soupapes, qui doivent s'ouvrir lorsque la vapeur a acquis assez de force pour amener une explosion, donnent issue à cette vapeur, qui, cessant de presser avec autant d'énergie la paroi intérieure de la chaudière, fait disparaître, pour le moment du moins, le danger de son explosion.

— Et nonobstant ces précautions, et bien d'autres, mon pauvre Terrien, exclama Mikaël, vous savez combien de pages sinistres contient déjà le chapitre des accidents. Toutes vos lignes de Bordeaux, Nantes, Lyon, Rouen, Versailles, ont déjà pris le deuil bien des fois. Voilà pour la France. Si nous comptions les malheurs survenus en Angleterre, en Amérique, partout ailleurs, que de lugubres récits nous aurions à faire !...

— Aussi laissons les larmes à la terre, reprit Stella, et, tout en nous occupant de cette planète, parlons-en au point de vue de ses progrès dans les sciences...

» Croiriez-vous, ajouta la belle Lunienne, qu'il est venu jusqu'à nous le murmure de fâcheux préjugés à l'endroit de certains habitants de quelques provinces de la France. Les Champenois sont notamment signalés comme peu pourvus d'esprit et d'imagination. Or, voilà précisément que l'une de vos belles découvertes vient donner le démenti à vos préjugés populaires, messire le Parisien.

» Philippe Lebon est Champenois, car il est né à Brachet, près de Joinville, dans la Haute-Marne, en 1765. Mais Philippe Lebon n'est pas seulement Champenois, il est aussi ingénieur des ponts-et-chaussées.

» Ce naïf provincial avait vu quelquefois se dégager du sein de la terre certains fluides élastiques susceptibles de s'enflammer. Ces feux n'étaient pas extraordinaires : ils existent à Pietra-Mala et à Barigazzo, en Italie ; on trouve, en Dauphiné, une fontaine ardente ; sur les rivages de la mer Caspienne, et dans beaucoup d'endroits de l'Amérique, on voit souvent se reproduire ces phénomènes. A la surface d'une veine de houille, en 1664, un savant Anglais avait remarqué la même fantaisie de la nature. Dès-lors des hommes instruits, James Clayton, Hales, l'évêque de Landaff, le docteur Watson, trouvèrent moyen de retirer de ces matières un gaz inflammable.

» Dès-lors Philippe Lebon conçut l'idée de faire servir à l'éclairage public des villes les gaz qui proviennent de la combustion des bois. Il débuta et réussit à Versailles. Mais, à quelque temps de là, au point du jour, un matin, Philippe Lebon fut trouvé mort, percé de coups, aux Champs-Elisées de votre capitale.

» Vous savez le reste. Paris, Londres, la France, l'Europe sont à cette heure dotés d'un éclairage splendide et peu coûteux.

— Que ne sont-ils éclairés aussi vivement par les lumières d'une saine et juste intelligence! fit Mikaël. Que ne voient-ils où se trouvent leurs véritables intérêts! Qu'au lieu d'être constamment courbés sur la terre pour en arracher l'or et grossir leur fortune périssable, que ne lèvent-ils les yeux vers le ciel pour s'écrier et penser souvent : C'est de là que nous sommes venus, c'est là que nous devons retourner! Alors ce serait véritablement le siècle des lumières, tandis que... je crois que c'est uniquement le siècle des ténèbres, le siècle de l'égoïsme, le règne de l'or, et la perte du vrai bonheur!

— Maintenant que mon père fait une sortie sur le vice de votre époque, mon cher Terrien, et qu'il vous dit des choses si justes et si vraies, dont vous ferez votre profit, j'espère, ce n'est guère le moment de vous parler de photographie. Mais comme cette découverte appartient aussi au feu et à la lumière, je me permets d'en dire rapidement quelques mots.

» Il y a deux ou trois siècles, Jean-Baptiste Porta, physicien de Naples, avait imaginé la *chambre obscure*. Ainsi, en plaçant sur l'orifice d'une boîte parfaitement fermée une lentille convergente, on reproduisait au-dedans de la boîte, sur un écran, toutes les vues, et les sites, et les personnages environnants.

» Un homme eut assez de talent et de génie pour fixer ces images fugitives. Cet homme fut Daguerre.

» La *chambre obscure* devint dès-lors le *daguerréotype*.

— Oh! j'ai souvenance, m'écriai-je, du concert d'acclamations enthousiastes qu'excita l'annonce de cette innovation merveilleuse.

— Bien : mais tout n'était pas dit, continua Stella.

» On n'aurait pas cru cette découverte susceptible de perfectionnements. Elle en demandait cependant et les obtint.

» L'empreinte d'un paysage, d'une figure photographiques, d'abord si fugaces, que le souffle d'un enfant, de la brise la plus légère suffisaient pour l'enlever, furent bientôt fixées d'une manière inaltérable.

» De la photographie sur plaques métalliques, sur lesquelles les images se forment en les exposant aux vapeurs spontanément dégagées par l'iode, on passa à la photographie sur papier. C'était à l'Anglais Talbot, d'une part, et, de l'autre, à M. Blanquart-Evrard que l'on dut cette amélioration.

» Pour obtenir sur le papier le résultat que l'on obtenait sur le métal, il faut recevoir l'image sur un papier enduit d'iodure d'argent mélangé d'une petite quantité d'acide nitrique.

» Mais un autre perfectionnement fut celui du *collodion*. Cette substance, malheureusement, ne peut s'appliquer sur le papier; mais on la couche à merveille sur le verre, et alors elle reçoit si parfaitement l'impression lumineuse, que l'on peut reproduire même les corps livrés aux mouvements les plus rapides, les vagues de la mer en furie, par exemple, des chars violemment entraînés sur une route, un cheval dévorant l'espace, un navire en marche, et sa fumée, et sa traînée de blanche écume.

» Jugez des conséquences de ces découvertes pour les arts et pour les sciences. Elles sont dues à M. Archer, photographe anglais des plus habiles.

— Je vous avoue que je commence à être fort distrait, dis-je à mes hôtes Luniens; car voici votre satellite qui approche et me fait voir de si étranges curiosités, que je vous prie de quitter les choses de la terre pour me laisser voir celles de la lune... Cependant, à votre avis, dites-moi donc quel est le véritable inventeur de la télégraphie?

— L'abbé Claude Chappe, répondit Mikaël. C'était en 1793, date fatale s'il en fut! Mis en prison, avec tant de pauvres prêtres auxquels on ne pouvait adresser qu'un reproche, celui de faire trop de bien, Chappe, qui était d'Angers, et qui, dès sa jeunesse, avait conçu l'idée d'arriver à de rapides communications, rumina ses combinaisons, et enfin trouva le télégraphe aérien. Je n'ai pas besoin de vous rien dire des signes adoptés pour transmettre les nouvelles.

» Son invention, qui a rendu les plus grands services, est à cette heure détrônée par le télégraphe électrique.

» La découverte de l'électro-magnétisme donna l'idée à bien des savants, mais plus particulièrement à un Américain, M. Morse, de tendre des fils de fer d'un lieu à un autre, en les faisant aboutir à leurs deux extrémités à des appareils composés de lettres qui, mises en mouvement par l'électricité, faisaient mouvoir, à leur extrémité, les lettres correspondantes. En raison de votre impatience, je ne vous dirai pas que l'aimant joue son rôle dans cette étonnante combinaison. Il vous suffira de voir un appareil pour juger et comprendre cette belle et avantageuse découverte.

— Enfin, mon cher Lunien, pour dernier mot, dites-moi de grâce à qui nous sommes redevables du procédé nouveau d'éthérisation dont j'entends parler avec triomphe par les uns, et avec effroi par les autres? Seulement hâtez-vous...

— L'éthérisation, ami, touche aux sources même de la vie, soyons discrets à son endroit. C'est encore là un de ces dons qui révèlent la grandeur de la Providence; mais c'est aussi une arme puissante qui peut blesser l'humanité, répondit Mikaël.

» D'abord il est essentiel que vous sachiez que les anciens avaient aussi leurs moyens ansesthésiques, c'est-à-dire propres à rendre nos organes insensibles à la douleur, continua-t-il.

» Aux temps modernes, vous les avez encore perfectionnés, et il est un certain Humphry Davy qui avait signalé le gaz hilarant comme propre à abolir la douleur.

» Mais ce fut Charles Jackson qui, inspiré par Horace Wels, communiqua, en Amérique, au dentiste Morton, ses réflexions, le résultat de ses essais, et sa pensée sur l'inhalation de l'éther comme une méthode anesthétique si parfaite, que l'on éprouva aussitôt ses moyens sur de pauvres infortunés. Des dents arrachées, des amputations faites, les opérations les plus douloureuses exécutées péniblement, ne laissèrent aucune trace de ces atroces souffrances que, dans l'état normal, les patients eussent endurées.

» Ces épreuves, faites dans le Nouveau-Monde, ont été répétées dans l'Europe, en France, à Paris, et avec un succès des plus marquants. Seulement l'infaillibilité n'a pas été toujours obtenue : il y a eu des cas terrifiants...

— Comme pour toutes les inventions humaines, la terre est le théâtre des calamités et de l'imperfection. Les plus admirables choses portent en elles-mêmes leurs accidents, leurs faiblesses et leurs misères... dit Stella.

Puis elle ajouta tout aussitôt :

— Peine inutile et réflexions perdues ! Le Terrien n'est plus à nous...

— La lune ! la lune ! Voyez donc... m'écriai-je.

IV.

Description féerique. — Prière aérienne. — Aérostats merveilleux. — Habitants de la lune. — Splendides horizons. — Animaux. — Volcans. — L'Ame du monde. — Autre description. — Musée lunaire. — Album daguerrien. — Repas dans les airs. — Nuit dans la lune. — Les quatre cités, Lunos, Trinos, Jésos, Virgo. — Lever du soleil. — Habitation de Mikaël et ses dépendances. — Concert et chants du réveil. — Derniers adieux à la lune.

Si j'étais poète, peintre, historien même, quelle hymne d'admiration j'entonnerais, quelles merveilleuses couleurs j'emploierais, quelles choses sublimes je dirais, pour vous faire comprendre de quelles rutilantes splendeurs je me trouvais entouré, mes jeunes amis!

Au-dessous de moi, à des profondeurs infinies déjà, se balançait la terre, dont l'aspect n'était autre que celui d'une lune gigantesque brillant de tous les reflets de l'argent, sur le côté que le soleil prêt à se lever, mais précisément caché par son orbe, teignait de ses feux.

Au-dessus de moi, nageait dans l'immensité des cieux, le globe énorme de la lune, non plus blanche et reflétant le soleil comme nous le voyons à la distance de la terre, mais admirable de beautés si diverses, que pour les décrire isolément ou réunies, il faudrait une plume d'artiste et des volumes entiers.

Or, ce n'était pas dans une atmosphère différente de celle de la terre que se pavanait notre satellite. Avant de nous rapprocher autant de sa masse, nous avions vu toujours le ciel noir, et sur son crêpe funèbre, pointillaient, scintillaient et luisaient toujours des milliers de feux rougeâtres, des étoiles fixes, les globes laiteux des planètes; mais au fur et à mesure que nous nous étions rapprochés, les couches d'air, s'épaississant, avaient rendu à nos yeux cette belle apparence bleuâtre qui fait le charme du firmament.

Alors des jets de lumière dorée, puis des filets de feu débordèrent d'un des côtés de la lourde et grandiose sphère terrestre; puis un orbe semblable à un bouclier rougi dans la fournaise montra l'un de ses segments, et enfin le soleil tout entier reparut s'élançant dans l'espace, illuminant la terre, dont les teintes d'argent s'affaiblirent, resplendit dans l'espace, et vint frapper de ses rayons la lune, qui en reçut de plus merveilleux aspects.

En même temps le sublime concert des globes aériens, que je n'avais cessé d'entendre murmurant dans l'obscurité, reprit comme en un *rinforzando,* et ce fut une ineffable harmonie, une inexprimable réunion de cantates indicibles que chantaient les sphères et les mondes.

Nous gardions le silence depuis quelques instants, car j'étais en extase, jouissant de ce spectacle sublime, aspirant ces délicieux accords dont les symphonies humaines ne peuvent donner l'idée.

Mikaël s'était agenouillé sur les bords de sa nacelle; Stella, profondément inclinée sur l'autre bord, contemplait l'infini. L'un et l'autre adoraient et priaient. Comment en effet ne pas adorer, comment ne pas prier?... Ah! si, comme moi, des incrédules, je ne dirai pas des athées, il y en a pas, mais si des incrédules eussent contemplé ces œuvres du Créateur, semées dans l'infini, nombreuses comme les sables d'océan, ici rubis et perles, là topazes et diamants, plus loin, partout, améthistes, émeraudes, opales, ils fussent devenus soudain d'ardents néophytes, et leur âme avec ses affections, ses facultés, ses désirs, se fût envolée soudain, portée sur les ailes de l'amour, vers l'auteur de ces éternelles richesses.

Je m'inclinai comme les Luniens; je priai comme eux. Il est si doux de prier pour ceux que l'on aime, il est si doux d'adorer, quand le regard donne à l'esprit l'idée de la grandeur du souverain! on parle si bien, on demande tant de choses, on aime avec tant de chaleur, quand on sait que le Maître est là, parmi ses œuvres, qu'il nous écoute, que la voix qui l'implore ne sera point perdue, qu'il est là, qu'on va presque le voir!

Mikaël et Stella se prirent alors à parler dans une langue inconnue, d'une ineffable douceur; je les entendais, ainsi que, dans un demi-sommeil, on entend des bruits vagues.

Quel ne fut pas mon étonnement, lorsque dans les régions fort rapprochées de la lune que nous traversions, je vis, semblant venir à notre rencontre, et bientôt s'éparpillant tout autour de nous, une innombrable multitude de ballons, allant, venant, descendant, montant, se croisant en tout sens, et paraissant vouloir nous faire cortége! Beaucoup de ces aérostats lunaires étaient d'étoffe blanche, beaucoup étaient chamarrés d'or ou d'argent; il y en avait de rouges, de verts, de gris, de jaunes, de violets, de couleur de bronze. Tous portaient leurs résilles de cordelettes d'une nuance qui tranchait avec harmonie sur la teinte du ballon. Leurs agrès venaient captiver une charmante conque d'agathe les unes, de sanguine les autres, celles-ci, d'une onyx gigantesque, celles-là, d'une aventurine merveilleuse. Au sommet de chaque aérostat, flottait une banderole de couleur opposée à celle du ballon; si bien que c'était une véritable pluie, une bizarre avalanche de vingt mille ballons se balançant dans l'espace, tout autour de la lune, et rien n'était pittoresque et gracieux comme cette innombrable flottille aérienne.

Aventures.

Dans chacune des nacelles de ces voyageurs aériens, je vis bientôt et des Luniens et des Luniennes, et les Adams et les Eves de notre satellite. Mais si je voyais, je fus vu moi-même. Mon pauvre aérostat, tout parisien qu'il était, et d'un superbe gros de Naples, ne vous déplaise, parfaitement gommé, aussi bien agencé que possible, fit tache, hélas ! sur tous ces véhicules gracieux et légers. Aussi avisa-t-on mon piètre équipage terrien, et tout aussitôt je fus signalé, entouré, étudié, comme je viens de vous le raconter : en un mot, j'étais le point de mire, l'objet de la curiosité générale des habitants de la lune.

Je dois à la vérité, de dire sans retard que leur aménité, leur courtoisie et leur sagesse ne me firent pas regretter un instant d'avoir osé m'introduire parmi eux. C'est une justice à leur rendre qu'ils se montrèrent affables au-delà de ce que peut se figurer l'imagination. Il est vrai que j'étais là sous le patronage de Mikaël, qui me sembla très-considéré parmi les Luniens, et de Stella, dont la sagesse sans doute lui valait de fréquents sourires, et mille salutations charmantes.

On devina sans nul doute que j'étais Terrien, ou peut-être la fille de Mikaël fut-elle indiscrète. Ce qu'il y a de sûr, c'est que nos équipages se trouvèrent bientôt circonvenus de telle sorte, que notre ascension se trouvait retardée, et que cent nacelles venaient se heurter contre les nôtres. Je trouvais un peu mon compte à cela, car si les Luniens désiraient voir de près un Terrien, le Terrien n'était pas moins friand du plaisir de voir les Luniens et les Luniennes. Il est encore de mon devoir de reconnaître de suite la supériorité de leur nature sur la nôtre, et de proclamer que si les hommes montraient dans leur attitude et la dignité de leur visage une bonté sans égale et le caractère de la perfection de l'âme se reflétant au-dehors, les femmes avaient ce parfum de pudeur et cette pose d'innocence qui révélaient leur justice et leur grandeur sublime. Toutes ces nobles têtes de Luniens et de Luniennes effaçaient en beauté les beautés de la terre, autant que la rose et le camélia l'emportent sur la ronce ou les chardons.

Soudain, quand le jour se fit un peu tout autour de nous, et que les aérostats les plus obstinés s'écartèrent enfin, je vis la lune... de près, de très-près, à toucher les arbres, les monuments, mais sans pouvoir mettre pied à terre...

O terre, toi aussi, qu'es-tu, mise en comparaison de la lune?...

Hommes, femmes, terre, nous avons tous les stigmates du péché d'Adam, et vous lune, Luniennes et Luniens, vous êtes riches de tous les dons du Créateur, demeuré votre ami!

La lune, mes amis, c'était tout un Héden avec ses délices, avec ses joies, avec ses voluptés, ses richesses, mais un Héden sans le serpent terrible qui tenta Eve...

J'avais sous les yeux, figurez-vous-le si vous le pouvez, car j'aurais cent bouches pour vous le raconter qu'elles se fatigueraient à tout vous dire, j'avais sous les yeux des régions immenses; semées de collines, coupées de vallées, diaprées de verdure, émaillées de fleurs, plantées de nopals, de myrtes, d'aloës, de splendides palmiers et de magnifiques térébinthes.

Aucune vapeur ne cachait l'éther bleu, et le soleil projetait ses rayons les plus fauves sur l'orbe heureux qui se développait à mes regards. Sur les versans de montagnes perdues dans les brumes, au loin, des volcans faisaient jaillir leurs feux étincelants. Les sillons rouges de leurs laves en fusion donnaient aux terres ombreuses des vallées, les couleurs des flammes de Bengale, ici; là, des rivières brodaient de leurs lames d'argent, de vastes et sinueuses prairies, que voilaient de hautes et luxuriantes forêts. Partout il y avait de ces aspects qui charment, et dont rien ne trouble l'harmonie, par des contrastes trop heurtés.

Des troupes d'oiseaux, foulques au plumage bleu, savias à gorge jaune, ouaras aux ailes rouges bordées de noir, goëlands blancs, mérops incarnats, courlis verts, gélinottes des bruyères, palombes des palétuviers, albatros, pitrels, cormorans, oiseaux des bois, oiseaux des grèves, oiseaux des lacs, oiseaux des îles, tous premiers-nés de la création, voltigeaient par milliers sur les lignes de l'immense horizon.

On voyait aller, venir, sautiller et cavalcader de grosses chèvres aux oreilles pendantes, des chamelles au long cou, des buffles noirs, des lions à crinière dorée, des juments et des cavales de tous crins, des penthères mouchetées, des gazelles brunes et blondes, des onagres à la pelure veloutée, quadrupèdes du désert, quadrupèdes des montagnes, quadrupèdes des prairies, quadrupèdes des rochers, tous premiers-nés de la création, ruminant, jouant sous les cèdres, dans les ombres, et sous les feux de cette contrée merveilleuse.

Et sur les lacs, parmi les madrépores des rivages, sous les vagues des ondes, les oursins violets courant sur des bancs de corail, les coralines rouges, les bivalves écarlates, les harpes teintes comme les tulipes, poissons des abîmes, reptiles des halliers, serpents des herbages, couleuvres des bois, cétacés des mers, coquillages des fleuves, premiers-nés de la création, errant parmi les glaïeuls, se berçant dans les eaux, jouissaient d'une vie qui ne comptait ni dangers ni vicissitudes.

Par je ne sais quelle fantaisie, j'essayai de regarder si le mouvement de la lune me serait révélé; mais nous étions emportés dans ce mouvement, de façon que nous ne pouvions le juger. J'osai même exprimer mon désir à Mikaël, qui, me souriant, à l'aide d'une pression qu'il imprima sur le frein de son aérostat, le rendit aussitôt stationnaire.

Alors la rotation de la lune sur elle-même devint sensible. Nous cessâmes de voir les mêmes objets, confus et mélangés, mais ils nous apparurent groupés avec une harmonie exquise, distincts à l'œil, et se renouvelant sans cesse. C'était une chose prodigieuse à voir que cette masse, délicieuse d'aspects, animée, pittoresque, peuplée ici, solitaire là, tournant sur son axe, et nous apportant sans cesse de nouveaux sites et des gorges, des plaines, des pics, des vallées, des mornes, des collines, toujours plus enchanteurs.

C'est alors que m'apparurent, à intervalles, des volcans, ces volcans

Je distinguai sous des massifs de tamarins des groupes de Jeunes filles.

qui, parfois, nous envoient leurs laves que nous appelons aérolithes, lorsqu'elles sont arrivées sur notre planète. Un de ces volcans, le plus considérable, je crois, était voisin d'une circonvallation tellement immense, qu'on la voit de la terre à l'aide d'un télescope. Elle a la forme d'un cirque, et souvent, à deux époques de l'année, les Luniens s'y rendent tous, afin de se livrer à des fêtes précédées d'un grand acte religieux. Cette fête n'est autre que l'anniversaire de la création. Or, ce volcan jetait ses flammes, ses scories et sa lave, en un mot, était en irruption quand je le vis. Son cratère se trouva juste un moment dans notre direction, de telle sorte qu'il nous fut facile d'en sonder la profondeur et d'en voir bouillonner les vagues de feu. Un instant nous fûmes enveloppés de sa fumée. Mais feux et fumée de volcans ne sont point à craindre dans la lune. Un volcan chez les Luniens est un caprice, une fantaisie de la nature qui veut rompre la monotonie et révéler tous les prodiges de la création. En effet, quelques-uns des autres volcans que je vis, produisaient de loin l'effet de gigantesques candélabres, à large base, couronnés de feux violets les uns, verdâtres les autres, jaunes ceux-ci, bleus ceux-là, tous projetant leurs reflets sur les montagnes et les vallées voisines.

Et il y avait dans l'air qui entourait la lune, dans le frémissement de ses arbres, sur les prairies, sous les bocages, de ces brises frissonnantes et tièdes qui couraient, glissaient, révélant des félicités sans nom comme sans limites.

Chose étrange! je me trouvais savoir les noms de tout ce que je voyais, et, sans avoir besoin d'interroger mes deux compagnons, qui jouissaient de ma surprise, j'appliquais aussitôt de moi-même les noms aux choses que je voyais.

Il y eut un moment où je distinguai, sous des massifs de tamarins, des groupes de jeunes filles ayant toutes des colliers de grenadines écarlates tombant sur leur poitrine, et sur leurs cheveux des diadèmes de topazes. Leur blancheur égalait celle du lait des gazelles à l'aurore, et les veines de leurs membres avaient la couleur des vagues bleues de la mer. Afin d'épargner leurs pieds, qui foulaient des mousses et des bruyères fleuries, elles avaient chaussé des mocassins d'une épaisse étoffe de lataniers.

Plusieurs d'entre elles tenaient des cinnors et accompagnaient leurs sœurs qui chantaient, pendant que d'autres levaient au ciel, comme pour le bénir et le remercier, des gerbes de fleurs éblouissantes dont leurs bras étaient chargés.

De plus jeunes, assises sur des urnes, tressaient de pâles anémones cueillies entre les fentes humides des rochers, et, en couronnant leurs compagnes, poussaient de joyeux éclats de rire.

Puis, comme une troupe de palombes qu'effarouche l'aigle des montagnes, en me voyant avec Mikaël, elles s'enfuirent et se cachèrent dans le pli d'un vallon verdoyant.

— Elles retournent à leurs mères comme à leur meilleur asile, me dit Mikaël, car l'âme du monde est ici comme partout. Seulement, elle est bien misérable sur terre, étouffée qu'elle est par mille passions; tandis qu'ici elle reste toujours sublime et pure.

— Qu'appelez-vous donc l'âme du monde? dis-je au Lunien.

— L'amour! fit-il, l'amour qui découle de Dieu et qui rapporte tout à Dieu; l'amour qui brûle nos cœurs de reconnaissance, qui nous inspire une soumission perpétuelle, qui nous fait chérir l'auteur de notre être, apprécier les biens de la création; l'amour qui nous révèle les perfections de Dieu, et qui nous dit que rien n'est plus digne d'être aimé! L'amour qui fait que nous nous chérissons tous, et qui nous montre l'homme même de la terre comme un ami, comme un frère pour lequel nous devons prier, sur lequel nous devons gémir; l'amour enfin qui fait que notre vie est une action de grâces perpétuelle comme notre bonheur, et que nous n'avons de plus grande félicité que de louer Dieu, de le bénir, de rechercher ce qui peut lui plaire, et de ne jamais céder à ce qui peut blesser son regard.

Je me confondais dans les réflexions profondes que me suggéraient les paroles de Mikaël, et je songeais à nos tendresses de la terre, si souvent perdues, jamais retrouvées, et toujours si fragiles, quand la lune, tournant sans s'arrêter, me montra bientôt un spectacle qui appela toute mon attention, et fit taire Mikaël.

D'abord des files de dromadaire, allègres et vigoureux, cotoyaient les versants d'un coteau, dont les rampes successives annonçaient des contrées montagneuses. En effet, à l'horizon se levaient les pics dentelés de hauteurs gigantesques, dont les cimes bleues produisaient un magnifique encadrement à toute cette contrée. Ces caravanes étaient composées de vieillards et de femmes, de jeunes Luniens et de vierges à la fleur de l'âge. Assis sur leurs montures, ils cheminaient en chantant. La colline, qui montrait un chemin sablonneux, était bordée de merveilleux sassafras fleuris, dont le vent répandait au loin la suave odeur. Au fond de la vallée coulait un fleuve large et profond, dont les eaux calmes et limpides réflétaient le luxe de ses rivages. A droite, sous l'abri d'un bois de citronniers énormes, dormait un lac aux ondes bleues. A gauche, sur le déclin d'un morne chauve dont d'énormes roches formaient la base, jaillissait d'un cratère la flamme blanche et rouge d'un volcan, dont les sourdes détonnations imitaient un bruit de mousqueterie qui se mêlait aux murmures des eaux et aux accords des voyageurs.

Plus bas, contournant les flancs des montagnes, fumait la brûlante locomotive d'un chemin de fer, dont les rails étaient d'argent, et les voitures d'un bois noir que couronnaient des velums d'une étoffe aussi blanche que la plus pure mousseline. Grand nombre de Luniens, avec leurs familles, chargeaient ces voitures légères et gracieuses. Et, nonobstant ces différents moyens de transport que je voyais avec plaisir sur notre satellite, nous rencontrions toujours à notre hauteur, de quelques mètres au-dessus du sol, des aérostats nombreux de toutes les couleurs, se croisant en tous sens, naviguant dans toutes les directions.

— Ce paysage est enchanteur, dis-je à Mikaël et à Stella. Assurément nous n'avons rien sur terre à lui comparer. Mais, dites-moi, pourquoi voyons-nous beaucoup plus d'habitants qu'ailleurs dans ces contrées?

— Par une raison bien simple, me dit Mikaël. Nous approchons de ce lieu dont Stella vous a parlé et qui offre aux regards des Luniens une série de tableaux aussi anciens que le monde...

— Cultivez-vous donc la peinture? dis-je tout surpris. Je n'en serais nullement étonné : vous avez vos bibliothèques, vous pouvez bien tenir à posséder des musées et à les enrichir de vos œuvres.

— Notre musée, ici, c'est la nature; mais une nature à part, une nature mystérieuse, une nature que je ne dois point vous définir, mon cher Terrien, car vos oreilles mortelles ne pourraient la saisir ni votre esprit borné la comprendre, répondit Mikaël. Qu'il vous suffise de savoir que, comme vous avez vos plaques de métal, qui, dans la chambre obscure dont nous parlions naguères, reproduisent et fixent les objets placés devant leurs lentilles, de même nous avons, nous, un lieu spécial disposé par la main de la nature pour recevoir l'impression, mais en grand, mais au naturel, mais dans toute sa vérité, sauf la vie qui lui manque, de la suite des faits qui se sont accomplis sur la terre depuis Ève, votre mère, présentant le fruit défendu à Adam, votre père, jusqu'à l'évènement de votre temps, la guerre d'Orient, par exemple...

— Mais vraiment, m'écriai-je, c'est une chose des plus curieuses et que je suis des plus désireux de voir... Mon bon Lunien, je vous en conjure, conduisez-moi vers cet étrange musée.

— D'autant plus volontiers, mon cher Terrien, que voilà ma fille qui cesse enfin de sourire à toutes ses compagnes que nous rencontrons, et qu'elle sera, sans doute de grand cœur, le cicerone dont vous aurez besoin en cette circonstance.

Chers lecteurs, j'ai vu ce mystérieux pandœmonium de tous les grands drames de la terre. J'y ai passé bien des heures; je pourrais dire des jours et des nuits... car les jours et les nuits passaient, passaient vite sans que je m'en aperçusse, tant les curiosités de la lune avaient pour moi d'attraits... Mais comment vous redire les étonnantes merveilles qui passèrent tour à tour sous mes yeux? Il faudrait cesser de raconter mon voyage d'aéronaute; et pourtant je serais désireux de satisfaire votre curiosité. Permettez-moi donc alors, afin d'atteindre le double but que je dois me proposer, de continuer mon récit, d'une part, et, de l'autre, de vous révéler les prodiges du musée lunaire, de vous prier d'agréer un ouvrage dans lequel j'offrirai à mon tour à vos regards les scènes qui m'ont tant ému. Je lui donnerai le titre suivant, qui vous aidera à le reconnaître :

L'ALBUM MERVEILLEUX,

ÉPREUVES D'UN DAGUERRÉOTYPE AÉRIEN.

Si ce livre vous intéresse, lisez-le. S'il vous ennuie, jetez-le au feu. Mais soyez sûrs qu'il ne renfermera rien que de vrai, et qu'en l'écrivant je n'aurai eu d'autre désir que votre instruction et votre savoir.

Pardonnez-moi ces quelques mots : je reprends mont récit.

Il était soir pour la lune. C'était l'heure où les collines et les vallées se couronnent de la dernière splendeur du soleil, rayonnant comme le bdellium des pays brûlés par ses feux. C'était l'instant où les jeunes Luniennes montaient dans les balancelles de leurs aérostats pour admirer plus à l'aise les œuvres du Créateur, chanter sa gloire, et mêler leurs voix aux hymnes des sphères.

Mikaël fit un signe à Stella.

Stella, sans mot dire, mais avec un sourire tout de commisération, prit, d'une boîte de cèdre qui fermait avec une clef d'or, une pâte transparente comme une topaze et frémissante comme une fleur qu'agite la brise, et, me regardant, elle me l'offrit.

Puis, afin de m'enhardir, Mikaël mangea le premier.

Les chairs de l'ananas et du cédrat sont moins fraîches et moins exquises que le mets délicieux que j'avais dans la bouche. Il me donna plus douce jouissance que ne ferait le hatchis d'Orient. Je me trouvai fort et robuste, sain et intelligent, après l'avoir savouré, comme au réveil, après une longue nuit passée dans le repos.

Je bus ensuite tout une patère d'un jus rosé que ne pourraient imiter, en goût et en bouquet, nos vins les plus vantés.

Cependant l'aérostat des Luniens, chargé des plus fines parties d'un gaz subtil, demeurait fixe, si bien dirigé par Mikaël et si docile sous sa main, qu'il bravait le mouvement de la lune tournant mollement sur son axe et produisant un son doux et harmonieux. C'était surtout et à cette harmonie que l'on ne peut analyser, et aux sites pittoresques, indescriptibles, aux villas, aux demeures, aux costumes, aux splendides physionomies de la foule, aux curieux aérostats allant et venant sous un tiède crépuscule, aux lueurs étranges de volcans éloignés, mais nous envoyant leurs reflets lumineux, au bonheur enfin que l'on semblait respirer avec les brises, que je reconnaissais la prééminence de la lune sur la terre.

Je le dis à Mikaël, qui me répondit :

— Là-bas s'est assis le péché et il y règne ; ici trône l'innocence. Là-bas la malédiction pèse de tout son poids ; ici les sources d'une paternelle bénédiction coulent sans fin. Là-bas vous avez le poids de toutes les calamités ; ici des torrents d'une félicité sans nom nous inondent.

— Oui, reprit à son tour Stella, pendant que vous gémissez sous les tempêtes, les orages, les tourmentes, les pestes, le choléra, les stérilités, les famines, les guerres, les maladies, les supplices, les tortures, l'agonie, la mort, sur votre terre ; nous ici, comme dans toutes les sphères, nous avons la sérénité, le calme, la paix, la santé, un printemps perpétuel, l'immortalité.

— C'est que notre Eve n'a point péché ! fit Mikaël.

— Et que notre Adam n'a pas succombé ! ajouta Stella.

— Tandis que notre pauvre terre...

Je n'achevai pas... car mon pauvre ballon terrien, comme pour dire son mot sur les misères terrestres dont il portait sa part, se prit à osciller et à se tordre comme s'il eût été dans un courant ou qu'une blessure eût été faite à son taffetas. Heureusement Mikaël vint à mon secours, en imprimant un mouvement à son aérostat, qui, entraînant le mien auquel il était lié, lui rendit son équilibre et son allure.

Au crépuscule avait succédé la nuit; nuit douce et pure. Les Luniens s'étaient retirés dans leurs habitations. Mais, nonobstant les ombres qui couvraient les zones luniennes que nos ballons, rendus à la liberté, traversaient, je portais mes regards, curieux toujours, tantôt vers les cieux, qui m'offraient le spectacle des sphères de feu, rouges comme un point vif et nombreuses comme les sables de la mer, des planètes beaucoup plus rares, dont l'orbe blanc, plus gros, fixait avec intérêt mon attention, de quelques comètes, qui passaient à des distances infinies dans les profondeurs du vide, en laissant de longues traînées de fils lumineux que les astronomes estiment occuper plusieurs millions de lieues, tantôt sur la lune. Or, Mikaël ayant rendu l'essor à nos ballons, ils étaient remontés très-haut au-dessus de la lune, qui tournait sous nos pieds. Et de cette élévation je voyais le globe de notre satellite teint d'un pâle crépuscule qui n'empêchait pas de distinguer les divers accidents du sol, vallées, montagnes dentelées d'une prodigieuse hauteur, les mornes chauves et les pics qui hérissaient sa surface, ses plaines luxuriantes, ses solitudes, où erraient des éléphants blancs, des girafes gracieuses, des animaux dont la forme m'était inconnue, et qui tous vivaient en paix, broutant des fleurs, mangeant de larges feuilles, et animant ces contrées que leur abandonnaient les Luniens. Quelques habitants de la lune voyageaient dans leurs aérostats au-dessous des nôtres, et, pour la décoration de ces véhicules, ils y avaient attaché, à des cordelettes d'or, des phares lumineux, des fanaux transparents, de ces globes à reflets rouges, verts, jaunes, violets, qui donnaient des apparences fantastiques à leur marche aérienne.

Nous passâmes aussi sur un autre chemin de fer, auquel je donne à tort ce nom, car ses rails étaient d'or. Il unissait l'une des cités de la ville à d'autres cités; car, comme je vous l'ai dit, la lune a ses villes, villes qui sont construites non point pour les besoins de la société, mais uniquement comme charme de réunion, comme ombre au tableau, comme contraste, afin de rompre la monotonie. De loin, comme de près, je vis plusieurs de ces cités, leurs murailles, leurs palais, leurs rues concentriques, leurs squares, et les mille monuments de marbre, de jaspe, de porphyre, de malachite, et de matières précieuses propres à les décorer.

L'une de ces villes porte le nom de Lunos. Elle occupe le centre de la lune, sous son équateur. Elle est construite en rond, et j'ai quelque raison de soupçonner que c'est elle que, de la terre, nous découvrons avec de bons télescopes, sous une forme circulaire que les astronomes, sur leurs cartes, ont désignée sous le nom de cirque.

La seconde de ces villes porte le nom de Trinos. Toutes ses places, ses demeures, ses édifices, ses pavillons, son enceinte même, sont triangulaires. Elle se trouve sous le tropique nord de la lune.

Une troisième, du nom de Jésos, par sa disposition, ses rues qui se croisent, les ailes de ses maisons, ses squares et ses monuments, rappelle une croix grecque, signe adorable et sacré du salut.

La quatrième, que je vis aussi, nommée Virgo, se trouve à l'antipode de Lunos, sous l'équateur de la lune également, mais dans cette partie de la lune qui regarde toujours la terre, comme Trinos et Jésos. Dans Virgo, qui veut dire vierge, tout est blanc de neige, et de jeunes filles habitent avec leurs mères et leurs familles, sous des kiosques d'une blancheur éblouissante.

Nous nous arrêtâmes quelques instants au-dessus de cette dernière cité : là, sur chacun des squares, plantés d'arbres odoriférants, dont les branches semblaient chargées des frimats étincelants de l'hiver et les parterres étaient diaprés de fleurs blanches qui éblouissaient comme des diamants, s'élevaient non pas des temples ou des églises, mais des clochers, des obélisques, des pyramides et des colonnes torses, à jour, creusées, d'une forme ravissante, dont un escalier extérieur pour les uns, intérieur pour les autres, à pente douce, à balustres de bronze, à larges assises du plus beau marbre sans tache, conduisait à une hauteur qui devait être supérieure à celle de la flèche de Strasbourg ou de la plus élevée des pyramides d'Egypte, celle de Chéops. De ces tours, s'échappaient les plus harmonieuses symphonies, produites par des milliers de clochettes, de timbres, de bourdons, de congs d'or et d'argent, qu'il suffisait aux brises d'agiter pour mettre en mouvement les légers battants suspendus sous leurs pavillons.

Mais j'eus bientôt à contempler d'autres merveilles, qui appelèrent mes regards toujours empressés d'étudier et de connaître des choses si étranges et si curieuses.

Je voyais à l'horizon des bandes de pourpre et d'or se dessiner autour du globe de la lune, et cette planète nous offrir ses extrémités bordées des plus vives couleurs de l'iris. C'était le jour.

Mon pinceau de peintre est insuffisant à rendre la beauté de cette renaissance de la lumière; ma palette ne possède pas d'assez riches couleurs pour vous faire le tableau de ces splendeurs.

Je me bornerai à vous dire que bientôt les points de feu s'effacèrent sur le noir du ciel, et le soleil parut. Je le saluai avec amour, comme un véritable ami. En même temps, mon cœur se prit à battre avec violence... Figurez-vous que la veille, après avoir si long-temps étudié, examiné, admiré le musée magique des Luniens, constamment instruits des événements de notre planète par les faits qui s'y reproduisent d'eux-mêmes, Mikaël m'avait annoncé qu'il me ferait voir sa demeure à lui; mais il ne me disait pas que nous en approchions.

Soudain, se tournant vers moi, il mit sa main sur mon épaule, il fit, avec une sorte d'amour-propre, un geste que je traduisis de la sorte :

— Voici ma résidence, mon palais, ma propriété!

— Les propriétaires de la lune seraient-ils donc aussi, comme ceux de la terre, enamourés de leurs biens? me demandai-je.

Ecoutez, mes chers amis, ce que je vais dire est l'expression de la vérité : jamais palette et pinceau d'artiste, jamais plume de poète, jamais récit de touriste, jamais imagination de fée ne pourraient exprimer le ravissant tableau que j'avais sous les yeux. Les *Mille et une nuits* nous décrivent de ces splendeurs ébouriffantes qui n'existent pas ; les légendes les plus heureuses nous étalent les plus prodigieuses richesses d'art, de nature, de superfluités, de palais et de basiliques. Eh bien! tout cela n'est rien qu'une masure, qu'une ruine, qu'un assemblage de mauvais goût auprès de ce que je contemplais, les yeux hors de tête, la bouche béante, et les cheveux hérissés.

L'Escurial, en Espagne; l'Alcazar, en Castille; la Maison-d'Or, dans la Rome antique; le fameux palais de Psamméticus, en Egypte; Schoenbrünn, en Autriche; Postdam, à Berlin; Versailles ou Trianon, en France; Westminster et Windsor, dans le royaume uni; le Kremlin, à Moscou; bref, le plus beau château des six parties du monde, ne sont que des cahuttes, auprès de ce que je voyais.

Ce n'était pas la grandeur, mais l'exquise simplicité de la demeure de Mikaël qui me frappait.

La villa était à quelque distance, groupée dans des murailles d'argent à jour, couchée, debout, parmi des monticules de verdure, charmante sous les fauves rayons de lumière qui venaient de je ne sais quel foyer, car je n'apercevais pas de soleil; mais je m'occupais peu de la villa. Dans un vallon tout semé de massifs d'aloës, de térébinthes, de nopals et de mille arbres inconnus, parmi des clairières couvertes de mousse la plus douce à l'œil, la plus molle au toucher, s'élevaient ici un pavillon principal, formant une vaste rotonde chargée de trois étages allant toujours en diminuant la circonférence, dont un large escalier de marbre blanc formait la base ; là un kiosque de style mauresque d'une fantaisie si bizarre, que les mille détails de ses sculptures fascinaient le regard ; plus loin, des bassins superposés, d'où s'échappait une onde argentée qui retombait en pluie dans les vasques immenses toutes rutilantes d'or et de rubis; ailleurs, des pyramides creuses qui pouvaient abriter, car des ouvertures en laissaient voir l'intérieur; des constructions de formes et de caprices si étranges, que je n'en devinais pas exactement l'usage. Or, depuis la demeure principale jusqu'à la plus simple étable, il y avait non pas des murailles épaisses qui cachaient les secrets du dedans, mais des pilastres de tous ordres, des cariatides élancées, des colonnes torses, des pyramidions, toutes choses qui, soutenant l'édifice, se trouvant écartées les unes des autres, selon les règles architecturales lunaires, permettaient à l'œil indiscret de tout sonder, de tout voir. Il y ayait bien de riches et magnifiques draperies dans les entre-deux de ces supports; mais, comme aux heures de chaleur elles étaient ouvertes, les Luniens n'avaient rien de caché les uns pour les autres. Donc, nous étions sans doute à l'une de ces heures fortunées, je voyais tout.

D'abord, je dois dire qu'à l'extérieur, les colonnes étaient non pas de marbre, de jaspe ou de malachite, mais de l'ébène la plus noire avec des socles, des chapiteaux et des filets d'argent le plus pur. Le soubassement était de bronze imitant celui de Corinthe, et l'entablement était d'or. Sur l'architrave régnait un couronnement d'argent et de bronze, semé de diamants énormes en guise de modillons, de rubis plus gros que des œufs d'autruche, de topazes formant billettes, et d'émeraudes dans lesquels le jour, en se jouant, produisait de délicieux effets de lumière. En outre, sur l'acrotère, aux angles et le long de l'arête, dominaient de charmantes statuettes d'ivoire vert. Dans les travées, étincelaient les plus riches vitrines qu'il soit possible d'imaginer.

Vous parlerai-je des cariatides de bronze avec leur piédestal de fer poli, des pilastres or et argent dont le fût était brodé de figurines, de fleurs, de devises écrites en pierres précieuses? A quoi bon?

— Que puis-je dire qui soit plus éloquent que mon silence? dis-je à Mikaël. Je vous félicite non pas de votre goût, puisque vous avez la perfection en partage, mais de la félicité suprême que vous avez su conserver par votre vertu. Ce palais, ou plutôt cette suite de palais, efface de beaucoup l'Al-Hambra terrien, et votre séjour est mille fois préférable à nos El-Dorado. Jeune Lunienne, vous qui êtes la perle de ce riche écrin, laissez-moi vous complimenter d'être la fille aimée d'un Dieu que vous servez avec amour, et qui vous en récompense largement. Mais il ne fallait pas moins que cette admirable végétation et cette brillante demeure pour enchasser un aussi splendide bijou que vous-même...

— Eh bien ! l'ami, fit Mikaël... te crois-tu donc sur la terre, pour tenir pareil langage?... Regarde ceci, et dis-moi ce que tu penses ?

Je regardai dans la direction que me montrait Mikaël. Voici ce que je vis :

Je vis un arbre qui avait la haute et forte tige d'un palmier. Mais cette tige de quelle matière était-elle formée? Elle avait la couleur du bronze et les nœuds qui se répétaient fréquemment portaient cette teinte chaude ordinaire à la pépite sortant du pélon. De ce tronc haut, droit, élancé, s'élançaient dans tous les sens, une circonférence de dix mètres à peu près, une telle quantité de palmes disposant leurs feuilles en un si large éventail, qu'elles formaient un dôme indescriptible, car les feuilles avaient des reflets que le prisme, les rayons de notre soleil, l'arc-en-ciel, les nuages à l'aurore et les plus belles de nos soirées, même dans le Mexique, ne sauraient imiter.

C'était donc comme un magique parasol planté là par la main de la nature. Je l'admirais avec un tel enthousiasme, que je ne voyais pas dans la pénombre de son tronc si hardi, si vigoureux et si riche, que tout un monde se mouvait autour d'un... divan du plus beau velours blanc... Oui, c'était bien un divan... Et sur ce divan, dans un mol abandon et dans une simple chlamyde de pourpre à ganses d'or, dormait... oui, dormait une Lunienne.

Je reconnus de suite la mère de Stella, au visage de cette femme. Sa fille lui ressemblait si fort, que le doute n'était pas possible. C'était la même beauté, la même fraîcheur, mais aussi la même finesse, et, quoique le sommeil dût altérer cette expression, le même rictus délicat, mais railleur.

Elle dormait, je l'ai dit : et son sommeil était bien celui de l'innocence et de la justice. Mikaël sourit à ce tableau, et de la main faisant signe aux jeunes Luniennes, qui allaient et venaient sur les allées couvertes de poudre d'or, d'argent, ou de fine poussière de pierres précieuses des plus riches couleurs, il leur fit comprendre sa pensée. Elles disparurent aussitôt, non sans jeter un regard curieux sur ma personne, et sourire à Stella.

Mais aussitôt elles reparurent en plus grand nombre encore. Elles avaient alors à la main des cistres, des cinnors, des psaltérions, des violes et d'autres instruments qui ressemblent quelque peu à nos flûtes, à nos galoubets ou aux cors de nos artistes : seulement ils étaient en or, et beaucoup plus petits.

Alors, rangées autour de la dormeuse, commencèrent les accords d'une musique si parfaite, que jamais la terre n'en entendra de semblable. Que doit donc être celle des anges et des chérubins dans le ciel, mon Dieu! Il y avait des instruments; mais il y avait aussi des voix. Quelles voix! Mélodie, douceur, charme, soupirs, allegretto, stretta, andante, élévations de l'âme, prières, cantilènes, mélopées, inexprimables fioritures, tout s'y trouvait...

Aux accents de la musique qui bruit bientôt dans l'espace, non-seulement l'épouse de Mikaël se réveilla, l'aperçut et lui sourit; mais encore de tous les points de l'horizon, arrivèrent, comme par enchantement, des milliers d'aérostats de toutes couleurs, avec leurs jolis pavillons flottants lutinés par la brise, chargés de curieux, d'amis, de jeunes Luniens aux longs cheveux et aux tuniques mordorées, de Luniennes aux peplums de toutes nuances, couronnées de fleurs, de musiciens chantant Dieu, ses bontés, ses grandeurs, et les félicités dont il inonde ceux qui l'aiment.

Alors Mikaël et Stella leur parlèrent.

Que dirent-ils ? je l'ignore. C'était dans une langue inconnue qu'ils parlaient. Mais elle était si douce, si suave, que c'était une autre harmonie. Il y était question de moi : je n'en faisais pas de doute, car les yeux se fixaient à chaque instant sur moi. Bientôt je n'en eus plus de doute, car Naïs vint prendre place à côté de Mikaël, et serrer Stella sur son cœur. Elle me salua d'un sourire. Pour la prendre dans sa conque, Mikaël avait fait descendre quelque peu son aérostat sur les pelouses. Tous les autres ballons Luniens lui faisaient cortége.

Je compris qu'il ne me serait pas permis de mettre pied sur la lune et qu'il s'agissait de m'accompagner pour me reconduire vers mon infortunée planète. Les larmes m'en vinrent aux yeux ; mais j'en pris mon parti.

Mikaël vint de nouveau prendre place près de mon aérostat. Alors, toute la flotille des ballons lunaires se disposant à cingler avec lui vers l'atmosphère terrestre, il allait donner le signal du départ, lorsque mon aérostat, au lieu de soutenir la lutte avec avantage et de mettre de l'amour-propre dans son jeu, ne s'avisa-t-il pas de broncher, de s'incliner à droite, à gauche, de devenir flasque, et de menacer de s'affaisser sur la lune.

Mon effroi devenait des plus grands, et le sourire se montrait déjà sur les lèvres des Luniens et des Luniennes, lorsque Mikaël prenant pitié de mon embarras, de sa nacelle passa dans la mienne, et me dit :

— Bon courage, ami ! les Luniens ne laisseront pas un aussi beau ballon terrien enrichir leur musée.

» Regarde... ajouta-t-il.

V.

~~~

Danger terrible que court l'aéronaute. — Départ d'une flotille lunienne. — Pourquoi certaines mers ont le nom de rouge, bleue, jaune, blanche et noire. — Asie. — Sibérie. — Steppes. — Perse. — Ispahan. — Téhéran. — Hérat. — Le paradis terrestre. — Le Tigre et l'Euphrate. — Le berceau de la civilisation. — Anciens empires. — L'Asie-Mineure. — La Palestine et l'Arabie. — Liban, Jourdain et Mer-Morte. — Les ruines et les fantômes. — Himalaya. — Valée de Kachemyr. — Une pagode. — Les reliques. — Golconde. — Bombay. — Surate. — La Hore. — Goa. — La Chine, ses villes et ses campagnes. — Aménité des relations... etc.

Je regardai, comme me le disait Mikaël.

D'une main il ouvrit la soupape de mon aérostat, et le gaz s'échappa aussitôt.

— Je suis perdu, lui dis-je. De cette façon mon ballon, déjà pauvre de gaz, car il s'est perdu depuis tant de jours qu'il est chargé, va tomber tout-à-fait...

— Tu es sauvé!... me répondit-il.

En même temps, de l'autre main, il plaça, sous l'orifice de la soupape ouverte, une sorte de boulette grosse comme une forte noix; puis, frappant cette boulette d'un marteau d'or, elle fit explosion et prit feu. Mais ce feu produisit un telle fumée s'engouffrant dans le ballon, que bientôt les plis du taffetas se tendirent, et mon aérostat reprit sa forme ronde et sphérique qui me faisait tant plaisir à voir sur la terre.

Alors Mikaël souffla sur le globule, qui s'éteignit.

— Voilà comme nous faisons le gas chez nous! dit-il. A cette heure nous pouvons entreprendre le tour du monde. Ton aérostat te remettra sain et sauf à Paris, mon bon!... Seulement, referme la soupape.

— Merci, cher Lunien, lui dis-je.

— Maintenant, saluons la lune, amis. A vous qui restez, amour et bonheur! fit-il.

Puis il ajouta tout aussitôt, comme un amiral parlant à sa flotte :

— Partez!

A ce cri, tous les aérostats s'élancèrent et bondirent dans l'espace. Je dois dire qu'alors mon ballon, reconforté sans doute, et jaloux de rétablir sa réputation, prit la tête, suivi de près par Mikaël. C'était un spectacle charmant de voir cette multitude de machines, aux cent couleurs variées, se distancer dans l'éther comme des coursiers fougueux, et faire voltiger çà et là leurs oriflammes lutinées par la brise.

Notre course fut si vive, qu'après quelques heures nous atteignîmes les limites de l'atmosphère lunaire. Je m'en aperçus le premier, car mon ballon s'arrêta soudain dans sa course, oscilla, et enfin, entrant dans l'atmosphère terrestre, opéra si rapidement son mouvement de conversion de bas en haut, que je perdis l'équilibre et faillis être renversé.

Mikaël suivit ma manœuvre et vint se ranger à mes côtés.

Alors, comme un général en face de ses phalanges, il prit place en face de l'armée volante, arrêta son ballon, me fit signe de fixer le mien, et enfin me laissa la parole pour haranguer les Luniens qui allaient me quitter.

Lecteurs, n'attendez pas de moi que je livre à votre curiosité ce morceau d'éloquence. Il est d'heureuses improvisations, vous le savez : ce sont celles qui ont été mûrement réfléchies et composées dans le silence du cabinet. La mienne ne fut pas de ce nombre; elle eut sa valeur pourtant. D'ailleurs, vous savez l'axiome :

« *Si vis me flere flendum est primum ipse tibi.* »

Je glissai une larme sur ma joue en guise de péroraison : mon triomphe fut complet.

Des acclamations prolongées nous suivirent long-temps de la part des Luniens, restant dans leur atmosphère, pendant que nous pénétrions dans celle de la terre.

La terre! Il me semblait que déjà j'en aspirais les émanations aimées. Je pensais à ma mère. Je disais ces vers de Fouinet :

> A la mère qui pleure et dans vous seul espère,
> A l'épouse qui pleure et vous fait un long vœu,
> Au pauvre enfant qui pleure et vous dit sa prière,
> Rendez le fils, l'époux et le père, ô mon Dieu !

Naïs et Stella, Mikaël lui-même, devinant mes pensées, respectaient mon silence.

Notre descente fut des plus rapides. Je voyais flotter le soleil dans l'espace; après lui, comme un léviathan qui nage sur des flots azurés, je découvris une masse qui pesait sous nos pieds.

— Terre! terre! fit Mikaël, qui comprit mon incertitude.

— Je le pensais, dis-je; mais j'ai dans le cerveau tant de choses nouvelles, que la confusion règne quelque peu dans mes idées. Ainsi, mon cher Mikaël, pourriez-vous bien me faire savoir à quel point de mon existence je suis arrivé ?

— Vous êtes au mois de mai 1854, mon cher Terrien.

— Bien, je le sais. Mais combien de fois, depuis mon départ, qui a eu lieu le 15, à neuf heures du matin, la nuit a-t-elle succédé au jour ?

— Sept nuits ont remplacé sept jours, me répondit le Lunien, pendant lesquels vous avez contemplé les cieux, étudié votre système planétaire, admiré notre lune, recueilli les beautés de notre musée pour en composer votre *Album Merveilleux*, et...

— Sept jours! m'écriai-je.

— Oui, sept jours! Nous sommes au 21 mai, et il est à Paris neuf heures du matin...

— Ecoutez, cher Lunien, je vous crois, car vous autres, justes, vous êtes infaillibles. Mais au moins veuillez m'expliquer comment sept jours et sept nuits ont pu passer sans que je m'en aperçoive, sans que je trouve le temps long, sans que les ténèbres...

— D'abord, répondit Mikaël, nous avons été toujours dans cette partie de la lune qui n'a jamais assez de nuit pour qu'il y ait obscurité; ensuite notre alimentation, que vous avez partagée quelquefois, n'a pas permis que vous ressentissiez l'appétit que donne l'humanité terrestre; enfin, nous sommes assez bonnes gens pour que tout ce que nous vous avons montré vous ait laissé sans ennui.

— Parfaitement bien dit... De sorte qu'après ce temps écoulé, nous avons mis la proue vers la terre, et voici que nous en approchons... En effet, je vois briller comme des glaces immenses qui réfléchissent le soleil...

— C'est l'océan Indien que tu vois là, au-dessous de nous. Il baigne l'Arabie à gauche, l'Indoustan et l'Indo-Chine à droite, m'expliqua Mikaël.

— Pour entrer dans les terres d'un côté sous le nom de mer Rouge, et mouiller de l'autre la Chine sous le nom de mer Bleue, continuai-je. De sorte que nous allons revoir les terres et les contrées jadis domaine des Assyriens, des Mèdes, des Perses, et de cent autres peuples?

— Précisément, fit Mikaël. Seulement, pour toi la terre est en ce moment comme au jour où elle sortait de la main du Créateur. Aussi, en attendant qu'elle soit plus à la portée de ton regard, dis moi donc pourquoi certaines mers ont ainsi des noms qui évoquent l'idée de couleurs, comme mer Blanche, mer Noire, mer Jaune, mer Bleue, mer Rouge?

— Parce que la teinte de leurs eaux est telle, sans doute.

— Bien entendu. Mais pourquoi ces eaux sont-elles rouges, bleues, jaunes, noires, blanches? Voilà le nœud de la chose. Tu l'ignores? Ecoute-moi :

» Quinte-Curce prétend que la mer Rouge fut ainsi appelée en souvenir du roi Erythros, qui aurait vécu en Arabie. Or ce nom d'Erythros veut dire rouge. Mais Quinte-Curce se trompe.

» Les eaux de la mer Rouge sont réellement rouges à certaines époques, comme les eaux de la mer Jaune deviennent jaunes, et ces noms leur ont été donnés par la nature de leurs vagues.

» Or, cette coloration tient à la présence de zoophytes microscopiques, d'une espèce d'oscillaria que le botaniste de Candole retrouva naguères dans le lac Morat, dont l'onde devint sanglante en 1825.

» En 1853, un ancien consul-général de France à la Havane, M. Mollien, retrouva les mêmes zoophytes microscopiques, mais jaunes dans la mer Jaune.

» Voici comment vos savants se convainquirent de la cause que je te donne comme réelle et vraie. Ils puisèrent une certaine quantité de ces eaux colorées et la laissèrent reposer. Le limon que ce liquide déposa fut étudié au microscope, et on constata qu'il ne contenait pas de particules terreuses, mais qu'il était formé de l'agglomération de petites algues, les unes *oscillaria*, les autres *trichodesmium erythrœum*, qui se trouve plus spécialement dans les mers du sud.

— J'accepte votre explication, dis-je à Mikaël, d'autant mieux que j'ai lu des rapports faits à l'Académie des sciences, et je crois que vous les confirmez pleinement. Pour le moment, souffrez que je salue la terre C'est ma patrie.

Mikaël ne répondit que par un sourire.

Nous approchions, en effet, et déjà je reconnaissais les objets. Ce n'était point l'Europe que je revoyais, hélas! et cependant, par suite de la nostalgie qui s'emparait de moi, c'était vers elle et mon Paris que me portaient mes désirs Je les comprimais bien vite par la réflexion soudaine que j'étais un mortel bien privilégié, puisque, sans fatigue, parfaitement assis dans ma nacelle, j'avais vu la lune, et je pouvais faire le tour de notre globe. La curiosité du savant me revint donc grand train, et je n'eus plus assez d'yeux pour voir l'Asie, la grande et belle Asie, qui se montrait à moi dans tout son luxe.

Je reconnus ses riches contrées, ses montagnes, ses fleuves et ses villes. Je reconnus surtout l'océan Indien, au-dessus duquel nous planions et que je n'avais vu jamais que dans nos cartes. La mer commençait à monter, car c'était l'heure du flux, et ses lames, en venant se précipiter d'un bond sur les roches de ses rivages, y lançaient des flocons d'écume teinte en rose par les rayons du soleil.

Son immense surface était sillonnée par des navires de toutes formes et de toute grandeur, depuis les rapides bateaux à vapeur jusqu'aux majestueux trois-mâts. Mais j'étais plus désireux de m'occuper des contrées jadis célèbres que j'avais vues dans la lune à l'état de nature morte. Aussi, quand nous arrivâmes au-dessus des terres, priai-je Mikaël de donner à nos ballons l'immobilité qui ne serait pas contrariée par le mouvement de la terre, afin qu'elle pût tourner sous nos yeux et nous offrir successivement l'aspect de toutes les parties du monde. Ce que Mikaël s'empressa de faire pour notre propre satisfaction.

Naïs et Stella se trouvaient tout aussi contentes que moi-même; car jamais les Luniens ne s'étaient autant rapprochés de la terre, et leurs yeux, comme les miens, demeuraient avidement fixés sur l'Asie, qui, la première, s'était montrée à nous.

— Voyons, ma fille, disait Naïs à Stella, possèdes-tu bien ta géographie terrestre? Parle, je n'aurai qu'à jouir; je me sens d'invincibles dispositions au far-niente.

— Ma mère, soyez satisfaite. Je prends la parole en véritable pédagogue, et je ne vous ferai pas grâce de la plus petite vallée.

Et pendant que Stella, de sa douce voix, faisait l'accompagnement le plus harmonieux à ce spectacle grandiose, je voyais passer cette grande partie du monde qui fut le berceau du genre humain, le siége des premiers et des plus grands empires de l'antiquité, celui des villes les plus riches et les plus peuplées, le témoin des prodiges de Dieu en faveur de son peuple, de la naissance de Jésus-Christ et de sa mort; et avec ses vastes contrées passaient les fleuves anciens sous des noms nouveaux, les montagnes anciennes sous des noms modernes, et les nations renouvelées assises sur les ruines des nations éteintes.

Ainsi, avec leur cadre de contours découpés par les hachures innombrables de la mer, je voyais apparaître d'abord la Sibérie, avec ses steppes immenses, ses trois fleuves, l'Ob, le Iénisséï et le Léna, son lac Baïkal et ses phoques, ses monts Ourals, Altaïs et Yablounaïs, ses mines de fer et de cuivre, ses zibelines, ses renards noirs, ses serfs et ses exilés, ses peuplades, connues par les animaux dont elles font usage pour leurs courses, Toungouses à rennes, Toungouses à chiens, Toungouses à cheval, les Yakoutes et les Yaukahires, les Koriaks, les Kamtchadales, les Vogouls, les Samoyèdes et les Ostiaks. Rien n'était curieux comme de voir toute une famille des premières peuplades se grouper sur un traîneau attelé de chiens, et, lançant au galop ces ardents animaux, glisser sur les neiges avec la rapidité d'un rocher qui se détache d'un glacier.

Puis venait le Turkestan, avec sa mer d'Aral, ses plaines désertes, ses rivières aux rivages fertiles, et ses rubis. Nous voyions galopper les hordes de ses Cosaques, de ses Boukhares, et les Khirgis, buvant avec délices le lait de leurs juments. Nous découvrions aussi des troupes de

Kalmoucks; mais la distance ne nous permettait pas de juger leur laideur.

Ensuite s'avançait la Perse, ne montrant presqu'aucune rivière, encore moins de forêts. Mais, dans les délicieuses vallées de Schiraz, d'Ispahan et d'Yezd, nous voyions des vignes magnifiques, des plants de tabac et des quantités de mûriers. Sur la côte du golfe Persique on pêchait de belles perles, et partout cheminaient des chameaux pour transporter l'opium, la noix de galle, le froment et le riz. Dans les villes, comme à Téhéran, à Hérat et à Ispahan, les femmes nous apparaissaient vêtues de magnifiques robes de soie, brodées d'or, passementées d'argent; les hommes, coiffés de turban, avaient des armures d'un acier damasquiné qui éblouissait. Mais on trouvait dans la pose des citadins les traces d'une vie efféminée à laquelle les habituait la tyrannie du schah. Quant aux tribus nomades, nous les trouvions à l'affût derrière les fourrés et les moindres buissons pour voler et détrousser les voyageurs. Enfin, du centre de certains villages, dans ques temples des villes, nous distinguions des Persans prosternés en face d'armes flamboyantes : c'étaient les Guèbres ou Parsis, adorateurs du feu.

Alors venait cette immense partie de l'Asie, jadis l'Asie-Mineure, devenue maintenant la Turquie-d'Asie ou Anatolie, et renfermant, dans les limites formées par la mer Caspienne, la mer Noire, la mer de Marmara, la Méditerranée, le golfe Persique et la mer d'Oman, l'Arménie, la Syrie, la Phénicie, la Palestine, la Mésopotamie, la Babylonie, l'Assyrie et la Chaldée.

Aussi, jugez de mon enthousiasme, qui me saisit et me prit au cerveau, lorsque je me trouvai face à face avec cette terre, jadis le paradis terrestre.

Stella m'appuya la main sur le bras et me dit, en tenant le doigt fixé vers les différents points qu'elle désignait :

— Paradis terrestre, dont vous avez vu l'effigie en notre lune et dont vous devez parler en votre *Album Merveilleux*.

Mais cet enthousiasme cessa bien vite, hélas! Car cette terre, jadis bénie, qu'était-elle? mon Dieu! La proie des ronces et des broussailles, au milieu desquelles coulaient un, deux fleuves, aux flots limoneux...

Le péché, l'épée vengeresse de l'ange et la malédiction du ciel avaient passé par là...

Et je contemplais cette terre profanée par Eve et Adam, rougie du sang d'Abel tué par Caïn...

Et je cherchais du regard le mont Ararath, sur lequel, après le déluge, s'était arrêtée l'arche de Noé.

Et je devinais, à un monticule de briques couvert de mousse, de lichens et de broussailles, l'endroit où les hommes rebelles avaient élevé leur tour de Babel.

Et puis les plaines occupées par les tentes, les pâturages et les troupeaux d'Abraham, d'Isaac et de Jacob, et celles de Laban, de Rachel et de Lia.

— Voici, reprenait Stella, cette terre classique des exploits de Nemrod, le premier chasseur et le grand fondateur d'empires; de Ninus, de Sémiramis, de Sésostris, de Cyrus, d'Alexandre, de Pompée, de Marius, de Sylla, d'Antoine, de César, de Titus, d'un grand nombre de héros chrétiens, sous la conduite de Godefroi de Bouillon, et, en dernier lieu, de ceux de l'immortel conquérant Bonaparte.

» Elle appartint successivement aux Assyriens, aux Babyloniens, aux Mèdes, aux Perses, aux Grecs, aux Juifs, aux Parthes et aux Romains.

» C'est le berceau de toute civilisation; c'est la contrée toujours belle, malgré ses ruines; c'est le théâtre le plus ancien où se développèrent les principaux faits de l'histoire et de la nature. Toute l'histoire ancienne n'est autre que l'histoire des diverses races et des différents empires de l'Asie. Le langage, les sciences, les arts, le commerce, en un mot, tous les moyens de hâter la civilisation ont pris naissance dans cette partie du monde, qui passe pour la plus belle, la plus riche et la plus intéressante de toutes.

» C'est là que furent les plus fameuses cités :

» Troie, la ville des Priam, des Pâris, des Hector, des Anchise, des Enée, des Hécube, et le tombeau de tant de guerriers illustres;

» Smyrne, la ville de Tantale, détruite par les Lydiens, rebâtie par Alexandre le Grand, patrie de Bion, et la plus régulière comme la plus opulente de l'Asie-Mineure;

» Ephèse, fondée par les Amazones, célèbre par son temple de Diane, brûlé par ce stupide Erostrate le jour même de la naissance d'Alexandre, patrie d'Apelles et de Parrhasius, peintres illustres, et du philosophe Héraclite;

» Antioche, la cité de Séleucus Nicanor, avec son enceinte de cinq lieues de tour, ses temples, ses palais somptueux, ses vastes théâtres, et son faubourg de Daphné, tout planté de lauriers-roses, qui lui valurent son nom;

» Damas, contemporaine d'Abraham, la plus ancienne ville du monde, l'atelier fameux des fabricants d'épées et de poignards de l'empereur Dioclétien, le lieu qui vit Saul devenir Paul et l'apôtre des Gentils, de persécuteur des chrétiens qu'il était;

» Tyr, la colonie des Sidoniens, le port de la Méditerranée, la conquête de Nabuchodonosor, le point d'arrêt d'Alexandre pendant sept mois, la ville d'Omar Ier.

» Sidon, l'œuvre de Sidon, fils de Chanaan, l'adorateur de Baal et d'Astaroth, la victime de Cyrus, la patrie de Zénon, la ville du commerce et de l'industrie;

» Palmyre, l'oasis du désert, l'orgueil d'Odénat et de Zénobie, la proie d'Aurélien;

» Babylone, le chef-d'œuvre de Sémiramis, l'observatoire des astronomes chaldéens, la conquête de Cyrus sur Balthasar, la résidence d'Alexandre;

» Ninive, la création de Nemrod, la demeure préférée de Ninus, le théâtre des plaintes de Jonas, le réceptacle des orgies de Sardanapale, la prison de Tobie;

» Ecbatane, le jouet colorié de Déjocès, le trésor ravi par Alexandre, Antiochus et Séleucus Nicanor.

» Suse, la splendide résidence d'hiver des monarques persans, le témoin de la vision de Daniel sur les quatre royaumes de Babylonie, de Perse, de Grèce et de Rome, le lieu qui vit la touchante histoire d'Esther et de Mardochée, l'endroit d'où Néhémie put se rendre à Jérusalem pour relever ses murs, le tombeau de Daniel enfin ;

» Bactres, dont Ninus ne se rendit maître que grâce à l'habileté d'une femme, Sémiramis ;

» Persépolis, la plus magnifique cité des Perses, la rivale de Babylone, de Suse et d'Ecbatane, la victoire d'Alexandre, qui la brûla malgré ses splendeurs ;

» Héliopolis, dont le temple du Soleil faisait la gloire ;

» Lybissa, célèbre par le trépas du même Annibal;

» Zéla, dont le temple était consacré à Vénus-Anaïsis, et près de laquelle Mithridate battit les Romains et où, vingt ans après, César battit Pharnace, le fils de ce même Mithridate ;

» Timbrée, fameuse par la bataille que Cyrus gagna sur Crésus, et qui mit fin à l'empire de Lydie ;

» Ipsus, bourgade encore plus fameuse par la sanglante bataille que s'y livrèrent les successeurs d'Alexandre, et dans laquelle Antigone fut tué;

» Gordium, qui conservait le char du roi Gordius, dont le nœud du timon était si embrouillé, qu'Alexandre, connaissant l'oracle qui promettait l'empire d'Asie à celui qui le dénouerait, le trancha d'un coup d'épée ;

» Sebaste qu'agrandit Pompée, et où quarante soldats qui faisaient partie de la *légion fulminante*, furent décapités ;

» Méline, que fonda Trajan, et où Polyeucte, le héros de votre poëte Corneille, fut martyrisé ;

» Halicarnasse, capitale du roi Mausole, auquel son épouse Arthémise, inconsolable de sa perte, fit élever un tombeau qui fut l'une des sept merveilles du monde, d'où est venu le nom de *mausolée;*

Gnide, au temple de Vénus-Gnidienne, qui recélait la merveilleuse statue de cette déesse, par Praxitèle ;

» Tarse, sur le Cydnus, dans lequel Alexandre s'étant imprudemment baigné, faillit perdre la vie, à cause du froid extrême de ses eaux ;

» Mopsueste, célèbre par la mort de Séleucus VI, roi de Syrie, que les habitants brûlèrent vif dans son palais ;

» Issus, où Darius fut vaincu par Alexandre ;

» Ur, demeure et patrie d'Abraham ;

» Edesse, qui joua un grand rôle dans vos croisades ;

» Tigranocerte, fondée par Tigrane, roi d'Arménie et gendre de Mithridate ;

» Ragès, œuvre de Ninus et demeure de Gabélus, à qui Tobie avait prêté dix talents, que son fils alla réclamer ;

» Arbèle, illustrée par la bataille qu'Alexandre remporta sur Darius-Codoman, qui mit fin à l'empire des Perses ;

» Cunaxa, qui vit Cyrus le jeune perdre la vie en combattant avec les dix mille Grecs, contre son frère Artaxerce Mnémon, 401 ans avant Jésus-Christ ;

» Pasagarde, œuvre du grand Cyrus, qui voyait couronner les rois de Perse, et qui possédait le tombeau de ce même Cyrus.

— J'admire votre mémoire, charmante Lunienne, m'écriai-je, lorsqu'enfin Stella mit fin à cette longue nomenclature géographique.

— Vous avez bien autre chose à admirer, monsieur le Terrien, reprit tout aussitôt la jeune fille.

» Nous parlons beaucoup de cette Asie si fameuse, comme vous voyez, d'après ce que nous venons de dire ; mais nous n'avons pas encore ouvert la bouche sur sa partie la plus intéressante pour vous, jeune catholique.

» C'est la Palestine, la terre sainte, la terre promise des Hébreux, le peuple de Dieu.

» Or, continua Stella, qui se mit debout de mollement couchée sur le coude, à la mode orientale qu'elle était, et qui prit cette pose solennelle dont j'ai parlé, or, Monsieur, quelle que soit la patrie de l'homme moderne, il y a trois villes dont l'éducation et l'étude le font citoyen, à savoir :

» Athènes ! Rome ! Jérusalem !

» Voici Jérusalem, l'une de vos patries, découvrez-vous et saluez !...

» Voici Jérusalem, dis-je, fondée par Melchisédech, le contemporain d'Abraham, sur les monts Moria et Acra.

» Elle s'appelait jadis Salem, c'est-à-dire paix !

» Prise par les Jébuséens, descendants de Jébus, fils de Chanaan, elle reçut le nom de Jébus-Salem, vision de paix.

» Je ne vous redirai pas son histoire, vous la savez. Vous savez surtout le terrible drame que le ciel exigea de la terre sur ce mont sanglant.

» Là... mourut un Dieu ! oui, un Dieu mourut pour l'homme sur ce rocher chauve et stérile... Adorez et priez !...

» . . . .

. . . .

» Mais après nous être prosternés devant Jérusalem, voyez cette terre de Chanaan, devenue la terre promise à Israël, devenue la Judée, devenue la terre sainte, devenue la Palestine.

» Au nord, saluez d'abord le Liban qui la sépare de la Syrie. Cette chaîne du Taurus a pris le nom de Liban, qui signifie blanc, à cause des neiges qui, en plusieurs endroits, en couvrent constamment les sommets.

» Ces montagnes, en s'élevant les unes sur les autres, offrent à l'œil quatre zones distinctes. Les céréales couvrent la première, avec bon nombre d'arbres fruitiers. La seconde n'est qu'une ceinture de rochers nus et stériles. Malgré son élévation, la troisième offre l'aspect d'arbres toujours verts; la douceur de sa température, ses jardins, ses vergers chargés des plus beaux fruits de la Syrie, les ruisseaux qui les arrosent, en font un lieu de délices. La quatrième se perd dans les nues. Les neiges éternelles dont elle est couverte et la rigueur du froid la rendent inhabitable et presque inaccessible, surtout à certaines époques de l'année.

» Les fameux cèdres dont parle l'Ecriture, et qui sont presqu'aussi anciens que le monde, se trouvent, comme tu le vois, sur un de ces sommets.

— En 1833, ces fameux cèdres, qui forment une véritable forêt, reçurent la visite d'un de vos poètes les plus fameux, M. de Lamartine, me dit Naïs, qui gardait le silence depuis long-temps. La glace de la montagne ne lui permit pas de se promener sous leur ramure, mais il les a contemplés long-temps, et, à leur occasion, a crayonné cette note, que j'ai lue fort indiscrètement :

« Ces arbres sont les monuments naturels les plus célèbres de l'univers. La religion, la poésie et l'histoire les ont également consacrés. L'Ecriture sainte les célèbre en plusieurs endroits. Ils sont une des images que les poètes emploient avec prédilection. Salomon voulut les consacrer à l'ornement du temple qu'il éleva le premier au Dieu unique, sans doute à cause de la renommée de magnificence et de sainteté que ces prodiges de la végétation avaient dès cette époque.

» Les Arabes de toutes les sectes ont une vénération traditionnelle pour ces arbres. Ils leur attribuent non-seulement une force végétative qui les fait vivre éternellement, mais encore une âme qui leur fait donner des signes de sagesse, de prévision, semblables à ceux de l'instinct chez les animaux, de l'intelligence chez les hommes. Ils connaissent d'avance les saisons; ils remuent d'avance leurs vastes rameaux comme des membres; ils étendent ou resserrent leurs coudes; ils élèvent vers le ciel, ou inclinent vers la terre leurs branches, selon que la neige se prépare à tomber ou à fondre. Ce sont des êtres sous la forme d'arbres. Ils croissent dans ce seul site des groupes du Liban; ils prennent racine bien au-dessus de la région où toute grande végétation expire. Tout cela frappe d'étonnement l'ardente imagination des peuples d'Orient.

». Ces arbres diminuent chaque siècle. Les voyageurs en comptèrent jadis trente ou quarante, plus tard, dix-sept; plus tard encore, une douzaine. Il n'y en a plus que sept, que leur masse peut faire présumer contemporains des temps bibliques. Autour de ces vieux témoins des âges écoulés, il reste encore une petite forêt de cèdres plus jeunes, qui me parurent former un groupe de quatre ou cinq cents arbres ou arbustes.

» Chaque année, au mois de juin, les populations de Biescheraï, d'Eden, de Kanobin et de tous les villages des vallées voisines, montent aux cèdres et font célébrer une messe à leurs pieds. Que de prières n'ont pas résonné sous ces rameaux! Et quel plus beau temple, quel autel plus voisin du ciel! quel dais plus majestueux et plus saint que le dernier plateau du Liban, le tronc des cèdres et le dôme de ces rameaux sacrés qui ont ombragé et ombragent encore tant de générations humaines prononçant le nom de Dieu différemment, mais le reconnaissant partout dans ses œuvres, et l'adorant dans ses manifestations naturelles. »

Naïs se tut après cette citation, et Mikaël prit à son tour la parole, pour me guider dans l'examen que je faisais :

— Vois, me dit-il, comme la Palestine est entrecoupée d'un grand nombre de montagnes. Quelles roches escarpées! Comme leurs crevasses laissent apercevoir de longues vallées et de profondes ravines! Ce versant, qui regarde le désert, ne présente qu'aspérités et pics abruptes; le versant

Aventures. 12

opposé, au contraire, d'un caractère tout-à-fait pittoresque, se montre arrosé de sources fraîches, de lacs azurés, et réunit de nombreuses populations, tant à cause de la fertilité de son sol que de la douceur de son climat. Ses plaines sont fécondes en belles moissons, et ses montagnes, chargées d'une riche végétation. Les lis, les tubéreuses, les lauriers roses y poussent le long des haies et des ruisseaux, et embaument l'air de leur douce odeur. Une multitude innombrable d'abeilles sauvages recueillent sur les fleurs un miel parfumé, qu'elles vont déposer dans le creux des rochers et des vieux arbres.

— C'était là la terre d'où coulaient le lait et le miel que le Seigneur avait promis à son peuple... dis-je au Lunien, et quelle différence avec la stérilité et la malédiction dont il a frappé Jérusalem! Mais encore à ce moment, malgré la paresse et l'incurie des Turcs et des Arabes, je la vois toute fière de ses richesses; elle verdoie sous les orangers, les citronniers, les figuiers, les oliviers et les palmiers, qui se montrent partout chargés de fleurs et de fruits.

» Stella fit signe à son père qu'elle allait me signaler les points importants de cette terre de promission, et je me tus pour l'écouter.

— Voici, toujours au nord, dit-elle, dans la tribu d'Aser, Acco, devenue Ptolémaïs, puis Saint-Jean-d'Acre, à l'embouchure du petit fleuve de Bélus. Les Israélites laissèrent cette ville aux Phéniciens. C'est sur le bord de ce fleuve, que ces derniers découvrirent l'art de faire le verre, mille ans avant J.-C.

» Dans la tribu de Nephtali, à l'est, vous remarquez le lac de Génésareth, et, sur le lac, Bethsaïde, patrie de saint Pierre, de Jean l'Évangéliste, de Jacques le Majeur, leur frère, et de Philippe.

» Puis Capharnaüm, dans le site le plus charmant, comme l'indique son nom, qui veut dire *Champ de beauté*.

» Puis Dan, où Jéroboam eut la folie d'élever un des deux veaux d'or qu'il exposa stupidement à l'adoration du peuple.

» Dans la tribu de Zabulon, au-dessous d'Aser, également sur le lac,

Tibériade, bâtie l'an 17 de J.-C., par Hérode Agrippa, Tétrarque de la province appelée Galilée, sur l'emplacement de Génésareth.

» Plus à l'ouest, regardez Nazareth, séjour de Marie, de Joseph et de Jésus, qui y passa trente ans de sa vie.

» Plus à l'ouest encore, remarquez Cana, où Jésus fit son premier miracle de l'eau changée en vin, en faveur de deux époux.

» Dans la tribu d'Issachar, non loin du mont Gelboë, voici Sunam, patrie d'Abisag, dernière épouse de David, où Elisée ressuscita le fils d'une Sunamite; puis Naïm, dont une veuve obtint de Jésus pour son fils le rappel à la vie; et Béthulie, qui vit la terrible Judith couper la tête à Holopherne, qui assiégeait la ville.

» Dans la demi-tribu de Manassé, je vous montre là, près du pays des Ammonites, tout-à-fait à l'est, Jabès-Galaad, qui fut saccagée par les Israélites.

» Dans l'autre demi-tribu de Manassé, sur les bords de la mer, voici Césarée, agrandie par Hérode, qui lui donna ce nom par flatterie pour Auguste, premier empereur de Rome. Ses murailles, son port, ses monuments, sont encore presqu'entiers, mais elle n'a pas un seul habitant.

» Au centre de la tribu, voyez Samarie, bâtie sur le mont Garizim, par Amri, roi d'Israël, qui en fit la capitale de son royaume. Voici, tout près, les ruines de son fameux temple de Baal.

» Dans la tribu de Gad, apercevez-vous des ruines sous ces buissons et ces rochers? C'est Rabbath-Ammon, fort importante du temps de Moïse, capitale des Ammonites, prise par David. De ce côté, tenez, les ruines ont une véritable splendeur. C'est que Ptolémée-Philadelphe l'avait décorée, après lui avoir donné son nom, quand la Judée avait été faite province romaine.

» Voici, à l'est, le bois d'Ephraïm, le village de Phanuel, et, un peu plus sur la frontière de l'Iturée, la ville de Ramath-Galaad, sur le torrent de Jabock. C'était une cité lévitique et de refuge. Elle est célèbre par la défense d'Achab, roi d'Israël, 897 avant J.-C., et par le sacre de Jéhu.

» Dans la tribu d'Ephraïm, au sud-ouest, sur le bord de la mer, voyez Silo, située sur une montagne, illustrée par le séjour qu'y fit l'arche pendant plus de trois cents ans, depuis Josué jusqu'au grand-prêtre Héli, 1116 avant J.-C. C'est là que les Israélites venaient consulter le Seigneur; et c'est aussi à Silo que demeurait Héli, et qu'Anne consacra son fils Samuel au Dieu des Juifs.

» Là encore est Sichem, avant la fondation de Samarie, la capitale d'Israël. Elle existait du temps d'Abraham. A côté, voici le puits de Jacob, nommé Sichar. C'est là que Jésus s'entretint avec la Samaritaine.

» Près des montagnes, là, du côté de Gazer, regarde Thamnathsaré, où mourut Josué...

— Je regarde et ne vois rien... dis-je tout interdit.

— C'est vrai; tes yeux mortels ne peuvent découvrir des traces qui n'existent plus, mais pour nous, qui l'avons vue jadis, c'est là qu'était Thamnathsaré.

— Mais je vois, par exemple, de Césarée à ...?

— Joppé...

— Joppé, sur les bords de la mer, de magnifiques prairies.

— Ce sont les prairies de Saarons, qui jadis étaient couvertes de roses, de narcisses, d'anémones, de térébinthes, de giroflées, d'immortelles odorantes, et de lis blancs et jaunes.

— Au moins ces plaines sont-elles encore fertiles en céréales.

— Vous remarquez parfaitement le Jourdain, reprit Stella : c'est le seul cours d'eau de la Palestine, si j'en excepte les torrents qui ne coulent qu'en hiver. Ses sources viennent du mont Hermon, l'un des glaciers du Liban. Il traverse, comme tu vois, le lac de Génésareth, et va se perdre dans la mer Morte ou lac Asphaltite. Il est sujet, pendant l'hiver, à des inondations périodiques. C'est là, non loin de Jéricho, que Josué fit passer le fleuve aux Hébreux, et c'est ici que Jésus fut baptisé dans ses eaux par Jean-Baptiste.

» Le lac Asphaltite, vous le savez, sans doute, est ainsi nommé, par les Grecs, à cause du bitume, ασφάλτος, qu'on en retire. C'est sur cette mer Morte qu'étaient Sodôme, Gomorrhe, Adhama, Séboïm et Thémar, que Dieu fit périr par le feu du ciel, au temps d'Abraham et de Loth. Ces eaux occupent l'ancienne vallée de Siddim ou des bois, autrefois fort riche en pâturages. Mais c'était la mort sous des fleurs; car ce sol, si brillamment paré, ne devait sa fertilité qu'au feu qui le minait et dont le Seigneur ouvrit les fournaises pour punir les vicieux habitants des cinq villes. Sous cette terre si belle, le soufre, le bitume, toutes les matières volcaniques bouillonnaient, en attendant le moment de plonger dans un éternel oubli les créatures qui osaient méconnaître les lois du Créateur. Aussi, un jour, le feu du ciel alluma les feux de la terre, toutes les substances ignifères se prirent à rouler en torrents enflammés. Puis les eaux du Jourdain, qui coulaient jusqu'alors au golfe d'Arabie, s'arrêtèrent, s'engouffrant dans ce vide immense qu'un horrible craquement venait d'ouvrir; et on ne vit plus qu'une longue nappe d'eau, lourde comme du métal liquide, au travers de laquelle on distinguait quelquefois l'ombre des cités impies.

— Aussi ces rivages semblent-ils désolés, m'écriai-je; on ne voit que tristesse et désolation. Les montagnes des contours sont arides et pelées; il n'y a que de frêles arbustes qui luttent contre une nature rebelle. Le sol transsude le sel; et les sources du voisinage doivent être amères.

— Elles sont plus salées que toutes les eaux connues... dit Mikaël. On doute que leurs eaux, comme celles du lac, nourrissent des êtres vivants. C'est pour cela qu'elles donnent à cette mer le nom de mer Morte.

— Mais on dit, objectai-je, que pendant long-temps d'épaisses colonnes de fumée s'élevèrent de ce lac, témoignant de l'embrasement continu des villes ? On ajoute que les vapeurs qui en sortent encore donnent la mort aux oiseaux qui les traversent.

— Non... fit le Lunien.

— Enfin, on prétend que ces sortes d'oranges qui mûrissent sur ses bords ne renferment que cendres, horrible surprise pour le voyageur altéré.

— Oui... répondit mon guide. Cela tient à la nature du sol. Seulement, au lieu de cendres, il faut dire que ces fruits ne contiennent qu'une chair sèche, détestable au goût.

— Est-il vrai que lorsqu'on veut s'y baigner, la pesanteur des eaux refuse de laisser enfoncer le corps ?

— A ce propos je te dirai, mons Terrien, que l'empereur Vespasien, voulant jouir de cette expérience, fit jeter dans ce lac de pauvres misérables qui ne savaient pas nager et auxquels on avait attaché les mains. Ils allèrent au fond de l'eau, les infortunés, retrouver Sodôme et Gomorrhe dans les profondeurs de l'abîme.

— J'achève, maintenant, reprit Stella, si vous voulez bien perdre des yeux la mer Morte, cher Terrien.

— Parlez, charmante enfant...

— Dans la tribu de Ruben, à l'est, près du pays des Moabites, voici Machœrus, forteresse située sur ce rocher qui baigne son pied dans la mer Morte. Vous voyez que ce rocher est enclos de profondes vallées. C'est là qu'eut lieu, par ordre d'Hérode Antipas, la décollation de Jean-Baptiste.

» Dans la tribu de Benjamin, au centre, je n'ai plus besoin de vous signaler Jérusalem.

» Mais voici Béthanie, bourgade située sur le mont des Oliviers, où Jésus ressuscita Lazare, et où se trouvait la maison de Simon le lépreux.

» Jéricho, dans une plaine plantée de palmiers, dont Josué s'empara au son des trompettes.

» Gabaon, sur une hauteur. C'est près de cette ville, dans cette plaine, que cinq rois du désert, s'étant ligués contre les Gabaonites, furent vaincus par Josué, qui pria Dieu d'arrêter le soleil pour avoir le jour nécessaire à la défaite des ennemis.

» Béthel, également sur une montagne, où Jacob eut sa célèbre vision de l'échelle mystérieuse. Jéroboam y avait placé l'autre des veaux d'or qu'il faisait adorer des Israélites.

» Rama, dont la vallée dut retentir des cris des morts, lorsqu'Hérode fit massacrer les fils des Juives, à la naissance de Jésus, pour englober ce nouveau roi dans le massacre.

» Emmaüs, où Jésus-Christ se fit voir à deux de ses disciples le jour même de sa résurrection.

» Dans la tribu de Dan, séparée de la mer Méditerranée par les Philistins, voyez Joppé, jadis Japho, qui fut témoin de l'embarquement de Jonas se sauvant à Tharsis, au lieu d'exécuter l'ordre de Dieu en portant des menaces à Ninive.

» Dans la tribu de Siméon, je ne puis vous montrer que Bersabée, antique demeure d'Abraham et d'Isaac, d'où le patriarche conduisit son fils sur le mont Moria, alors désert, pour l'immoler, au lieu même où le Sauveur des hommes expira dans les tourments, lorsque Jérusalem était construite sur cette montagne.

» Et Siceleg, petite ville donnée à David par le roi de Geth.

» Enfin, dans la tribu de Juda, voyez Hébron, tombeau d'Abraham, située à l'entrée de la vallée de Membré, où demeurèrent sous des tentes Abraham, Isaac et Jacob. Sara y fut enterrée également. C'est la patrie de saint Jean-Baptiste.

» Voyez aussi Engaddi, sur la mer Morte.

» Bethléem, jadis Ephrata, qui veut dire fructueuse, célèbre par la mort de Rachel, ensevelie sur la route de Béthel; par la naissance de David, et surtout par la venue au monde de Jésus-Christ, le soleil de toute justice.

— Mais aujourd'hui ce n'est plus qu'un simple bourg, dis-je à Stella. Seulement, quelle est donc cette église superbe?

— Le temple que l'impératrice Hélène, mère de Constantin, fit élever sur l'emplacement de la grotte, étable qui vit le Sauveur des hommes naître de la vierge Marie.

— Et ces villages, au milieu de ruines, qui bordent la mer Méditerranée?

— Le pays des Philistins, jadis.

» Accaron, capitale d'un des cinq rois des Philistins, où on adorait Beelzébuth, qui y avait un oracle.

» Geth, la patrie du géant Goliath.

» Azoth, célèbre par le culte que l'on y rendait à Dagon, et dont un temple, ébranlé par Samson, l'écrasa dans sa chute. Psammétique, roi d'Egypte, ayant assiégé cette ville (170 avant J.-C.), ne put la prendre qu'après un siége de vingt-neuf années.

— C'est, sans contredit, le plus long siége de l'histoire... dis-je.

— Gaza, continua mon cicerone lunien, qui fut prise successivement par les Chaldéens, les Perses et Alexandre le Grand. Ce fut à Gaza que, pour deux blessures reçues par le conquérant, il fit massacrer et vendre les habitants. Il n'y a plus que des ruines, ainsi que vous le voyez, mon cher Terrien.

— Et cette dernière ville que vous semblez oublier?

— C'est Ascalon, dans une vallée fertile, qui fut la patrie de Sémiramis, dont vous avez vu l'éducation par des colombes dans notre daguerréotype lunien, et dont vous devrez parler dans votre *Album Merveilleux*. Là aussi naquit Hérode le Grand.

» Enfin voici Gerare, près du torrent de Bézor, capitale du roi Abimelech, contemporain d'Abraham...

— Merci, mille fois merci, ma chère Lunienne, dis-je à Stella, qui reprit sa pose orientale sur les coussins de sa nacelle.

Or, pendant qu'elle avait parlé, me désignant tour à tour les villes qui viennent d'être citées, je les revoyais en toute réalité, non plus comme aux jours de leur opulence, de leur richesse et de leur splendeur, non plus comme aux jours de leur gloire et des hauts faits ou des crimes dont elles ont été les témoins, non plus telles que je les signale dans l'*Album Merveilleux* en question, mais ainsi qu'elles sont aujourd'hui, 1854, c'est-à-dire, à peine conservées les unes, mutilées, mais avec de beaux débris, les autres; le plus grand nombre, hélas! couvertes de ruines moussues, éparses parmi les broussailles et les ronces du désert.

Ainsi d'abord c'était, dans l'Anatolie ou Asie-Mineure, qui glissait lentement, lourdement sous nos aérostats immobiles, l'antique Troade, avec le village de Bournar-Bachi, jadis Ilion, jadis Troie, dont il ne restait plus de vestiges, si ce n'est, sur un rocher voisin, les débris de constructions en polygones irréguliers, une citerne taillée dans le roc, et trois tombeaux, que Mikaël me dit appartenir à l'ancienne citadelle de Pergame. Et puis, au pied du cap Sigée, les autres tombeaux d'Achille et de son ami Patrocle; et, près de l'autre cap, Rhétée, la sépulture d'Ajax.

Passaient ensuite d'immenses voûtes souterraines effondrées, autour desquelles le vent soufflait dans mille décombres. Et, de sa voix rendue lugubre, Mikaël me disait :

— Le temple d'Éphèse!

Venait après une ville moderne, très-agitée, d'un bel aspect; mais n'ayant rien d'antique et de grandiose.

— Smyrne! faisait Mikaël d'un ton mélancolique.

Puis c'étaient, en tournant les regards vers l'est, de vastes ruines et un colossal tumulus, affectant la forme de cône, en terre.

— Sardes est le sépulcre d'Alyattes, père de Crésus, faisait Mikaël.

Apparaissait ensuite une forteresse dont les murailles étaient encastrées dans leur ciment, des sculptures représentant des processions funéraires et des combats entre des figurines nues et habillées.

— Halycarnasse et les débris du tombeau de Mausole, maintenant Boudroun... disait Mikaël.

Ensuite se montraient des décombres entassés, puis une ville assez considérable.

— Temple de Gnide et Tarse! murmurait le Lunien.

— Mais cette ville, assise sur un bras de fleuve, dans une vaste plaine, au pied de hautes montagnes, quelle est-elle? dis-je à mon guide.

— Erzeroum est la ville, le fleuve est l'Euphrate, la plaine est l'Arménie, et la montagne le Taurus... répondit-il.

Passait alors un immense espace, couvert de vastes ruines, entre deux fleuves, entrecoupé de nombreux canaux desséchés, parsemé de fragments de briques et de tuiles; avec une haute colline formée de décombres au centre; des pans de murs semblant avoir servi de fondements à des jardins aériens, car l'une des piles portait un arbre enté sur un vieux tronc; de longs corridors et des chambres dans lesquels je voyais une lionne allaiter ses lionceaux, et une panthère jouer sur la mousse avec un de ses petits; et mille débris informes que l'on ne peut décrire.

— Babylone! soupira Mikaël.

— Babylone! répétai-je après lui, comme un écho.

— Babylone! redit-il encore. Cette colline était le temple de Bélus, et ce monceau prodigieux de briques qui en fait la base était la fondation de la tour de Babel. Cette colline de briques, de la plus belle espèce, cuites au feu et parfaitement moulées, n'a pas moins de vingt mille pieds sur chaque côté du carré qu'elle forme. Ces ruines de jardins sont les restes de l'œuvre de Sémiramis. Et ces chambres et ces corridors appartiennent au palais de Nabuchodonosor, dans lequel Alexandre le Grand rendit le dernier soupir...

» Voilà tout ce qui reste de la grande Babylone! Maintenant la désolation habite ces ruines, les bêtes féroces en font leur tanière, comme tu vois, et la parole des prophètes est parfaitement accomplie.

Je l'avoue... des larmes sillonnaient mes joues... Mon âme était profondément émue... car tout ce que je voyais, et qui avait été si grand dans les temps passés, se trouvait perdu dans d'immenses déserts, où les voleurs détroussent les pèlerins, et où de rares caravansérails offrent à peine une misérable pitance aux voyageurs.

Et la Syrie passait à son tour...

Et je voyais ensuite l'emplacement désolé où fut Tyr, maintenant Sour.

Puis venait Sidon, qui n'offrait de débris que des tombeaux taillés dans le roc.

Puis succédait Césarée, presque debout, mais sans habitants.

Mais voilà que soudain venait à nous la nappe de steppes incultes entre deux chaînes de montagnes. Cette gorge étroite s'élargit bientôt, et, à son extrémité, je voyais d'immenses et magnifiques ruines dans un océan de sables. L'œil se perdait au milieu d'immenses files de colonnes, et ne distinguait au loin que forêts de piliers, tombeaux détruits, fûts et chapiteaux mutilés, épars sur le sol. Au centre se montraient les débris d'un temple dont la porte regardait l'occident, chose étrange! puisque, dans ces contrées, les temples regardent toujours l'orient.

— Palmyre, Tadmour, ou l'Oasis-des-Palmiers! murmura Mikaël de sa voix creuse.

C'était l'endroit des surprises, assurément; car tout-à-coup, à l'horizon, le globe de la terre nous amenait, sur les dernières rampes des montagnes noires de l'Anti-Liban, un merveilleux assemblage de ruines dorées par les rayons du soleil, qui se détachaient admirablement de l'ombre des montagnes. Quelle splendeur, même dans ces ruines! Murs gigantesques; colonnes éblouissantes et colossales qui paraissaient s'étendre, grandir, s'allonger au fur et à mesure qu'elles arrivaient à nous; blocs de marbre que le temps ou des ébranlements de la nature ont rejetés des monuments; Acropolis ou colline artificielle laissant voir de superbes constructions entre les rameaux et au-dessus de la tête des grands arbres; granits rouges; porphyres sanguins; chapiteaux ciselés; architraves, volutes, corniches, entablements, piédestaux, membres épars, statues couchées, profils de monuments se détachant en couleur d'or sur le bleu du firmament et semblant intacts et sortis d'hier de la main de l'ouvrier... Aucune plume, aucun pinceau ne pourrait décrire l'impression que cet aspect donnait à mes yeux et à mon âme.

— Héliopolis, maintenant Belbeck!... fit Mikaël... Et remarque bien, ajouta-t-il, cette colline de Belbeck, plate-forme de mille pas de long, de sept cents pieds de large, toute bâtie de main d'homme, en pierres de taille dont quelques-unes ont cinquante et soixante pieds de longueur sur vingt à vingt-deux d'élévation.

— Superbes monuments de l'orgueil des humains,
. . . .
Par l'injure du temps vous êtes abolis,
Et vos riants aspects maintenant sont détruits :
Il n'est pas de ciment que le temps ne dissoude!

dis-je à Mikaël, tout en plongeant le regard sur ces œuvres pélasgiques.

Il est bien impossible d'oublier de tels spectacles lorsqu'une fois on les a vus. En ce moment le soleil frappait de ses rayons d'or le grand temple qui lui était consacré, et au loin, aussi loin que la vue pouvait se porter, on ne voyait qu'une mer de débris de marbres, de pierres brisées, et c'était comme une plage couverte de leur poussière blanche et de leur écume.

Cependant passait la Palestine.

Après de belles et larges plaines, et au loin le désert, c'était d'abord un labyrinthe de montagnes de forme conique. Et, dans les vallées, des troupes de chameaux, oreilles tombantes, des brebis à larges queues, les onagres des livres saints, allaient et venaient avec leurs pâtres. On voyait des jeunes filles arabes exposant des raisins au grand air pour les faire sécher; des femmes revenaient d'une source avec de hautes urnes sur la tête; la fumée des hameaux montait en vapeur blanche au-dessus des arbres; des chamelles trottaient sur les cailloux des torrents desséchés avec leurs cavaliers en burnous rouges; et l'on entendait des chants et des voix confuses s'élever de terre.

Soudain, de la pointe d'un plateau qui nous apparut, vint une longue ligne de murs gothiques, flanqués de tours carrées dominées par des pointes, des coupoles et des pyramides d'édifices. Et tout autour une vallée profonde, un torrent, des tombeaux, des ruines, des monts chauves, des plants d'oliviers, des rampes nues et dévastées, des rochers brisés, un aspect lugubre de désolation et de mort.

— Levez-vous et adorez! dit alors Stella; vous avez devant vous Jérusalem, l'une de vos patries!

. . . .

. . . .

— Maintenant, avait elle repris, rendons l'essor à nos ballons, et suivons, devançons même la rotation de la terre, afin de remonter vers l'est et d'aller voir d'autres ruines.

Et quand nous eûmes disposé nos aérostats pour la marche, nous allâmes passer, en laissant l'Egypte derrière nous, sur la vaste Arabie et la pointe du golfe Persique.

Déjà nous perdions de vue la vallée de Josaphat, le torrent de Cédron, le jardin des Oliviers, le champ du Sang, le Thabor, le Sinaï, que j'avais aperçu de très-loin, et, tournant le dos à la mer, à la Palestine, au désert, nous arrivions sur le golfe Persique, lorsque je distinguai un vaste plateau dans une plaine fertilisée par l'Araxe des anciens, maintenant le Bend-Enier, près d'un village et au pied d'une montagne de marbre gris. L'ensemble de cette plate-forme, que fixaient mes guides, présentait la forme d'un amphithéâtre et de plusieurs terrasses élevées les unes sur les autres. On pouvait monter d'une terrasse à l'autre par des escaliers si spacieux, que dix cavaliers auraient pu y passer de front. Au bout de chaque terrasse étaient des restes de portiques et des débris d'édifices, avec des appartements ruinés. Enfin, au fond, contre le rocher de la montagne, je distinguais deux tombeaux creusés dans le roc. Les chambres, les portiques, les escaliers étaient du marbre le plus pur, et si bien lié dans toutes ses parties qu'il était impossible de distinguer aucune jointure.

— Persépolis! balbutia Mikaël de son ton funèbre. Ruines du palais qu'incendia Alexandre, lorsque, égaré par l'ivresse, il voulut signaler à jamais la chute de l'empire de Cyrus.

» Il a été impossible jusqu'ici de découvrir l'entrée de ces tombeaux.

» A quelques milles, au nord, tu peux voir quatre autres tombeaux semblables.

» Et dans la plaine, là, regarde ce petit édifice carré avec un piédestal de marbre blanc d'une grandeur énorme, c'est le sépulcre de Cyrus, et la plaine n'est autre que Pasagarde en latin, et Persépolis en grec.

Or, je remarquais des colonnes qui n'appartenaient à aucun genre connu; des inscriptions cunéiformes que je n'avais vues nulle part ailleurs; des allégories et des figures couvrant les murailles qui m'étonnaient, et que j'admirais...

— Architecture persépolite, unique, sans modèles, comme sans imitations... me dit Mikaël...

Nous passions un moment après, sur un large espace stérile, abandonné aux serpents et aux bêtes fauves. Jamais je n'aurais pu supposer qu'une ville eût jamais posé là ses assises. Mais de sa voix dolente, Mikaël bourdonna tristement :

— Suse! Esther et Mardochée, Aman et Assuérus!

A peine de cette cité comptant jadis cent vingt stades de circonférence, reste-t-il quelques vestiges de terrasse d'un ou deux milles de circuit, et des inscriptions à têtes de clous. Suse n'est plus qu'une vaste solitude où je n'entendis que les rugissements des bêtes féroces. Je me trompe, j'aperçus un tombeau, et près de ce tumulus, des pèlerins juifs et autres...

— Le tombeau du prophète Daniel! fit Stella.

— Ruines et tombeaux! m'écriai-je. *Vanitas vanitatum!* cherchez donc votre bonheur dans la gloire!...

Alors passait un fleuve que je ne reconnaissais pas d'abord. Mikaël fut obligé de m'en dire le nom, et puis des ruines...

— Le Tigre et Ninive! fit-il.

— Tobie et Jonas!... répondis-je, en disant tout haut la pensée qui me venait tout bas dans le souvenir...

Hélas! moins de ruines encore qu'à Babylone! Un misérable village du nom de Nounia, et, à côté des inégalités de terrain, des profondeurs, des halliers, des cavernes, et dans les herbes des serpents, sur les mousses des lézards, et, au fond des tanières, des lions, des tigres et des léopards...

— Un archéologue, l'Italien Bolta, creusa ces ruines en 1845, me dit Mikaël, et il découvrit des bas-reliefs assyriens, représentant des rois et des prêtres, et, sur les sculptures, de fines couleurs, dont il restait encore des traces fort sensibles. Ces figurines avaient bien le costume oriental, mitres imposantes, robes à manches, décorées de passementeries et échancrées des deux côtés sur le devant, de manière à laisser voir par-dessous une tunique à franges, les chaussures ornées, les colliers, les armes, les cheveux et la barbe frisés, disposés par étages et bouclés avec symétrie.

— Tout cela faisait bien revivre une époque lointaine en évoquant ces races efféminées des Sardanapale et de ses dignes rivaux qui ont régné sur l'ancien monde! dis-je à mon tour.

— Et tout cela est à Paris, à cette heure...

— Jé le sais, mon cher Lunien, et je l'ai vu au Musée d'Assyrie, en notre Louvre impérial.... J'ai visité, là aussi, le double colosse de granit arraché à ces ruines, et qui représente un taureau ailé à figure humaine.

— Oui : symbole du monarque qui réunit la puissance, la vigilance agile, la force et la majesté... dit Mikaël. Il n'en fut guère ainsi pour les princes assyriens. Mais passons!... Dans cette ruine éventrée, fouillée déjà par une commission française, et bientôt mise à jour par un nouvel envoi de savants, on croit reconnaître le palais de Korsabad, qui se rattache à Sargum, le Salmanazar de la Bible.

— J'ai vu encore, mon cher Lunien, des bas-reliefs qui ont trait à l'invasion de Sennachérib dans la Judée, lorsqu'il prit Samarie. Mais je me tais, car nos aérostats s'avancent avec une effrayante rapidité.

En effet, après être passés à Bagdad, l'antique résidence du kalife Haaroum-al-Raschid, contemporain et ami de Charlemagne, la cité des Abassides, le *Jardin du Roi* selon l'étymologie de son nom, la ville ronde, à l'enceinte flanquée de tours; à la mosquée merveilleuse, dont la coupole était soutenue par des colonnes de soixante coudées de haut; au château sans pareil, aux deux millions d'habitants; le centre du commerce de la Perse; nous achevions le tour de l'Asie occidentale que nous avions vue par le mouvement de la rotation de la terre en partie, et, en partie, en faisant manœuvrer nos ballons, nous avions effleuré Ninive, et remontant encore vers le septentrion, nous arrivions à d'autres ruines.

Elles étaient assises sur une montagne conique admirablement disposée dans une belle plaine, non loin d'un lac qui se terminait par un large plateau, semé de roches et de décombres moussues. Mais du moindre monument, rien!

— Ecbatane! murmura sourdement Mikaël.

— Quoi! voilà tout ce qui reste de la fameuse forteresse de Déjocès, et des palais, et des sept enceintes, or, rouge, bleue, argent, verte, jaune et violette, qui devaient être très-visibles de la plaine en effet?... m'écriai-je.

— Rien autre chose que le rocher de la citadelle, et, sur ce rocher, les trous dans lesquels tournaient les pivots des grandes portes qui en formaient l'entrée... Rien, si ce n'est un fût et une colonne avec son chapiteau en feuilles de lotus, ayant le cachet persépolite que vous savez, Terrien.

— C'est une bien légère fumée pour rappeler tant de gloire évanouie!... dis-je avec un soupir sorti du fond de mes entrailles.

— Nous en avions fini avec les ruines actuelles de l'Asie, et avec les grandioses fantômes qu'elles évoquaient dans mon imagination, Sémiramis, Ninus, Déjocès, Cyrus, Crésus, Alexandre, César, Pompée, Sylla, Marius, Mithridate, Auguste, Antoine, Cléopâtre, David, Salomon et tant d'autres. Aussi Mikaël dirigea-t-il nos aérostats vers l'Asie orientale, et les faisant marcher vers cette riche partie du monde, m'en fit voir les beautés et les grandeurs.

Nous surplombions de délicieuses contrées, arrosées par les plus beaux fleuves du monde. Sortis des flancs des montagnes dont elle est hérissée, ils se formaient un lit sur d'innombrables bancs de rochers, à travers les gouffres et les ravins, portant la richesse et l'abondance dans des plaines immenses, et allant se jeter dans les mers, en suivant toutes les directions.

Bientôt le roi des montagnes nous fit voir ses pointes menaçantes. C'était l'Himalaya avec son Dsawala-Giry, haut de vingt-six mille huit cent soixante-douze pieds. Les vallons qui l'environnaient étaient ombragés de cèdres et de sapins. Le Gange, le fleuve sacré de l'Inde, reparaissait à nos yeux, après s'être dérobé sous des neiges et des masses de rochers, ce qui donnait à la contrée un aspect de terreur religieuse.

Aussi, dans le voisinage, et précisément parce que ces terribles sites inspirent une crainte mystérieuse, apercevions-nous le trône gigantesque de Mohadéo, placé, comme les autels des dieux indous, au pied

Aventures. 13

du Dsawala-Gyri. Nous étions en plein Indoustan, en effet, et ne me rappelant pas exactement la religion de cette contrée, je priai Stella ou Naïs de m'en rafraîchir la mémoire.

— Repose-toi, ma fille, dit Naïs, et laisse-moi satisfaire notre ami le Terrien ; tu as assez parlé sur l'Asie occidentale.

» Là-bas, continua-t-elle avec un sourire charmant, parmi les plantations dont la végétation puissante vous étonne, sous ces arbres dont les longues branches retombent en lianes qui se fixent en terre pour remonter au ciel et reproduire un autre arbre, à côté de ces éléphants qui digèrent leur provende, ne voyez-vous pas un temple étroit et mesquin, mais dont le sommet est arrondi en coupole? C'est une pagode. Ne vous inquiétez pas de ces énormes reptiles, affreux serpents qui rampent sous les broussailles, agitent ces plaines d'énormes roseaux, ou bondissent sur les roches; ils sont si communs en ces contrées ardentes, comme le tigre et le lion, que les indigènes les remarquent à peine, ou s'en débarrassent avec une grande habileté.

» Or, dans cette pagode, on honore un dieu, *Boudha*, né d'une vierge, *Maya*, appelée *Suchi* ou la *pure*. Aucune religion au monde ne se rapproche plus du catholicisme. Leurs cérémonies mêmes sont tellement calquées sur les vôtres, que les premiers missionnaires chrétiens venus au Thibet, furent si frappés de cette imitation flagrante, qu'ils crurent retrouver leur propre culte. Ainsi n'ont-ils pas les cloches, le rosaire, les reliques? Ils ont même des évêques dans leurs *Lamas*, qui portent des mîtres et des crosses. On appelle grand Lama le chef suprême de cette religion. Il est assimilé à un dieu. On le nourrit splendidement dans cette ville, là-bas, Hlassa, en un palais splendide. Ce digne homme passe pour tellement saint, que...

— Achève, Naïs, ne crains pas de blesser la pudeur... fit Mikaël. Ce grand Lama passe pour tellement saint que l'on conserve précieusement... jusqu'aux résidus... de ses repas... Tu comprends, Terrien? lesquels... résidus... l'on place, desséchés, dans de riches sachets...

— Et tous les adorateurs de Boudha, continua Naïs, seigneurs, guerriers, marchands, artisans, gens du peuple, que tu vois sortir de la pagode après l'exercice du culte, se disputent le plus simple de ces sachets, afin de les porter à leur cou comme un talisman...

— C'est une amulette d'un nouveau genre, et très-odorante! dis-je. Mais quels sont ces hommes à turbans aussi hauts que des éteignoirs monstres ou des coiffures à la Hénin, à longues barbes, à longues robes, et ces espèces de religieuses qui marchent en procession? demandai-je.

— Les lamas de second ordre, répondit Naïs. Ils vont sans doute re-recueillir les reliques du grand Lama... Après eux, ce sont les *bonzes* qui prient en tournant sur eux-mêmes, comme des toupies vivantes, pendant des heures entières. Enfin les *boudhistes*, ceux qui ont des casques rouges, sont les prêtres qui se distinguent des autres, parce qu'ils se marient. Et ces prétendues religieuses sont les *bonzies* ou *biconis*, filles sacrées qui peuplent les trente mille monastères de la seule ville de Hlassa et de son district.

— Ne laissez pas s'éloigner, sans la nommer et l'admirer, là, au nord, la célèbre vallée de Kachemyr, appelée depuis si long-temps le paradis de l'Inde!... fit nonchalamment Stella, qui interrompit sa mère, comme une enfant aimée.

En effet, vrai nid de verdure et de fleurs, cette vallée se montrait à nous, creusée par les ondes, au sein même des cîmes de l'Himalaya, entourée de montagnes, ne communiquant avec les autres régions que par trois passages de difficile accès, jouissant de la plus délicieuse température, du sol le plus fertile, réunissant les productions de l'Europe et celles de l'Asie, arrosée de cascades et de fontaines, parsemée de lacs, sur lesquels nageaient des îles flottantes de légumes, de fruits et de fleurs.

Kachemyr elle-même, la ville nommée jadis *Sirinagor*, ce qui veut dire la *station du bonheur,* nous apparait dans un magnifique bassin, tout parsemé de petits villages et de riantes habitations, encadré dans des vergers tout brodés de fruits, capitoné de bouquets d'arbres, et noyé sous des festons et des massifs de pampres et de roses. Partout des toits en terrasse, recouverts de terre, reproduisent les jardins suspendus de l'antique Babylone, et là, s'épanouissent les plus belles fleurs, et semblent attendre, au passage, la fraîche brise des montagnes.

— Que dis-tu de ces admirables sites? me dit le Lunien, qui me surprend dans une pose admirative...

» Mais que Kachemyr ne te fasse pas dédaigner Golconde que voici, ajouta-t-il, en me désignant une ville charmante à voir.

» Tu sais que Golconde est le dépôt de toutes les pierres précieuses qu'on y apporte pour y être polies. Mais, à part cela, regarde au centre de la ville. Tu vois là une pagode dont la niche, où l'on fait la prière comme en une chapelle, est un monolithe si volumineux, qu'on a été cinq ans à l'extraire de sa carrière.

Cependant à Golconde, à Bombay, à Surate, à Pondichéry, dont j'admirais les sites luxuriants, les merveilleuses usines, le prodigieux mouvement et l'agitation sans pareille;

A La Hore, capitale du Pendjab, dont je voyais Randjet-Sing, le roi zélé, donner au Français Allard une portion de son autorité, pour diriger son peuple vers la civilisation européenne;

A Bénarès, la ville si chère aux Indous, la cité la plus riche du monde, qui a des maisons à cinq et six étages, des rues étroites et tortueuses, des mosquées et des temples nombreux, des palais aux brillante galeries, aux balcons bariolés, aux toits inclinés;

Aux montagnes des Gathes, dont l'élévation produit simultanément deux saisons opposées, dans le Malabar et le Coromandel, printemps éternel à Kachemyr et à Népaul, hiver à Mahé;

Aux côtes de Ceylan, où nous pouvions voir pêcher les perles, extraire les diamants des mines, et arracher aux ravins les pierres précieuses;

Aux immenses et magiques plaines, toutes peuplées, dans leurs vallons et sur leurs rampes, d'antilopes, de rhinocéros, de lions, de léopards, d'éléphants, de tigres et de sepents, d'oiseaux aux plumes de feu ;

Aux Indous parlant le sanskrit; aux Radjepoutes de la seconde caste; aux Marhastes de la troisième; aux Sikhes de la tribu guerrière; aux Parias, aux déshérités du monde; et enfin à la ville anglo-asiatique de Calcutta; à la cité française de Chandernagore; à Bénarès, dont la coupole de l'observatoire tourne sur un pivot;

A Juggernaulth, qui montre, dans l'une de ses grandes pagodes, une idole dont les yeux sont d'énormes diamants;

A Goa, à Calicut, à Madras, à Séringapatan, où périt le fameux Tippo-Saïb, l'ennemi des Anglais;

Au Bélouchistan, à l'Afghanistan, à leurs hyènes et à leurs dromadaires,

Succédaient enfin la Chine, l'Indo-Chine et le Japon.

Mais, pour y arriver du Caucase à Tiflis, dont les Géorgiennes méritaient bien un regard; de Taman, la ville des indolentes Circassiennes au célèbre pic d'Adam, que les Indous honorent de leur pèlerinage; de l'Urghan-Dagha jusqu'au Thibet, et du Thibet à la Chine, notre œil, au nord de l'Asie, avait rencontré des plaines de huit cents lieues de longueur, entièrement couvertes de cailloux, avec des lacs d'eau salée, sans autre végétation que de rares buissons desséchés et des arbres rabougris. A des distances considérables, nous ne trouvions d'autres indices de vie que des ossements d'animaux et des squelettes d'hommes. Mais après un coup d'œil jeté aux montagnes du Kamschatka, dont les nombreux volcans éteints ou en activité nous intéressèrent, nous trouvions enfin la Chine, le Japon.

Qui n'a rêvé de la Chine et du Japon? Qui ne se rappelle que les Chinois, fort peu beaux, sont le plus ancien peuple du monde, qu'ils adorent le dieu Fo, dont les temples sont remplis d'images; que Confucius, leur législateur par excellence, fut et est encore leur philosophe de prédilection, que leur pays est riche et fertile, que rien n'est fantastique comme leurs constructions?

» En effet, quand de loin nous vîmes se lever à l'horizon les villes de Pékin, de Canton, de Nankin, pour Naïs, pour Stella, pour moi-même, il n'y eut qu'un sentiment, celui de l'admiration.

Les murailles de Pékin, remarquables par leur élévation, moitié briques, moitié pierres, leurs neuf portes de la plus étonnante architecture, les maisons peintes de diverses couleurs, les boutiques aux devantures originales, les rues sablées et propres à désespérer les ménagères de Flandres, les arcs de triomphes érigés sur les carrefours, les parcs et lieux de plaisance de l'empereur, d'une part; de l'autre, Canton et la charmante rivière qui la baigne, l'affluence des acheteurs, la rue de porcelaine, les potiches monstrueuses, les cornets splendides, les buires merveilleuses, les mille curiosités sous forme de vases, d'urnes, de coupes, de patères, de bols, les jonques barriolées qui vont et viennent sur le canal, les étoffes de velours et de soie tendues d'une maison à l'autre, les costumes les plus pittoresques; et, enfin, la fameuse tour de Nankin à neuf étages, revêtue de faïence vernissée, les plantations de cannes, celles de thé, les camphriers si vigoureux, comme aussi les idoles colossales du Japon, et spécialement la statue du grand Boudha, haute de vingt-quatre mètres, excitaient tour à tour ma surprise, et les rires de mes compagnons.

— Vraiment, c'est bien à tort que l'on vante les yeux des Chinois et de leurs femmes, disais-je à Naïs; je crois que pour trouver en eux quelque chose de beau, c'est le pied si petit de leurs jeunes filles, qu'il faut regarder.

— Oui, mais quand on songe que cet avantage n'est dû qu'aux souffrances qu'on leur impose à grand renfort de courroies, c'est un peu triste, pour ne pas dire ridicule... répondit Naïs.

— Au moins pour racheter leur laideur, ces braves gens ont-ils grande science, car on dit que leurs mandarins...

— Ne sont que des ignorants, interrompit Mikaël, en même temps qu'ils sont d'infâmes despotes. Sous le prétexte qu'ils ont une science et un pouvoir supérieur, car les uns sont généraux, les autres trésoriers, inspecteurs, commissaires, ils se conduisent en infâmes tyrans. Ainsi, nous en voyons quelquefois de portés en litière dans les rues de Canton, qui, soudain, font saisir un Chinois, et ordonnent qu'il soit roué de coups, sans que personne ose dire un mot en sa faveur. Cent licteurs annoncent sa présence par un épouvantable hurlement; et, si quelqu'un n'est pas assez leste pour se ranger contre les murs des rues, généralement étroites, il est aussitôt assommé à coups de chaînes ou de bambous, ce qui n'empêche pas ce même mandarin, un peu plus loin, de recevoir à son tour, d'un mandarin supérieur, une cruelle bastonnade pour la moindre prévarication.

— Mon ami le Terrien, me dit Naïs, en saisissant mon bras qui pendait hors de ma nacelle, dites adieu à l'Asie, car voilà que nous allons perdre de vue ses palmiers et ses lentisques, le cajeput et le baumier, les myrtes et les bourdaines, le dattier-éventail et l'areka, et le ficus-bengalensis, tant aimé de ces peuples, car ses vastes branches s'inclinent vers la terre en décrivant un angle droit, et se relèvent en poussant un nouveau tronc, si bien qu'un arbre seul peut devenir toute une forêt.

» Dites adieu à ces races au teint de cuivre, aux traits réguliers, au front élevé, à l'œil grand mais incliné, au nez long mais tant soit peu courbé, aux cheveux noirs rasés, mais pendant en une longue tresse du sommet du crâne; ou bien à la peau jaune, au nez plat et à la bouche saillante, aux cheveux laineux et aux pommettes proéminentes.

» Dites leur adieu...

» Car voici les îles, voici l'Océan!

VI.

~~~

Vision d'îles barbares. — Effrayants spectacles donnés par les sauvages. — La flèche empoisonnée. Détails de sciences nautiques. — Les différentes sortes de navires, trois-mâts, frégades, bricks, corvettes, etc. — Amérique. — Aspect général. — Peaux-Rouges et Visages-Pâles. — Combat des Indiens. — Passages des Buffalos. — Les deux guerriers. — Tatouage. — Une forêt-vierge. — Carbets et Wigwams. — Montagnes d'or. — Mexico. — Paysages sans pareils. — Un combat de taureaux. — Les prairies de l'ouest. — Lacs et cascades. — Esclavages des noirs. — L'Europe en Amérique. — Le temple du soleil. — Péruviens et Pérou. — Cruautés espagnoles.

En effet la mer, une mer sans limites approchait...

Et dans son mouvement de rotation sur lui-même, le globe terrestre faisait entendre un bruit effrayant, celui des vagues qui déferlaient, se choquaient, se dressaient et retombaient pour se relever encore.

Rien n'arrêtait le regard sur cet orbe immense, effrayant à voir. Seulement, de distance en distance, des îles, des îles encore, des îles toujours, comme de pittoresques corbeilles de fleurs, parmi les flots d'argent ou d'or de l'Océan, se montraient de toutes parts.

Aussi mes guides me signalaient la Malaisie, dont Bornéo est le centre et le foyer;

La Micronésie, dont le Hâvre de Lloyd est le seul lieu peuplé ;

La Polynésie, avec son archipel des Carolines ;

La Mélanésie, dont la Nouvelle-Hollande forme un continent, pays exclusivement habité par des noirs Papua et Andamène, fort laids et à formes grêles.

Toutes ces îles composent l'Océanie ou les îles de l'Océan, et cette cinquième partie du monde me parut celle dont la surface est la plus hérissée d'inégalités. J'y voyais briller grand nombre de volcans. J'en comptai jusqu'à cent soixante-trois. Quelques-unes des îles étaient dominées par des cratères depuis long-temps refroidis. D'autres étaient ravagées par des torrents de laves qui empêchaient toute végétation.

A Java, des montagnes bleues élevaient leurs sommets granitiques jusqu'à la hauteur de douze mille pieds. Mikaël me fit remarquer que leurs flancs recélaient de l'or et des émeraudes, et les terrains d'alluvion des rubis et des diamants.

La plupart de ces îles semblaient être des montagnes soulevées du sein de l'Océan, par l'action de forces volcaniques. Il en était qui offrent des roches de corail, formées par les polypes qui les habitent. On ne se figure que difficilement le travail de ces petits animaux constructeurs dont les édifices calcaires s'élèvent en éventail, ou se ramifient en arbres, ou s'arrondissent en boules, en réfléchissant les plus belles nuances du jaune, du rouge, du violet et du bleu.

Mais en mille endroits aussi, rien n'égale le luxe de la végétation de l'Océanie. Au point de vue des fleurs, des plantes, de la verdure, des vallées, des pics et des mornes, c'est un véritable Eden.

Seulement, cet Eden est bien mal habité !

Je voyais les races cuivrées, les races noires, les races jaunes, à peine mêlées, se regarder et s'observer d'un œil farouche.

Ici, c'étaient les Zélandais, horriblement tatoués, qui égorgeaient les prisonniers faits à la guerre, en faisaient rôtir les chairs palpitantes qu'ils dévoraient à moitié crues.

Là, les farouches sauvages d'Ombay brisaient le crâne de leurs captifs à coups de marteau, pour en sucer la cervelle chaude, et en humer les parties les plus délicates.

A Owihiée, où le capitaine Cook fut tué en 1779, je remarque une montagne qui a bien huit cents pieds de plus que le mont Blanc, au pied de laquelle les indigènes font un repas de cannibales, en égorgeant les enfants pris à leurs ennemis.

Plus loin, les Nègres féroces de Viti buvaient le sang de leurs victimes, en ouvrant délicatement une veine du cou, qui laissait jaillir l'affreuse liqueur comme une fontaine.

Ailleurs, les féroces tribus de Noukaïva, nus et peints d'un rouge épouvantable, piquaient d'arêtes aigues le cœur de leurs ennemis, afin de les faire mourir lentement.

Enfin les peuplades de Vaigou faisaient le commerce de leurs pères, de leurs mères, de leurs femmes, de leurs sœurs, et, au grand soleil de Dieu, violaient toutes les lois de la nature.

— Nulle part, me dit Mikaël, l'anthropophagie n'est autant en vigueur que dans ces îles. Ainsi, dans Noukaïva que voici, non-seulement les sauvages dévorent leurs prisonniers, mais en outre, en temps de disette, ils dévorent leurs enfants, leurs femmes, et les auteurs de leurs jours.

En passant à Vanikoro, Mikaël me signale le lieu où périt La Peyrouse, en 1787, et où Dumont-d'Urville recueillit les débris de ses navires, maintenant exposés à notre musée de marine.

Pendant que parlait Mikaël pour me distraire de mes émotions violentes, j'admirais les pirogues des sauvages, construites non-seulement avec art, mais aussi avec une extrême élégance. C'étaient de vrais petits navires, propres à faire de longues traversées, et capables de contenir des vivres en abondance. La coque de chacune de ces pirogues était habilement calfatée.

Au moment où j'étais le plus attentif à observer les nuances de ces pirogues chargées d'hommes et de femmes, l'une d'elles, levant les yeux, aperçut nos ballons qui planaient lourdement. Elle nous montra du doigt en poussant un cri horrible. Aussitôt s'éleva de toutes les pirogues une clameur sauvage si affreuse que l'air en fut ébranlé. Beaucoup des hommes saisirent leurs arcs, et l'armant d'une flèche empoisonnée, nous la décochèrent, car ils nous distinguaient parfaitement. Ces flèches passèrent près de nous en sifflant ; mais aucune ne put nous atteindre. Mikaël, Naïs et Stella semblèrent même n'en avoir aucun souci.

Néanmoins Mikaël dirigea nos esquifs vers un autre point : non pas pour fuir le danger, mais pour faire voir aux sauvages, stupéfaits de notre navigation aérienne, que nous étions sans souci, et plus encore pour me montrer, dans les îles Marquises qui approchaient, la fameuse reine Pomaré et l'illustre roi Soulouque.

J'aurais à écrire des volumes rien que sur les palais, la pompe de la cour et l'entourage de ces souverains ; mais ce sera pour une autre fois ; seulement, j'eus grand bonheur à voir un navire français et bon nombre de nos soldats sur cette terre étrangère. Mon cœur se prit à battre, et j'eus des larmes aux yeux, en retrouvant là quelque chose de notre civilisation, après les horreurs dont j'avais été témoin sur ces îles de l'Australie.

Nous repassâmes bientôt encore au-dessus d'autres terres où s'accomplissaient de si exécrables crimes de sauvages cannibales altérés de sang, que la fureur m'en montait à la tête...

Aussi Naïs et Stella détournaient douloureusement le regard, pendant que s'accomplissaient ces infâmes abominations.

Mais je leur dis d'une voix attendrie :

— Espérons la transformation de ces peuples par la croix. Je vois déjà dans ces îles quelques robes noires de prêtres, et la soutane violette de missionnaires apostoliques. Dieu veille : et le sang du Sauveur ne sera pas perdu pour ces pauvres sauvages jusqu'alors assis dans les ténèbres et n'adorant que leurs fétiches.

Déjà le Nouveau-Monde, l'Amérique approchait : et par-delà ses mornes et son isthme de Panama, comme sur la mer au-dessus de laquelle nous planions, nous pouvions découvrir des navires qui, semblables à des alcyons, sillonnaient les vagues et annonçaient la civilisation et l'industrie.

Trois mâts et frégates, corvettes et bricks, steamers et goëlettes, avisos et sloops, gabarres et péniches, lougres et chaloupes, schooners et paquebots, canots et yoles, yachts et parancelles, toutes les formes, toutes les grandeurs, toutes les nations étaient représentées dans ces flottes dispersées qui cheminaient, mouillaient, apparaissaient, filaient. Leurs cheminées vomissaient la flamme; leurs voiles blanchissaient; de longs sillages labouraient la surface humide; c'était un admirable spectacle. Dans leur marche rapide, majestueuse, impétueuse, ils attestaient tous le prodigieux mouvement des nations, la soif de l'or qui les dévorait, et le besoin d'échanges et d'opérations internationales qui les agitait.

Aussi je m'extasiais à les contempler.

— Sur le chapitre de la mer, monsieur le Terrien, me dit Naïs avec curiosité, c'est à vous qui appartenez à une contrée maritime, à nous expliquer les différents usages de ces navires dont les noms sont aussi différents que les formes et les agrès. Je suis désireuse de recevoir une leçon d'un homme qui appartient au premier peuple du monde...

— Naïs, Naïs, ne le flatte pas trop! fit malicieusement Mikaël.

— Ne craignez pas, répondis-je, je suis à l'épreuve de l'orgueil. Ma science me paraît si bornée, depuis que je suis avec vous, que c'est avec peine qu'il me faut essayer de vous répondre.

— Voici le roi des navires, j'imagine? dit le Lunien en me montrant du doigt le vaisseau de ligne qui sortait des Marquises pour aller toucher à la côte de Californie.

— Oui, certes! répondis-je. C'est un vaisseau de première ligne ; il compte cent vingt canons, a trois ponts et quatre batteries.

» En France, nos navires sont classés par rang. Ceux de première grandeur ont le nombre de canons que je viens de dire.

» Ceux de second rang ont deux ponts, trois batteries et cent canons.

» Les vaisseaux de troisième rang et ceux de quatrième ont aussi deux ponts et trois batteries, mais ne portent, les premiers, que quatre-vingt-dix canons, et, les seconds, que quatre-vingts.

» Tous ces navires ont trois mâts, et rien n'est terrible comme l'évolution qu'ils opèrent pour faire vomir à tour de rôle, de chacun de ses flancs, un feu meurtrier qui jette la mort sans relâche, surtout depuis qu'on a pourvu chaque navire d'une hélice qui en accélère les mouvements déjà si prompts.

» Maintenant, ce bâtiment à mâture effilée et qui porte si haut dans les airs ses girouettes et ses flammes est une *frégate*. Sa pose légère sur l'eau, ainsi que celle du cygne qui se joue dans un bassin, son air gracieux, sa marche rapide et sa fière allure le font aimer de l'homme de mer. Elle n'a qu'une ligne de canons, car les deux files de caronades que vous voyez sur le pont ne constituent pas une seconde batterie. Mais qu'ils partent bien dans l'occasion! Ce n'est pas seulement du reste une citadelle flottante destinée à figurer en ligne de bataille, c'est aussi un officier d'état-major qui doit transmettre les ordres de l'amiral, répéter les signaux, courir partout où se montre quelque besoin, tout en jouant de ses jolis hochets de cuivre qui brillent au soleil.

— Et quel nom donnez-vous à cet autre voilier qui vient droit à nous, comme s'il nous apercevait? demanda Naïs.

— Je l'appelle *corvette*, répondis-je; elle tient le milieu entre la frégate et le brick. Elle porte de vingt à vingt-six bouches à feu. Il est difficile de rien voir de plus élégant.

» Le *brick,* et vous en voyez un qui se cabre sous le vent, là à notre gauche, et ses agrès vus sur le fond d'or des rayons du soleil, nous semble une immense toile d'araignée, est pourvu de deux mâts seulement; ils sont perpendiculaires. Mais on en ajoute un troisième incliné que l'on nomme beaupré. On pourrait presque dire que c'est un trois mâts auquel on aurait retiré son mât d'artimon.

» Le même gréement est donné à la *goëlette* ou au *schooner*, voyez là, près de cette île. Elle n'a que deux mâts non plus. A bord des bricks, chaque bas mât est surmonté d'une hune. A bord des goëlettes, les bas mâts ne sont surmontés que par des barres.

» Une des voiles principales des bricks porte le nom de *brigantine*, qui était jadis celui d'un navire à peu près de même sorte.

» Tout-à-l'heure, je comparais la frégate à un officier d'état-major portant les ordres de l'amiral; voici maintenant l'*aviso*, aide-de-camp très-léger, fort rapide dans sa marche, portant à droite, à gauche, ici et là, des avis, des dépêches.

» Souvent, dans les cas difficiles, on leur substitue de petits *lougres* qui serrent bien le vent et qui, en cas de navire en vue, n'ont qu'à tout amener, même leurs mâts, pour rester inaperçus, ou qui, même vus, pourraient nager dans le vent et braver l'ennemi.

» La *péniche*, la *chaloupe* et le *canot* ne sont, comme vous le voyez par le service qui se fait autour de ces bâtiments à l'ancre, dans cette rade, que des embarcations fort légères, d'une marche supérieure, et munies au moins de six, et quatre avirons. Souvent ces trinkadoures, comme les appellent les Espagnols, sont armées de pierriers, parfois de canons, et gréées en lougre.

» Quant à la *gabarre* et au *paquebot*, c'est tout simplement navire de charge l'un, navire de transport l'autre. Le commerce les emploie pour le fret des marchandises, et toutes ces cheminées couronnées de noires aigrettes qui assombrissent le ciel, vous révèlent celui-ci, pendant que ces mâts tronqués vous montrent celui-là.

— Bravo, cher Terrien! fit Mikaël, la leçon est complète, et Naïs peut s'engager sur l'un de ces navires transatlantiques, qui portent leurs pavillons à tous les pôles et à tous les rivages.

» A présent, réservez toute votre attention pour le monde découvert, en 1492, par Christophe Colomb, si ingratement récompensé par la cour d'Espagne, et volé par Améric-Vespuce, qui donna son nom à la contrée, honneur bien dû pourtant au pauvre Colomb!

En effet, les premières côtes de l'Amérique apparaissaient à l'horizon. Et comme nous étions placés entre le soleil et la terre, que ses rayons les plus vifs éclairaient le tableau que nous avions sous les yeux, sans qu'il y eût crépuscule ou nuit, nous ne perdions aucun détail des choses qui se montraient à nous.

Je cessais à peine d'observer les nombreuses pirogues de sauvages qui suivaient un navire quittant une île boisée, dont le rivage était teint de sang dans le voisinage de wigwams occupés par des femmes à peine couvertes de pagnes d'écorce, quand enfin je me décidai à contempler la quatrième partie du monde.

Tout d'abord je devinai l'isthme de Panama, formant le trait-d'union entre les deux Amériques. C'était une chaîne de rochers élevés, semblable à une digue immense; elle surplombait entre les deux océans comme les restes gigantesques d'un monde détruit. De l'autre côté du golfe, je devinais les Antilles, verdoyantes comme des oasis au milieu des déserts. Au nord, le sol de l'Amérique allait se perdre sous les glaces; au sud, il se terminait à la Terre-de-Feu, dont le séparait seulement le détroit de Magellan, le second Colomb de l'Amérique.

D'un côté je reconnaissais tout d'abord la baie d'Hudson, Terre-Neuve, le Labrador, le Canada, la Géorgie, la Virginie, la Louisiane, le Kentucki, les montagnes rocheuses, les lacs Ontario, Michigan, l'Illinois, Indiana, la Delaware, les Florides, le Mexique, la Californie, avec ses *placers* et son San-Francisco; de l'autre, les Guyanes, le Brésil, la Colombie, le Pérou, le Chili, la république Argentine. Mais aux magnifiques aspects du nord, à ses pics, à ses mornes, à ses fleuves, à ses prairies, je préférais encore les richesses des trois règnes de la partie méridionale. Je ne pouvais détacher mes yeux de ces monts chenus perdant leurs cimes dans les nuages, de ces forêts vierges remplies d'arbres gigantesques, peuplées de singes, de perroquets, de colibris, de ces immenses savanes, de ces pampas à perte de vue. Là, toute la nature me semblait porter le cachet de la grandeur, revêtir un caractère de majesté et des formes colossales que l'on chercherait en vain ailleurs. Je restais en extase devant le fertile plateau de *Llano del Pulsal,* élevé de huit mille sept cents pieds au-dessus du niveau de la mer, et si riche en ipécacuana, en quinquina; en face, les Cordilières, toujours couvertes de neige, m'apparaissaient avec leur sol si souvent bouleversé par d'effrayants tremblements de terre. Mikaël me racontait que celui de 1797 fut des plus terribles. Il me disait que M. de Humboldt, qui se trouvait en ce moment sur les sommets du Pichincha, à une hauteur de quatre mille six cent soixante-cinq mètres, compta dix-huit secousses en trente minutes; mais il ajoutait qu'en réalité il y en avait eu davantage encore. En effet, le sol qui est à la base des Andes me semblait presque partout crevassé par les irruptions des feux intérieurs qu'il recouvre. On y voyait des plaines brûlantes qui exhalent du soufre dont l'odeur montait jusqu'à nous, et des collines d'où s'échappaient des nuages de fumée. Je pus contempler même d'immenses volcans, dont les principaux sont au nombre de vingt-six, s'élançant de ce foyer perpétuel de combustion; seulement, au lieu de vomir de la lave et de la pierre ponce, comme notre Hécla, d'Islande, notre Vésuve, de Naples, l'Etna, de Sicile, ou le Stromboli, des îles Lipari, ils ne rejettent, eux, que de l'hydrogène sulfuré, du carbonate d'alumine, et quelquefois des masses considérables de poissons.

Naïs me disait à son tour que ces immenses montagnes qui forment l'épine dorsale des deux Amériques ont reçu ce nom d'*Andes,* du mot péruvien *antis,* cuivre, et celui de *Cordilières,* de l'espagnol *cordel,* qui veut dire coude. Je voyais, du reste, qu'elles s'étendaient depuis le cap

Froward et la pointe Saint-Isidore, qui s'avancent dans le détroit de Magellan, jusqu'à l'isthme de Panama, où elles s'abaissent tout-à-coup. Mais ce qui m'occupait le plus, vous le croirez certainement, mes jeunes amis, c'était cette terre de Californie, qui, comme un aimant attire à soi le fer, attire à elle maintenant, de toutes les parties du monde, ces aveugles insensés qu'agite et tourmente la soif de l'or. Aussi je m'écriai :

> — Auri sacra fames quid non mortalia cogis
> Pectora !

— Ah ! voici notre philosophe terrien qui jette les yeux sur ce petit coin du monde que l'on nomme Californie, dit Mikaël, et qui déplore la folle ivresse et la sotte cupidité des frères, quittant leur paisible foyer, la paix de leurs ménages et la culture de leurs champs, pour venir, sous un soleil inexorable, au milieu des meurtres, des incendies, des agonies, de la fièvre jaune, et des privations de toutes sortes, chercher un peu de ce métal, de cette poudre, de ce rien que l'on nomme de l'or !

— Oui, dis-je à mon guide, l'or, voilà le mot magique qui perd le monde ! La passion des richesses a fait bien des victimes déjà, et cependant l'homme ne veut jamais profiter des leçons que lui donnent ses devanciers. Il songe à la possession, et perd de vue sa nudité. Venu sur la terre dans la souffrance et la douleur, il oublie qu'il doit la quitter dans la pauvreté et la mort. Qu'emportera-t-il donc dans son tombeau, pour tant amasser pendant sa vie, mon Dieu ! Le vrai trésor, n'est-ce pas celui de la vertu, celui du bien fait à ses semblables, celui d'une conscience prête à paraître devant le juge suprême, que l'on aura rendu indulgent et bon en le servant avec amour ?...

» Oh ! mon cher Lunien, que votre sort...

J'allais continuer mon soliloque, lorsque soudain un cri sorti de la

Soudain sur la pointe d'un rocher parut à cheval un sauvage...

poitrine de Stella me fit porter un regard inquiet sur la jeune Lunienne.

Quelle pouvait donc être la cause de sa terreur, d'une terreur si vivement sentie par une immortelle?

Je n'eus qu'à suivre le doigt de Stella pour m'expliquer le motif de son effroi. Le regard effrayé et l'index tendu de la jeune fille nous montrait un spectacle inouï.

A l'angle d'une immense prairie, à l'horizon de laquelle ondulaient les croupes de quelques collines et que découpaient des portions de forêts, loin, bien loin des cabanes des Blancs et des wigwams des Indiens, paissaient des élans, des buffles, des chevaux sauvages. Le sol raviné laissait voir des crânes, des squelettes, des membres desséchés. Ou une bataille avait été livrée naguère en cet endroit, ou une orgie de cannibales y avait exercé ses fureurs. A quelque distance brillaient la rivière Rouge et ses affluents, dont les longs détours sur la vaste prairie verdoyante récréait le regard.

Soudain, sur la pointe d'un rocher, parut à cheval un sauvage, tatoué de vermillon, de vert et de blanc, qui fit entendre un cri si horrible, que les animaux qui broutaient s'enfuirent comme emportés par un simoun.

C'était cet Indien, en tatouage de guerre, si affreux à voir, qui venait d'effrayer Stella.

— Vingt fois déjà, de notre lune, tu as vu ces sauvages, dit Mikaël à sa fille.

— Jamais d'aussi près... répondit Stella, pâle encore; et certes! ils ne gagnent pas à être vus à si courte distance!...

Stella avait raison. Le sauvage n'était pas beau. Pour tout vêtement il portait aux pieds des mocassins. Il tenait à la main le terrible tomahawck, et à ses reins, passées dans une courroie, on voyait pendre au moins dix chevelures.

Ce devait être un grand guerrier... et je suis sûr que, dans sa tribu, on pouvait l'appeler la *Flamme-du-Désert*.

Son cri avait été entendu.

Du moindre pli de terrain, du fond d'obscurs ravins, des profondeurs des bois, des anfractuosités des roches, du centre des bocages, des brumes de l'horizon, il vint, il sortit, il se leva, il surgit une telle quantité de sauvages de toutes couleurs, de toutes tailles, de toutes formes, que je me sentis à moi-même une fièvre de terreur.

Ils étaient laids et repoussants à glacer le sang dans les veines.

Les uns, d'une peau grise et huileuse, avaient des barriolages de bleu qui entouraient leurs corps comme des serpents; les autres, rouges de cuivre, avaient des yeux blancs qui nageaient, larges et furibonds, dans des plaques de jaune qu'ils s'étaient appliqués aux pommettes des joues, pendant que sur leurs poitrines, leurs bras, leur dos, leurs cuisses, ils avaient peint des aigles, des perroquets, des vautours. D'autres, noirs comme l'ébène, mais dont la peau brillait comme un vernis, avec des yeux rouges à fleur de tête, étaient chargés d'un tatouage blanc qui les rendait hideux. Ceux-ci, teints en vert, avec des anneaux de cuivre aux membres; ceux-là peinturés de mille fantaisies violettes et grises, tous ayant à la main des zagaies, des haches, des casse-têtes, quelques-uns des carabines, hurlaient si affreusement en se réunissant au groupe principal et en vibrant leurs armes, que Naïs et Stella grelottaient.

J'aurais pu, je crois, en compter jusqu'à cinq cents, tant il en arrivait de toutes parts.

Beaucoup d'entre eux avaient les cheveux retroussés au sommet de la tête et attachés avec une crête rouge. Plusieurs aussi portaient des coiffures de plumes, des bonnets à longs poils qui les rendaient plus laids encore. Presque tous montaient de petits chevaux pleins d'ardeur et de feu; mais un grand nombre était à pied. J'en avais supposé la masse à cinq cents, en comptant le nombre des tribus qui étaient au moins de cent chaque; mais je dus estimer bientôt ce nombre à plus du double, car il en arrivait sans fin. C'étaient des Sioux, des Pawnies, des Hurons, des Iroquois, des Osages, des Chippeways, des Ioways, des Navajoès, des Oricks, des Mohicans, des Peaux-Rouges, Chesapeakes, Anakotas, Delawares et Penobscots.

Sans contredit, les plus beaux, comme forme, étaient les Osages. Ils avaient la tête nue et les cheveux coupés courts, à l'exception d'une raie sur le sommet du crâne de la tête qui produisait une sorte de cimier de casque, et d'une longue mèche à scalper qui tombait par derrière. Ils avaient aux reins un blanken, sorte de couverture de laine qui, laissant le buste et les bras nus, les faisaient ressembler à de belles statues de bronze...

Il en était aussi quelques-uns, voisins déjà de la civilisation qui les gagnait, qui avaient des chemises de chasse d'un bleu-clair, bordées de franges écarlates. Un mouchoir aux vives couleurs tourné autour de leurs tempes, et dont l'un des bouts retombait sur l'oreille, les faisait croire coiffés de turbans.

Le chef, celui que j'ai baptisé du nom de Flamme-du-Désert, à cause du vermillon qui l'enluminait, répéta son cri, et aussitôt tous les groupes de tribus devinrent plus distincts et se firent immobiles. Flamme-du-Désert, attentif jusqu'alors comme un Arabe en embuscade, se prit à faire galopper son petit cheval au centre de cette armée, et tous les chefs de tribus se réunirent autour de lui.

Il se mit alors à leur tenir un discours, certes, fort incompréhensible pour mon oreille. Mais le savant Mikaël voulut bien m'en donner la quintessence.

C'était l'approche des Européens, abattant les forêts, défrichant les terrains, envahissant les prairies, menaçant de la mort tous ces sauvages, qui réunissait toutes ces tribus jusqu'alors ennemies. Elles prenaient donc les armes pour repousser la force par la force. Le Grand-Esprit était avec elles... que pourraient donc les Blancs?

Un indescriptible enthousiasme suivit ces paroles.

— Maintenant, fit Mikaël, tournez les yeux de ce côté.

Nous suivîmes machinalement l'impulsion qui nous était donnée, et, au centre de la clairière d'une vaste forêt vierge, nous vîmes une armée d'Européens, Anglais, Français, Espagnols, Hollandais, campée encore, et se livrant aux apprêts d'un repas dont des buffles fraîchement tués allaient faire les frais. Leurs chairs grésillaient sur les charbons d'un boucan, et des sentinelles avancées protégeaient les joies champêtres de ces nouveaux flibustiers.

Soudain on vint dire au campement que les sauvages étaient proches... Le nombre des sauvages se grossissait sans fin.

Raconter l'effroyable tumulte qui suivit serait impossible. En un clin-d'œil l'armée fut sur pied, et s'avança en ordre de bataille à la rencontre des Indiens.

— Eloignons-nous vite, bien vite! s'écrièrent Naïs et Stella.

— Vous avez voulu voir la terre de près, répondit Mikaël; comme à Eve, votre curiosité sera punie.

Le Lunien achevait à peine, que la mêlée commença. Ce fut un affreux spectacle. Un moment les sauvages eurent le dessus, tant ils avaient effrayé les Européens de leurs terribles sifflements de guerre. Il fallait voir comme le tomahawck faisait merveille en leurs mains; ils brisaient les membres, les poitrines, le crâne des ennemis d'un seul coup de ce redoutable instrument. Puis, quand l'Européen, étourdi, tombait, ils le saisissaient par la chevelure, détachaient de leur ceinture un couteau aigu, faisaient une raie sanglante autour de la tête de la victime, et arrachaient, peau et cheveux, la dépouille de ce front, qui ne montrait plus qu'un crâne rouge et ruisselant de sang. Vrai! rien n'était horrible comme cette opération, que les Indiens faisaient en une seconde. Les Européens, à leur tour, immolaient, sous le feu de leurs bataillons, des masses entières de ces misérables créatures.

Mais un incident, bien imprévu, mit fin à cette boucherie, en changeant l'arène du carnage en une aire de sang et de boue humaine.

Un bruit sourd, un murmure semblable à celui de la mer dans le lointain, une agitation vague, couvrit soudain le combat. Naïs me saisit le bras. Stella me montra l'horizon.

Le ciel était voilé par une épaisse poussière qui s'élevait des prairies, et il me sembla voir tout une armée de nègres en déroute arriver en courant. C'était une marche retentissante tout aussi rapide que celle du tonnerre. Nous sûmes bientôt à quoi nous en tenir. De ce nuage de poussière je vis sortir un buffle noir énorme, et je reconnus qu'il était suivi de peut-être dix mille de ces animaux, effrayés par je ne sais quelle cause, mais fuyant, comme il arrive souvent, sous la conduite de leurs chefs, pour aller ailleurs chercher leurs pâturages. Sans s'inquiéter en rien des Européens, des sauvages et de la bataille, il passèrent ainsi qu'un ouragan, qu'une trombe, sur la scène du combat, sans que vainqueurs ou vaincus eussent songé à se mettre à l'abri autrement qu'en se jetant à terre.

Mais le dur sabot de cette horde qui arrivait de la plaine comme une avalanche vivante, qui faisait trembler la terre sous sa course furibonde, écrasa, broya, pétrit le plus grand nombre des combattants.

Ce fut un aspect horrible, indescriptible ; une affreuse, une hideuse plaine de sang, de chairs moulues, de terre rougie, comme un fleuve tracé sur le sol par une longue trainée de boue humaine et d'ossements décharnés.

Les sauvages, suivant l'instinct de leur nature, se mirent à la poursuite des buffles et durent en tuer quelques-uns, entraînés au loin dans le désert. Quant aux Européens échappés au massacre, ils retournèrent à leur banquet de la clairière.

Alors, voyant le champ de bataille désormais sans lutteurs, nous allions nous éloigner, quand nous vîmes au loin, tout au bout de l'horizon, poindre comme une étoile brillante en mouvement. Il nous suffit d'un regard pour reconnaître un casque qui réfléchissait les rayons du soleil et qui suivait les mouvements d'un cheval au galop.

C'était un des chefs des sauvages qui, s'étant affublé de la coiffure d'un cavalier français tué par lui, revenait en toute hâte sur le lieu du combat. Il était suivi d'un autre chef de Peaux-Rouges qui, de son côté, après avoir immolé quelque chef supérieur, l'avait dépouillé de son habit, et, quoique nu, s'en était revêtu fièrement, ce qui lui donnait un air des plus grotesques.

— Wagh! wagh! criaient-ils.

Ils ne trouvèrent plus les Européens dans la plaine, mais un autre genre d'ennemis; à savoir des loups blancs et des coyotes qui, attirés par l'odeur du sang, étaient arrivés en grand nombre, pour se repaître des lambeaux de chair et ronger les ossements des cadavres.

Les deux cavaliers, un Osage et un Navajoès, galoppaient ventre à terre, sur leurs magnifiques mustangs à l'arge encolure, noirs comme le charbon, aux yeux ardents, aux naseaux rouges et ouverts. C'était comme un défi qu'ils venaient jeter aux Européens. Ne les trouvant plus, ils poussèrent un terrible cri de guerre pour signaler leur présence, en arrêtant brusquement leurs coursiers qui, sous la secousse imprévue, ployèrent les jarrets soudain, la queue étalée sur le sol, la crinière hérissée, les naseaux fumants, de blancs flocons d'écume marbrant leurs poitrails et leurs épaules; les sauvages eux-mêmes, avec leur casque brillant, au cimier flottant, leur peau de bronze et leur haute et belle stature, formaient comme des statues vivantes. Il nous fut impossible de ne pas admirer ces hommes du désert. Après être restés quelques moments dans cette attitude, et avoir regardé les bois et écouté se perdre dans l'air les dernières vibrations de leur cri de guerre, ne voyant rien paraître, ils dirent un mot à leurs chevaux qui, faisant volte-face, partirent comme des flèches dans la direction suivie par le gros des sauvages.

— Mais comment ces Indiens peuvent-ils se tatouer ainsi? demandai-je à Mikaël, pendant que nos aérostats s'éloignaient de cette scène de carnage...

— A l'aide des plantes, me répondit Mikaël. Avec la pointe d'une arête de poisson, ils piquent leur peau de mille dessins bizarres qu'ils frottent ensuite du jus de certaines herbes vénéneuses qui impriment alors avec une couleur indélébile. Ces dessins sont ou des lignes en spirales, ou des figures ovales, ou des carrés, des arabesques, des échiquiers, des animaux, des serpents qui leur entourent le corps, l'image de la lune sur l'épaule, celle du soleil sur la poitrine, les objets les plus fantastiques et les plus hétérogènes. Tous ces dessins sont exécutés avec la plus grande régularité; ceux d'une joue, d'un bras, d'une jambe, correspondent exactement à ceux de l'autre; et cette bigarrure présente un aspect effrayant.

Du reste, nous n'avons pas vu que des sauvages nus et tatoués. A mon sens, les plus affreux n'étaient pas encore ceux-là, mais bien ceux qui avaient des manteaux, des caleçons, des tuniques faites de je ne sais quels débris de tissus, si étrangement agencés sur leur personne, si grotesquement attachés, qu'on ne peut se rendre compte de ce vêtement excentrique. Et puis avec cela, ces ceintures de scalps, chevelures prises à leurs ennemis, et leurs longues lances aigues, et leurs tomahawcks, et leurs flèches affilées de six à huit pieds... c'est à frémir. Je ne pouvais regarder sans terreur les chefs dont la tête était coiffée de gigantesques bonnets de plumes noires sous lesquels brillaient d'odieux visages rouges de vermillon, ou bleus de ce bleu magnifique que donne le cobalt. J'en frémis rien que d'y penser.

Nos aérostats passaient sur ces contrées du nord-ouest où sont refoulés les sauvages par les Européens envahisseurs de l'Est. Aussi les forêts vierges se montrèrent bientôt à nous. Et, comme Mikaël dirigeait nos esquifs autour du globe, de manière à ne pas avoir de nuit et à nous trouver toujours au soleil levant par chaque contrée que nous voyions, le spectacle que nous avions sous les yeux y gagnait en fraîcheur et en poésie.

Rien n'était beau comme ces grands bois que l'on nomme Forêts-Vierges. Les premiers rayons du soleil, en jaillissant sur leurs dômes et en pénétrant dans leurs épais fourrés, éveillaient sans doute les hôtes de ces immenses solitudes, car il s'y faisait par moment un tapage infernal. C'étaient comme des glapissements de singes, des miaulements de tigres, des rugissements de lions, des grognements de léopards, des sifflements de serpents, des beuglements tels, que je ne pouvais me rendre compte de quels animaux ils pouvaient provenir. Les échos des bois et des mornes qui les entouraient ou s'élevaient de leurs profondeurs renvoyaient ces sons discordants, et l'on eût dit des bandes de démons qui s'appelaient à un grandiose sabbat dans ces étranges savanes.

On voyait qu'aucun chemin ne partageait ces forêts. Des débris de végétaux, de hautes herbes, d'inextricables réseaux de lianes, d'énormes carcasses d'arbres tombés sous la foudre ou la tempête, des troncs pourris, d'effrayantes broussailles, encombraient le sol. Le palmier, le chêne, le dattier, le cocotier, le bananier, le tamarinier, le caroubier, l'acacia, l'aloës, le sésame, l'arachide et vingt autres essences de hauts arbres y étaient si touffus, que la lumière du jour et les rayons du soleil pénétraient difficilement sous ces voûtes de verdure. De l'humus qui recouvrait la terre, il montait jusqu'à nous d'énervents parfums de fleurs tropicales qui en saturaient l'air étouffé. Tantôt le plumage étincelant des aras, des colibris, des périques nous apparaissait sur les branches, becquetant des insectes aux ailes d'or; tantôt la robe fauve de guenons ou de ouistitis se laissait voir, concassant les baies aromatiques de caroubiers.

Nous voguâmes long-temps ainsi sur le dôme de ces admirables bois que n'avait pas encore entamés la hache de l'homme, et qui semblaient sortir de la main de Dieu comme au jour de la création. Enfin, nous en vîmes l'extrémité qui nous fut signalée par une légère colonne de fumée qui montait bleuâtre vers le ciel, s'échappant d'une délicieuse clairière à l'entrée de ces grandes forêts.

— Carbets et wigwams de sauvages!... me dit Mikaël.

En effet, nous nous trouvions en ce moment au-dessus d'une tribu d'Anakotas, dont le village, composé de huttes de bois et de terre, étaient recouvertes de couches de roseaux et de larges feuilles placées en forme de toit. Un grand carré était formé par ces huttes, et, au centre, une cabane beaucoup plus vaste, dominait toutes les autres. Devant les portes basses des carbets de ces enfants de la nature, des femmes, fort peu voilées, et à peine ceintes d'un pagne, allaitaient leurs nouveaux-nés. Plusieurs d'entre elles avaient toutes les grâces de la jeunesse. D'autres, flétries par le temps, étaient repoussantes à voir. Bon nombre de petits sauvages jouaient sur les pelouses autour du grand wigwam, qui n'était autre que le lieu de réunion des caciques, des chefs et des principaux de la tribu. A l'entrée, nous aperçûmes quelques vieillards accroupis sur le sable, et fumant leur calumet. D'autres Anakotas, plus jeunes, travaillaient dans une sorte de jardin où je vis réunis les plantes légumineuses et les plus beaux fruits que rêve l'imagination. Une troupe des guerriers de la tribu revenait de la chasse, lorsque nous passions au-dessus des carbets. Ils étaient à cheval avec leurs armes de chasse. Mais des quartiers de buffalos pendaient, saignants, à l'arçon de leurs selles. Nous entendons le bruit de leurs tomahawcs sur le fer de leurs lances; nous distinguons facilement les peintures dont sont ornés leurs visages et leurs poitrines; et, lorsqu'ils arrivent au village, avant de rentrer dans leurs wigwams, nous les voyons planter en terre des pieux, y placer des cordes d'écorces, et pendre ces chairs de buffalos pour les sécher au soleil et les conserver. D'autres portions sont livrées aux femmes qui allument des feux au-dehors, et font rôtir les parties les plus délicates de l'animal. La viande saignante se crépite à la flamme sur des broches de bois; les Indiennes placent sous la cendre des noix de piñon; et, pendant que les chasseurs laissent leurs mustangs aller paître l'herbe de la clairière, et fument leurs pipes de terre durcie, le repas se prépare.

Nos aérostats ne nous permettent pas d'en voir plus et s'éloignent.

— Voici ces Anakotas en guerre avec les Apachès! me dit Mikaël. Je viens de l'entendre dire à ce vieux sauvage qui dirigeait la bande des chasseurs.

— Tant pis! m'écriai-je, car je ne désire plus assister à leurs batailles; j'ai assez de celle de tout-à-l'heure...

— Regarde au moins comme s'y prennent ces habiles espions, pour éventer leurs ennemis... fit Mikaël.

En effet, les chasseurs, ayant été attaqués sans doute par les Apachès, avaient parlé de la nécessité de se défendre, tout en rentrant dans leurs wigwams; aussi toute la tribu se mit sur pied. Les vieillards entrèrent en conseil; les plus jeunes s'élancèrent au-dehors vers les tribus voisines, leur donner le signal d'alarme. Mais en même temps, les plus légers d'entre eux, n'ayant pour tout vêtement que des mocassins aux pieds, s'éloignèrent à un assez long rayon dans la direction des ennemis; et, une fois qu'ils se crurent voisins du campement des sauvages, qui, sans doute, disputaient avec eux sur leur territoire de chasse, semblables à des serpents, ils s'enfoncèrent dans des halliers pour observer la plaine et veiller, en vedettes vigilantes, sur le moindre mouvement de leurs adversaires.

Nous les perdîmes bientôt de vue.

Mikaël me signalait alors le Mexique, l'ancien empire de Montézuma, l'ancien théâtre de la sanglante rapacité des Espagnols au xve siècle, la terre de l'or enfin.

Une contrée de montagnes mornes, arides et mal arrosées par une rivière, passait sous nous en ce moment. Le courant de cet *arroyo*, rivière, s'était frayé son chemin à travers ces montagnes en y creusant comme des falaises, et il roulait ses flots dans un lit presqu'inaccessible.

Etait-ce donc là une de ces rivières qui donnent l'or ?

Je le demandai à Mikaël, qui me répondit :

— L'occasion est belle, mon cher. Si tu veux t'enrichir, descends. Seulement, nous n'aurons pas la complaisance d'attendre que tu aies fait fortune. Faut-il te laisser là ?

— Gardez-vous en bien ! m'écriai-je.

Bientôt de chaque côté de notre horizon, se dressèrent d'autres montagnes, s'élevant rapidement à partir de la plaine, et affectant des formes fantastiques qui me ravissaient. Nous dominions d'énormes rochers à pic formant d'effrayants abîmes, et nous découvrions des plateaux silencieux et desséchés.

Soudain, au loin vers le nord, aussi loin que ma vue mortelle pouvait s'étendre, une masse brillante, dont la roche avait l'apparence, l'éclat et la couleur de l'or, réfléchissait les rayons du soleil. La réverbération de ses feux sur cette montagne d'or m'éblouissait. Je fus pris de vertige.

— De l'or ! de l'or ! m'écriai-je.

— Ce ne sont que feuilles de mica et sélénite transparente, me dit Stella. Voilà bien l'homme ! il se laisse toujours prendre par des dehors trompeurs.

— Voici qui vous dédommagera ! fit Naïs, en étendant le doigt indicateur vers une plaine et des lacs, au milieu desquels je voyais une ville.

Un magnifique panorama se déroulait en effet devant moi. Une surface immense de verdure, dont le plan n'était coupé ni de buissons, ni de haies, ni de collines, se perdait à des distances infinies. Sur différents points de cette nappe d'émeraudes, scintillaient les feuilles d'argent de lacs endormis. Et, entre les émeraudes et les feuilles d'argent, se dressait, au centre, une ville sans rivale. A l'entour, au loin, très au loin, se dessinait la bordure de merveilleuses montagnes aux croupes dentelées. C'étaient d'énormes môles de granit amoncelés, dominés par des pics de formes étranges.

Mes yeux s'arrêtèrent sur la ville avec une vive curiosité. Je distinguais le profil des maisons, bien qu'éloignées encore. Elles avaient des toits en terrasse. A certains endroits, de hauts temples les dominaient. Des canaux entrecoupaient le sol. Des groupes de cygnes sauvages, de hérons ou de grues bleues nageaient sur les lacs qui l'entouraient ou plongeaient dans leurs eaux. Les dômes réfléchissaient des teintes d'ambre, et la beauté de l'éther embrasé rendait imposant ce féerique et grandiose spectacle.

—Mexico! me dit enfin Mikaël, que j'oubliais d'interroger, tant j'étais plongé dans l'extase.

— Mexico! balbutiai-je, sans perdre un regard.

Bientôt après nous passions sur la ville, et je contemplais à l'aise ses maisons, bâties uniformément en pierres de taille, hautes de deux à trois étages, peintes en blanc, en rouge, en vert, ornées de versets empruntés à la Bible ou de carreaux de porcelaine formant des dessins mauresques. Les toits, plats, étaient carrelés en briques et décorés d'arbustes et de fleurs.

— Voici la Plaza-Mayor... me dit Naïs. C'est une suite de palais, hôtel des monnaies, caserne générale, ministères, chambres, résidence du président, et enfin la cathédrale.

» Au nord, près des faubourgs, ne dédaignez pas cette promenade de l'Alaméda... mon bon Terrien. Vous n'en avez pas une comme cela dans votre Paris. Vois comme ces huit allées figurent une étoile dont le centre est décoré d'un superbe bassin à jet d'eau.

—Eh! mon Dieu! fit Mikaël, on voit bien que nous sommes chez un peuple d'origine espagnole... Voici que dans cette plaine voisine de l'Alaméda, toute une multitude s'assemble pour un grand spectacle... Ce doit être des combats de taureau... Précisément. Mexico partage les goûts de Madrid, sa mère-patrie. Nous arrivons bien à point. Seulement pour vous, Français, cette mêlée de tout-à-l'heure va révolter vos nerfs...

— Silence, Messieurs, le spectacle commence, dit Stella. Fort heureusement les yeux des Mexicains sont tout à la terre, et ne se portent pas en ce moment vers les cieux.

— Laisse-moi seulement dire à notre Parisien, continua Mikaël, que l'arrivée des taureaux a eu lieu dès hier, et ce qu'on appelle l'*encierro* a déjà été une fête pour le peuple, tellement avide de ces combats, que le moindre village d'Espagne a sa *Plaza-Mayor* à ce destinée. Quand ils arrivent ainsi, les taureaux sont précédés des *cabestros*, dirigés eux-mêmes par des *picadores* armés de lances appelées *garoches*. Des amateurs, brillamment montés, voltigent sur les flancs du cortége; les fenêtres sont garnies de spectateurs, et l'air retentit de brillants *viva !* Alors on les fait entrer dans des niches taillées dans le cirque, et ces niches se ferment au moyen d'une porte à coulisse.

— Mais, demandai-je, quelle est cette petite cellule dans laquelle s'élève un prie-dieu à côté d'un lit, et où je vois un religieux et un...

— Médecin? Dam! tu conçois qu'il y a des dangers... à courir pour les hommes... dans cette lutte... et il faut être en mesure de leur donner les soins de l'âme...

— Et ceux du corps... Je comprends.

— Il n'y a encore dans l'enceinte que des gens du peuple, et on lâche déjà un taureau? demanda Stella.

— Oui, répondit Mikaël, c'est le taureau de valde, de faveur, si tu veux. C'est la préface du drame; une galanterie faite au peuple, qui ne peut payer.

— En effet, le taureau est tué, et voici qu'on fait sortir cette foule misérable, dis-je. Mais voici les riches, les grands, les seigneurs, les gens de cour, le président, Dieu me pardonne! qui entrent à leur tour et remplissent les splendides tribunes.

— La musique joue. Attention! fit Naïs.

En effet, un officier de la ville, armé d'un bâton, suivi de quelques alguazils, entrait dans l'arène et vint saluer le président. Puis, prenant les ordres du maître des cérémonies, qui lui jeta, toute garnie de rubans, la clef des niches, un exempt la ramassa. Aussitôt parurent quatre picadores, montés sur des chevaux de peu de valeur, car ils étaient voués à une mort certaine. Les pauvres bêtes avaient les yeux bandés. Les picadores, ayant des pantalons de peau de chamois doublés de tôle, un gilet de drap d'or, une petite veste de soie lustrée, couverte de tresses, de paillettes et de franges, saluèrent à leur tour. Un vaste chapeau blanc, autour duquel voltige un ruban, couvrait leurs têtes. Leur garoche, longue de dix-huit pieds, flexible, était armée d'une boule de cuivre du centre de laquelle sortait une pointe de six lignes.

Les fanfares sonnèrent à leur entrée; mais elles sonnèrent mieux encore quand les *chulos*, couverts du riche et élégant costume de Figaro, parurent dans l'enceinte. Ils tenaient à la main une longue écharpe de soie roulée de la couleur la plus éclatante, rouge, jaune ou bleu de ciel. Après avoir salué lestement, ils se retirèrent par les ouvertures de la barauda ou grille de bois.

C'est alors qu'entrèrent les *matadores*, vêtus non moins élégamment, en bas de soie, l'épée nue d'une main, et, de l'autre, la *muleta*, espèce de petite béquille de trente pouces de long qui portait un petit drapeau. Ils saluèrent aussi et se retirèrent.

Les picadores seuls restaient dans l'arène.

Soudain les trompettes retentirent, et un taureau s'échappa, mugissant.

Alors, effrayé à l'aspect de cette multitude qui salue son entrée par des cris de joie, l'animal se jette sur le premier picador qu'il rencontre. Celui-ci le reçoit avec sa garoche, dont la pointe frappe l'omoplate, selon la règle. Excité par cette piqûre, le taureau s'élance de rechef sur d'autres picadores. Chaque nouvelle blessure anime sa rage. Malheur au cavalier mal aguerri! malheur à celui dont la garoche se brise! Son coursier est aussitôt renversé, percé de coups de corne. Horreur! j'en vis deux ainsi perforés galopper encore, malgré ces atroces blessures, et fouler aux pieds les débris de leurs intestins.

Un des picadores lui-même allait être victime de la rage du taureau. Déjà l'animal, la queue droite, l'œil en feu, arrivait sur lui, prompt comme la foudre, lorsque subitement parut un chulos qui lança à la tête du taureau les petites pièces de soie qu'il tenait roulées dans ses mains. Aussitôt l'animal tourna sa fureur contre ces nouveaux ennemis; mais dès que le picador démonté fut hors de danger, le chulos s'éloigna, et de rechef la bête se rua sur les picadores.

Le taureau tua de la sorte huit à dix chevaux. L'arène était ensanglantée. Des cadavres, s'agitant, éventrés, hennissant le râle de la mort, déshonoraient l'enceinte. Des chulos alors arrivèrent pour combattre à leur tour; mais en leur lançant les *banderillas*, petits bâtons longs de deux pieds, armés d'un clou acéré, recourbé en hameçon. Un de ces chulos, selon la règle encore, les planta sur le garrot de la victime, en se présentant de face et en passant le bras entre les deux cornes. S'il eût manqué son coup, il eût eu la poitrine ouverte et eût été lancé à vingt pieds en l'air, accident qui ravit d'ordinaire les spectateurs. Excellentes gens!

Rendu furieux par la douleur que causaient ces banderillas, surmontés de petits drapeaux et garnis de pétards qui s'enflamment, le taureau se trouva face à face avec le matador. Celui-ci devait mettre fin à la lutte. Assisté d'un quadrille de chulos, l'épée d'une main, la muleta déployée de l'autre, il alla droit à l'animal. Croyant atteindre son ennemi, le taureau observait avec anxiété chaque mouvement de la muleta; aussi se jeta-t-il sur le taffetas. Mais la muleta disparut; l'animal passa sous le bras gauche du matador, qui, de la main droite, lui plongea le glaive dans le garrot, de manière à diviser la moelle allongée en s'insinuant entre deux vertèbres, toujours selon la règle.

Aventures. 15

Le taureau tomba sans mouvement, comme une masse.

Le vainqueur n'abandonna pas le glaive qu'il tira de la plaie, et salua sur place l'assemblée avec le fer ensanglanté.

Aussitôt des acclamations s'élevèrent de toutes parts. Les dames jetèrent des fleurs, des bonbons à l'heureux matador, et les riches y joignirent une pluie d'or.

Vous dirai-je que cet affreux spectacle se renouvela jusqu'à sept fois; que quarante-deux chevaux périrent; qu'un chulos et deux picadores furent horriblement mutilés; qu'un matador, pour avoir blessé le taureau sans le tuer, fut accablé d'injures et faillit être maltraité par la foule en rumeur; que les taureaux égorgés étaient enlevés au moyen d'un attelage de mules richement caparaçonnées, ainsi que les pauvres chevaux; que l'on n'entendait que ces cris :

— Bravo toro!

— Viva flor de las espadas!

Oh! oui, vive la fleur des épées, mais quand la vie des créatures de Dieu est exposée pour de meilleures causes que des plaisirs qui rendent les générations farouches et cruelles!

— De grâce, éloignons-nous de ces lieux! dis-je à Mikaël. J'ai le cœur trop blessé par la vue de tout ce sang...

— D'ailleurs nous avons autre chose à voir, répondit Mikaël, et il faut que je te dise, à toi qui me sembles fort en archéologie, et qui me parais un antiquaire de mérite, que cette riche capitale est bâtie sur les ruines de l'antique Tenochtitlan.

» Où se dresse la cathédrale, dont la balustrade qui entoure l'autel est d'argent massif, dont la lampe, d'argent aussi, est si vaste, que trois hommes entrent dedans pour la nettoyer, dont les nombreuses statues sont d'or et recouvertes de pierres précieuses; où se dresse la cathédrale, dis-je, était le sanctuaire de Tezcatlipoca, le premier des dieux Aztèques, après Théotl, l'Etre suprême, toutefois. Cinq mille personnes étaient attachées au service de ce temple, et il était environné de trente-neuf autres temples. Les têtes de tous les êtres humains immolés en l'honneur des divinités mexicaines décoraient ses murailles. En outre, Montézuma avait son palais comptant plus de mille salles, et la plus grande contenait trois mille personnes.

» Cortès, l'Espagnol Cortès a détruit tout cela !...

— Et c'est ainsi, ajouta Stella, que la terre est le séjour de la mutation, du désordre, de la haine, des guerres et des douleurs.

Cependant nos aérostats naviguaient toujours, nous portant vers des horizons infinis comme les cieux.

C'étaient les prairies.

Mais que d'aspects offraient ces prairies! D'abord, aussi loin que l'œil pouvait s'étendre, on apercevait des fleurs, rien que des fleurs. C'était comme un parterre sans interruption : ni arbre, ni monticule, ni colline ne venaient en rompre la ligne. Les douces brises de ces chauds climats les caressaient de leur souffle embaumé. A l'entour voltigeaient les oiseaux-mouches, autres fleurs vivantes, brillant comme des rayons perdus de soleil, s'asseyant au banquet de leurs pures corolles, s'agitant auprès de leurs pistils, et s'endormant au fond de leurs calices.

Puis aux fleurs succédaient les herbages, pelouses incommensurables, prés verts comme l'émeraude, surfaces rasées par le vent de la plaine, ondulant comme la soie, et toutes tachées d'ombres et de lumière, selon le mouvement des nuages du firmament. Rien qui arrête l'œil dans sa fuite égarée; rien qui blesse le pied sur ces moelleux tapis, qui s'étendent l'espace de deux cents à trois cents lieues d'une région à l'autre; rien qui s'oppose à la course de l'homme, ou de la vigogne et de l'antilope, si ce n'est peut-être l'incendie de cette herbe quand le soleil l'a desséchée, et qu'une main imprudente y porte la torche sur un point ou sur un autre, ainsi qu'il arrive quand les sauvages y poursuivent l'Européen qui veut éviter leur vengeance, ou l'Européen, lorsqu'il veut éloigner le sauvage des métairies et des maisons que dresse la civilisation, vers l'est.

Mais la scène change encore. Voici que le sol cesse d'être uni; au contraire, il ondule comme les dernières vagues de la marée expirante; et ces plis de terrain rappellent les flots de l'océan après une tempête.

Alors vient la verdure des bosquets; alors viennent les taillis; alors apparaissent les futaies. Le feuillage est varié; ses teintes sont vives et ses contours doux et charmants. On croit arriver aux savanes habitées, aux pampas des colons; il n'en est rien. La solitude règne toujours au loin : ni fermes, ni châteaux, ni villages, ni villes; mais encore les carbets et les wigwams du sauvage. Le vent du désert souffle à travers ces arbres; et si quelqu'harmonie vient en détruire les accords monotones, ce sont les chants du pivert, le roucoulement des colombes, les cris de l'écureuil, le rire de l'oiseau-moqueur, et le rauque vagissement du perroquet.

Mais dans ces montagnes naissantes qui approchent, voici des lacs, des rivières, des cataractes. Ciel! que c'est admirable!

— Oui, c'est admirable, n'est-ce pas? me dit Stella, qui devine ma pensée à l'expression de ma physionomie.

» Du lac Erié, d'où il s'échappe pour se jeter dans le lac Ontario, descend soudain, sur un lit de rochers, le fleuve du Saint-Laurent. Le saut qu'il fait n'a pas moins de cent quarante-quatre pieds. On le nomme cataracte du Niagara!

— Voilà donc ce fameux Niagara! m'écriai-je.

— C'est moins un fleuve qu'une mer, continue Stella, et une mer dont les torrents se pressent à la bouche béante d'un gouffre. Un énorme bloc de rochers divise la cataracte en deux branches, à sa chute. Entre ces deux courants se trouve une île creusée en dessous, et cette île pend avec tous ses arbres sur le chaos des ondes. La masse de l'eau qui se précipite s'arrondit en forme de gigantesque cylindre, se déroule en nappe blanche; et miroite au soleil de toutes les couleurs du prisme. L'autre masse descend dans une ombre effrayante. Mille lueurs se courbent et se croisent sur l'abîme, frappant le roc ébranlé. L'eau rejaillit en tourbillons d'écume qui s'élèvent au-dessus des bois comme la fumée d'un vaste embrasement. Des pins, des arbres sauvages, d'énormes rochers décorent cette scène grandiose. Des oiseaux à l'envergure merveilleuse, entraînés par l'agitation de l'air, tournoient au-dessus du gouffre; et des singes, habitués à cette scène magique, s'attachent par leurs queues flexibles aux branches qui surmontent la terrible et foudroyante cataracte.

J'étais interdit de ce que je voyais; j'aurais voulu rester encore et contempler; mais déjà nos ballons nous entraînaient sur la Nouvelle-Bretagne, où l'Angleterre a établi sa domination, les Etats de l'Union, les Natchez, les Florides, et toutes ces contrées d'où s'élevaient, pour moi, les cris étouffés d'une douleur horrible,

Celle de l'esclavage!

Certes, les défrichements offraient un curieux mélange de l'état de nature et de l'état de civilisation; car, dans un coin de bois qui n'avait jamais retenti que des cris des sauvages et des hurlements de la bête fauve, je voyais des terres en culture naissante, des métairies presqu'à côté des wigwams; j'apercevais le carbet de l'Indien à côté de la ferme du planteur; à côté du désert, j'admirais la richesse du sol dans ses plants de cannes à sucre, vrais trésors de leurs propriétaires... Mais aussi, lorsque mes yeux s'abaissaient sur ces noirs troupeaux de nègres, enlevés à leur patrie par la sanguinaire cupidité des blancs, pour les forcer à les enrichir de leurs sueurs sous le fouet d'un inflexible commandeur, je frémissais d'une sourde indignation.

— Et de quel droit les blancs font-ils les nègres esclaves? m'écriai-je dans mon soliloque intérieur.

— Dieu jugera! fit Naïs en levant ses beaux yeux au ciel, pendant que Stella se voilait le visage.

Horribles scènes de tyrannie, de misère et de cruauté dont j'étais témoin alors, je ne vous décrirai pas. Mais que de muets chagrins, et que d'ineffables souffrances dans ces pauvres esclaves que j'avais là, sous le regard, au Canada, au Kentucki, et ailleurs! Oh! oui, la nécessité d'une autre vie, qui rendra à chacun selon ses œuvres, m'est démontrée par cela seul que la terre est témoin de la monstruosité que l'on nomme l'ESCLAVAGE DES NÈGRES!...

Heureusement l'horizon nous apportait les beaux et grands fleuves de l'est, leurs villes, découpées en damier par les rues droites et alignées qui les forment, leurs plaines industrieuses, leurs actives usines, tout le mouvement et la vie de jeunes cités pleines d'espérance et d'avenir.

Bientôt il nous apporta tour à tour les Etats de l'Union et les Antilles; puis les Guyanes malfaisantes; le pays et le beau fleuve des Amazones, de douze cents lieues de longueur, où l'on trouve des pyramides semblables à celles de l'Egypte, ce qui fait supposer que l'usage des pyramides n'était autre que d'avoir du feu, pendant la nuit, sur leur plateforme, pour éclairer les navigateurs; le Brésil et le Paraguay, et enfin le Pérou, avec Lima, sa capitale.

Elle m'apparaissait placée dans une magnifique vallée des Andes, environnée de somptueuses maisons de campagne, de jardins et de vergers. Grande ville, plus étroite que Mexico, cependant; elle offrait l'image d'un triangle, entourée d'une muraille en briques, flanquée de trente-quatre bastions, et percée de sept portes.

Mais rien n'était beau, surtout, comme ses abords du côté de la mer. Vaste faubourg, promenades délicieuses, cathédrale avec hautes tours, magnifique fontaine en bronze, avec une renommée jetant l'eau par sa trompette, et dix-huit lions qui la font jaillir par leurs gueules, églises bien plus riches encore que celles du Mexique, cages en argent pleines d'oiseaux suspendues sous les voûtes, usage étrange! tout y est grand, beau, bizarre et magnifique. Et avec cela quel climat et quel ciel!

— Lima n'est que la capitale moderne, me dit Mikaël; mais Cusco, l'antique séjour d'Atahnalpa, le riche Incas des Péruviens, la cité d'une haute civilisation, attestée par le temple du Soleil, les quipos qui leur servait d'écriture, le calendrier péruvien, les routes et chaussées de cinq cents lieues qui traversaient les montagnes et comblaient les vallées, et mille autres choses.

— Quel était donc ce temple du Soleil? demandai-je à mes guides. Je l'ai vu dans votre album merveilleux; mais rafraîchissez-m'en le souvenir.

— C'était là, fit Naïs, très-empressée de me répondre, et lorsque nous arrivions sur Cusco, dans un site splendide et tout rutilant des feux du soleil, c'était là, où vous voyez un monastère, celui de Saint-Dominique, que se trouvait ce temple merveilleux. Ses quatre murailles étaient couvertes de tablettes de l'or le plus pur. Sur un grand autel on voyait, rayonnant d'un mur à l'autre, un énorme soleil également d'or et d'un seul bloc, avec une infinité de flammes toutes d'or. A l'entour du temple régnait un cloître à quatre faces, sur lequel se festonnaient d'énormes astragales d'or de plus d'un mètre de largeur. Des pavillons, avec des toits en pyramides, s'adossaient à cette attique, de distance en distance. La lune, femme du soleil, avait l'un de ces pavillons dont les portes et les murs étaient revêtus de lames d'argent. La lune, en argent, avait un visage de femme. Les autres pavillons appartenaient aux étoiles, filles du soleil et de la lune. L'un d'eux servait de séjour aux prêtres, qui, tous, étaient de la famille des Incas. Les vierges consacrées au culte étaient renfermées dans un monastère éloigné du temple. Je vous avoue que sous ces voûtes on offrait d'horribles sacrifices à M. le soleil et à madame la lune. Mais encore, ce bon peuple des Péruviens, n'ayant pour vêtements qu'une très-courte jupe d'étoffe semée d'or et d'argent sur bleu et sur rouge, coiffé de ces bonnets élégants formés d'un large cercle d'or, surmontés de longues plumes droites de toutes couleurs, était bien libre de ses actions et de son bonheur.

» Or, les infâmes Espagnols, sous la conduite de Pizarre et de Cortès, vinrent débarquer, peu après la découverte de l'Amérique, dans le voisinage de Cusco. Jugez de leur avidité à la vue de tout cet or, de l'or des palais, de l'or des maisons, de l'or de la ville. Ils attaquèrent Cusco ; ils tuèrent les habitants ; ils tuèrent les vierges ; ils tuèrent les prêtres ; ils tuèrent les Incas. Ils s'emparèrent de tout le vaste empire d'Atahnalpa, et allèrent à Caxamarca, où dans ce moment était sa résidence, là où nos aérostats nous portent, et y assassinèrent toute la famille du malheureux Incas. Seulement, ils enfermèrent Atahnalpa dans une chambre fort vaste, où ils lui faisaient endurer les plus cruels supplices pour le forcer à leur découvrir où se trouvaient ses trésors. Voici cette chambre, dans ces ruines, regarde. Ne voyez-vous pas à la muraille une raie faite avec un couteau ? Cette marque fut faite par Atahnalpa lui-même, promettant d'amonceler à ce point l'or et l'argent de sa rançon...

— Eh bien ? c'étaient des milliards qu'il offrait ! dis-je.

— La rapacité des Espagnols n'était pas saturée... Ils l'égorgèrent sur cette pierre, là, au centre de cette chapelle...

— Horreur ! fit Stella...

— Plus loin, voici les ruines d'une autre ville péruvienne. Quelques débris de maisons sont encore debout autour du monticule. Mais que d'autres ruines encore... C'en fut fait de l'empire du Pérou, et l'Espagne régna sur des décombres...

— Un des cent mille drames de la terre ! balbutia Mikaël.

Pour nous remettre de ces émotions, la terre nous montrait les cités brillantes d'or et de pierreries d'autres contrées, et leurs mornes fleuris et leurs riantes solitudes ;

Les quarante-neuf bouches de l'Orénoque ;

La Plata et sa rivière aux paillettes d'argent ;

Rio-Janeiro, avec son incomparable baie ;

Campêche et ses bois...

Et je me disais :

— Que Dieu est grand! Aussi que le péché fut terrible, puisqu'il a couvert la terre, son chef-d'œuvre! de tant de misères, de vicissitudes et de douleurs!...

VII.

Les grandeurs de Dieu. — Trombe marine. — Trombe terrestre. — Feu Saint-Elme. — Tonnerre et Feux-Follets. — Aurores boréales. — Aimant des pôles. — Incendie en mer. — Naufrage. — Vents alisés. — Moussons. — Mirage — Arc-en-ciel. — Afrique. — Les ruines d'un colosse. — Atlas et Sahara. — Trois races d'hommes. — Vues du déserts. — Forêts vierges de l'équateur. — Les peuples des Tropiques. — Scènes cruelles du Soudan. — Les jeunes filles sanglantes. — Les divers genres de supplice des hommes. — La traite des noirs. — D'où vient la couleur des nègres. — Cafres et Hottentots. — La ville du Cap. — Les côtes de l'Est. — Montagnes de la lune. — Ce qu'on voit dans le centre de l'Afrique. — L'Egypte. — Ruines et souvenirs. — Prodiges de l'architecture. — Chutes des mondes.

Enfin, voici venir la mer qui baigne les rivages de la France !

> Oh ! comme elle bondit d'un plus fougueux élan
> Vers des rochers chéris, vers ma douce patrie,
> Où ma mère m'attend, et... en attendant... prie !

Mais je ne vais pas encore la revoir. Ne me reste-t-il pas l'Afrique, un des mondes inconnus, à parcourir ? Donc nous traversons l'Atlantique.

Là aussi, là, plus qu'ailleurs encore, nous retrouvons les flottes éparses, qui vont et qui viennent, sous toutes longitudes, sous toutes latitudes, et se croisent, et se coupent, et se hêlent, et se saluent de la voix ou du canon.

Oui, Dieu est grand sur terre, mais il est encore plus grand sur mer ! L'océan, calme et verdâtre, agite ses flots avec une molle cadence. Dès le lever de l'aube, un vent léger dissipe le manteau de brume qui couvre l'horizon ; puis, comme pour saluer l'astre annonçant sa marche triomphale, les vagues commencent à se dresser fières et écumeuses. Elles battent les flancs du navire de coups secs et mats ; et quand l'astre paraît, ses feux se trouvent répétés par les mille facettes des flots, dont ils dorent la crête et les panaches. Mais le soir, c'est bien un autre spectacle ! Que le soir est beau sur mer, quand les dernières lueurs du jour saluent le vaisseau et laissent se dessiner sur le rideau de pourpre de l'occident, comme une gigantesque toile d'araignée, toutes les parties du navire : mâts, cordages, et jusqu'au moindres agrès. Qu'il est beau le soir, quand, sur cette mer sans limites et sans bornes, on voit se lever, une à une, scintiller, briller et se répéter dans le miroir des eaux, les belles constellations des cieux. Qu'elle est belle la nuit, lorsqu'au crépuscule, pendant que s'éteint le flambeau du jour jusqu'à l'instant où percent les étoiles, on voit le sillage de sa carène resplendir d'étincelles phosphorescentes, et des milliers de poissons lumineux argenter au loin les lames, la couvrir comme d'une armure d'acier qui éblouit et jette des feux répétés !

Et encore, comme la puissance de Dieu se montre quand il couvre la mer de son souffle irrité ! L'océan rugit alors comme un tigre que la flèche vient d'atteindre ; il se dresse comme les Titans voulant escalader les cieux. Mais, à la voix du maître qui commande, il se couche comme l'esclave dompté. Sous les coups de la tempête, il pleure et gémit ; ses soupirs et ses plaintes se mêlent aux foudres qui tonnent ; de ses vagues il poursuit l'éclair, et voudrait éteindre dans ses flancs la nue qui flamboie. Oui, le Seigneur préside à l'ouragan, et, comme on ferait d'un coursier fougueux, c'est sa main qui dirige la tempête. Qu'il parle, et soudain l'océan reprendra le calme, étouffera ses cris, essuiera son écume, et bientôt, comme le fer d'un bouclier poli sous le souffle du vent, il répètera sur ses eaux les splendeurs étoilées du firmament.

— Oui, le Seigneur est grand sur terre, fit Mikaël, comme répondant à mes pensées; mais il est sublime, mais il est terrible sur les profondeurs de l'océan! et j'en veux pour preuve nouvelle cette tempête qui se forme. En voici le précurseur infaillible, ajoute-t-il. Regarde cette trombe, là-bas, à notre droite... Elle se compose d'une colonne d'air verticale, atteignant par son extrémité inférieure la mer, et par le haut un sombre nuage; elle se meut tantôt avec lenteur, tantôt avec la vitesse de l'ouragan; elle tourne sur elle-même avec une prodigieuse rapidité, en soulevant les eaux de la mer. Les trombes marines, plus terribles que les trombes terrestres, causées par des vents contraires et des courants électriques, peuvent faire chavirer et engloutir des vaisseaux.

— O mon Dieu! que signifient donc ces petites flammes que je vois voltiger sur les cordages et les agrès de cet énorme navire qui passe au-dessous de nous? dis-je sans réflexion.

— Ces aigrettes se nomment le feu Saint-Elme, répondit le Lunien; elles sont produites par l'abondance de l'électricité dans l'atmosphère, quand le ciel est à l'orage, comme à présent. Car, voyez, le bleu du firmament est caché par de gros nuages roux et noirs, et déjà le tonnerre a parlé..

— Et le tonnerre lui-même, qu'est-ce? demanda Naïs.

— L'évaporation de l'eau, toutes les fois qu'elle n'est pas pure, dit Mikaël, développe de l'électricité. La combinaison des gaz en produit également. Il faut que l'atmosphère restitue en masse le fluide électrique dont elle est chargée, et cette restitution a lieu par les éclairs et le tonnerre. Les nuages, une fois électrisés, plus ou moins isolés par l'interposition de l'air, manifestent des effets d'attraction et de répulsion, et se déchargent par des explosions, tantôt sur les nuages voisins, tantôt, mais plus rarement, sur la terre. L'étincelle électrique, la flamme qui accompagne l'explosion, c'est l'éclair; l'explosion même, c'est le tonnerre.

— Mais ces feux qui, le soir, voltigent sur les marécages, et qui se livrent à de folles danses, comme si on les poursuivait et qu'ils voulussent échapper, ou bien encore qui ont l'air de faire des signaux et d'appeler le voyageur égaré, ne sont-ils pas aussi l'effet de gaz? fit Stella. Nous n'avons rien de pareil dans la lune, de là vient mon incertitude, ajouta-t-elle, comme pour s'excuser.

— Ce sont les feux-follets : le gaz hydrogène leur donne origine, dit Mikaël en riant. Ces flammettes, légères et capricieuses, d'une excessive mobilité, rasent presque toujours le limbe de la terre. Elles se plaisent sur les anciens champs de bataille, dans les cimetières, au pied des gibets, dans les fondrières. Elles aiment les lieux sinistres, parce que ces lieux sont généralement humides. Leurs retraites de prédilection sont les marais, dont la perfide verdure, au moment du crépuscule, simule une prairie aux yeux de l'homme attardé. C'est dans l'été et dans l'automne qu'elles se montrent plus volontiers. Quand vous les poursuivez, elles fuient devant vous; quand vous les fuyez, elles vous poursuivent. Souvent ces feux roulent à la manière des vagues; souvent ils resplendissent et s'épandent comme des étincelles; mais ils sont inoffensifs et ne brûlent rien.

— En effet, j'ai lu dans l'histoire de Daniel, répondis-je, que le roi Charles IX, étant à la chasse dans la forêt de Lions, en Normandie, on vit paraître tout-à-coup un spectre de feu qui effraya tellement sa suite, qu'elle le laissa seul. Le roi se jeta sur cette flamme l'épée à la main, et elle prit la fuite, sans que la chronique dise que le roi se soit brûlé.

— Connaissez-vous, reprit Mikaël, le nom favori que les Anglais ont donné au feu-follet? Il est d'un romantisme enchanteur. Ils l'appellent : *A Tack with a lantern.*

— Un Jeannot avec sa lanterne? dis-je.

— Précisément. Aussi les feux-follets sont-ils la frayeur des villageois, des femmes et des enfants.

— A quatre lieues de Grenoble, continuai-je, on montre un étroit terrain de six pieds de long sur quatre de large sur lequel on voit courir une flamme légère, comme une flamme de punch. Le gaz hydrogène et le phosphore sont la seule cause de ces feux, comme vous le dites, cher Mikaël. C'est ce qui explique ces feux sinistres qui s'exhalent des tombes, des lieux d'exécution et des champs de bataille. Mais je suis plus curieux de savoir comment vous expliquez les aurores boréales?

— Que c'est beau, ces aurores boréales, pour nous surtout qui les voyons en entier de notre lune! fit Stella avec l'accent de l'enthousiasme. D'abord elle s'annonce par un brouillard lumineux, auquel succède un vif éclat qui prend de ravissantes nuances de rouge, de violet, de bleu. De certaines bandes obscures qui le zèbrent, il s'échappe alors des jets de lumière si vifs, si rapides, que l'auréole du pôle semble se mouvoir. Enfin ce phénomène parait dans toute sa magnificence : il se manifeste au zénith une couronne enflammée qui parait être le centre vers lequel tous les mouvements de ces feux se dirigent. Puis le phénomène diminue graduellement; les jets de lumière et les vibrations sont plus rares; les teintes s'effacent; le brouillard disparait et s'éteint à son tour. C'en est fait.

— Oui, certes! l'aurore boréale est une des splendeurs du climat du nord... dis-je.

— C'est-à-dire, mon cher, interrompit Mikaël, que l'autre pôle a aussi ce même spectacle grandiose, ne t'y trompe pas, l'ami. Car il faut que tu saches que les deux pôles de la terre ne sont que les deux bouts d'une grosse baguette de fer aimantée, la terre renfermant une énorme quantité de fer. Or, le fer étant doué de propriétés magnétiques, ces propriétés s'ajoutent, se réunissent, si tu veux, et il en résulte que le globe terrestre agit comme un aimant qui attire. Eu égard à certaines dispositions d'émanations gazeuses de la masse terrestre, qui, au pôle, tourne comme sur un pivot, le mouvement produit l'inflammation de ces gaz, et...

— J'accepte votre explication, Lunien, quoiqu'elle ne soit pas des plus... lucides...

— Ah! c'est que le suprême Créateur n'a fait connaître à personne le secret de ses œuvres...

— C'est très-juste... Mais, tout en parlant aurore, nous voici dans les ténèbres... L'orage est bien violent au-dessous de nous... voici même un navire qui fait retentir le canon d'alarme...

— Je crois bien! le tonnerre vient de frapper son grand mât; le feu est à sa coque... Pauvres gens, les voilà dans un cruel embarras!... Voyez comme ils s'agitent. On fait jouer les pompes; mais l'incendie gagne... Triste terre, tu as toujours des spectacles navrants à nous montrer! fit Naïs, exprimant sur son doux visage une profonde douleur.

— Avec cela, c'est un vaisseau de guerre, reprit Mikaël... Si l'on n'arrive à éteindre ce feu et qu'il gagne la soute aux poudres, vous aurez tout-à-l'heure un spectacle terrible... Le navire sautera!

— Hélas! continua Stella, l'incendie gagne : de bâbord à tribord tout est pris; les voiles viennent de s'enflammer comme des feux d'artifice. Quelles gerbes éblouissantes, Seigneur! Certainement le vaisseau est perdu...

— Voyez donc comme la mer reflète les flammes. Si tant de personnes n'allaient être victimes de ce sinistre, on dirait que c'est d'un magnifique aspect... dis-je à mon tour.

— A la bonne heure! malgré les éclats du tonnerre, le canon d'alarme a été entendu... Voici des yoles et des canots qui font force de rames pour atteindre le navire incendié. Malheureusement la mer est mauvaise, et je crains...

Mikaël n'eut pas le temps d'achever sa phrase. Le noble vaisseau, cette sublime invention de l'homme, fit entendre une explosion effrayante. On vit jaillir en l'air des débris enflammés, rouges, noirs, des corps déchirés, des membres sanglants, mille objets fantastiques, sans forme saisissable... Puis en un clin-d'œil l'incendie fut éteint... par les vagues, qui s'ouvrirent pour laisser passer l'immense coque du vaisseau partagé en quatre, après quoi l'abime se referma, et tout fut dit. A peine vit-on surnager un instant quelques cadavres, des vêtements et des épaves...

Je me mis à genoux pour prier... Que d'âmes rendaient compte au tribunal de Dieu, à ce moment même qui les avait surprises soudain, des jours de vie, de la vie incertaine qui leur avait été confiée pour la bien employer!...

Naïs, Stella, Mikaël prièrent aussi!... Puis ils me serrèrent la main en disant :

— Terre! terre! que d'angoisses et de douleurs le péché t'a données!... Mon Dieu! soyez-lui miséricordieux.

— Je voyais l'autre jour un naufrage qui m'émut cruellement, reprit Mikaël. C'était dans la région des vents alisés. Il échappa seulement à l'abîme, grâce à la chaloupe que l'on parvint à détacher du navire qui avait touché, une jeune fille et quatre passagers sans expérience de la mer. La pauvre enfant se pâmait de désespoir; elle venait de voir périr sa mère! Sa mère, son unique appui! Oh! je lui dois cette justice qu'elle ne regrettait pas sa fortune : elle ne pleurait que sa mère, sa bonne mère!

— Les vents alisés! cher Mikaël, je veux en avoir l'explication de votre bouche.

— L'air dilaté par la chaleur du soleil, sous l'équateur, est élevé et remplacé par deux courants d'air froid venant des pôles; ces deux courants, forcés de fléchir par le mouvement de rotation de la terre vers l'est, se réunissent et soufflent vers l'ouest, répondit Mikaël.

— Voilà qui est très-clair cette fois, cher Lunien, hasardai-je. Aussi

Aventures.

vous prierai-je de me définir aussi nettement les vents que l'on nomme *moussons*.

— Les moussons proviennent de la situation du continent d'Asie, au nord de l'équateur. La chaleur s'accumulant sur les terres en plus grande quantité que sur les mers, se manifeste en raison des saisons alternativement, de l'un et de l'autre côté de l'équateur. De là des vents contraires. Aussi c'est toujours pendant les six mois d'avril en octobre qu'ils soufflent du sud-ouest, et pendant les six autres mois d'octobre en avril, qu'ils soufflent du sud-est, acheva le Lunien.

— Pendant que vous êtes si précis dans vos définitions, mon généreux ami, continuai-je, je vous demanderai de me dire un mot du mirage.

Le mirage, mon cher, est aussi l'une des beautés de la nature terrestre. La raréfaction des couches inférieures de l'air par la grande chaleur et la réfraction des rayons lumineux, produisent ce phénomène qui donne quelquefois à des plaines l'aspect d'un vaste lac dans lequel viennent se peindre, mais renversés, des villages, des arbres, etc. Mais cette image semble s'éloigner à mesure qu'on s'en approche.

— Enfin, l'orage cesse, s'écria Naïs; tant mieux, j'en souffrais affreusement. Voici même l'arc-en-ciel du Seigneur qui se montre.

— Eh bien, pour *l'arc-en-ciel* que nous signale Naïs, je dirai que quand les globules aqueux sont réunis de manière à former des gouttes d'eau, les rayons lumineux qui y pénètrent sont divisés par la réfraction et viennent frapper un point postérieur de la goutte; puis, réfléchis une ou plusieurs fois dans son intérieur, ils sortent ensuite divisés en leurs couleurs primitives, c'est-à-dire en sept couleurs, acheva Mikaël.

Depuis quelques instants nous ne parlions plus, et la mer glissait toujours, pour nos aérostats immobiles, avec ce rauque murmure que vous savez, lorsque subitement la voix pure de Stella fit entendre ce cri qui m'émut jusqu'aux fond des entrailles :

— Terre d'Afrique!

Oh! ce nom de terre vibrait dans ma poitrine et faisait écho dans mon cœur, comme une cloche sonore qui réveille et charme la plaine à la tombée du jour. En effet, au loin, dans la brume de mer, se dessinaient les côtes de l'Afrique.

Cette terre si fertile en prodiges ; célèbre depuis tant de siècles, dont les sables brûlants ont servi de tombeau à tant de glorieuses victimes de l'amour de la science, fixait depuis long-temps les désirs de ma curiosité. Précisément parce qu'un voile épais couvre encore l'intérieur de cette vaste contrée, et que peu de voyageurs, si ce n'est Mungo-Park, les Richard, John Lander et quelques autres, ont essayé de le soulever, j'étais désireux de la voir, surtout en compagnie de Mikaël et avec la sauvegarde d'un aérostat pour mieux échapper aux dangers, car les sauvages y sont nombreux.

Je tournai donc d'abord toute mon attention de ce côté.

Je ne dirai rien des ruines de Carthage la Grande, dont les débris romains virent Apulée, Arnobe, saint Cyprien et le grand Augustin ; qui entendirent Tertullien déclamer ses belles apologies de la religion chrétienne ; de Carthage, dont aujourd'hui la mer a envahi l'isthme qui la renfermait, dont le hâvre n'est plus qu'une plaine desséchée, et où les animaux féroces ont repris leurs tanières dans les bois qui sont sortis de ses décombres.

Ses fleuves me parurent peu nombreux. Cependant, après avoir examiné de nombreuses gorges de rochers qui apparaissent çà et là comme d'immenses gouffres, les oasis tant vantés et si peu dignes de l'être, car il n'y avait guère que de l'ombre et des sources bourbeuses, le Saharah et ses frères si nombreux dans le centre.

Nous arrivions à la pointe du cap Cantin, non loin du détroit de Gibraltar. Alors nos aérostats, dirigés dans ce sens, longèrent les côtes occidentales de cette vaste presqu'île, emportés par le courant au-dessus des terres, à partir de Carthage.

Les ruines de cette ville illustre passaient sous nos ballons, éparses sur le sable; arcades d'aquéducs faites d'énormes pierres de taille, si polies, si exactement liées, qu'à peine voit-on le ciment qui les lie; souterrains nommés étables des éléphants; ruines immenses occupant un espace considérable, et couvertes de figuiers, d'oliviers, de caroubiers, d'angéliques et d'acanthes, semées de débris de marbres de toutes couleurs. Alors j'évoquais les grands noms d'Asdrubal, d'Annibal, de tous ces héros, hommes et femmes, qui avaient si énergiquement soutenu la lutte la plus désespérée contre l'injuste et infâme cupidité des Romains; je conjurais les grandes ombres d'Arnobe, d'Apulée, de saint Cyprien, de saint Augustin, qui avaient vécu sur ce sol dévorant; je saluais le monticule qui portait la *Byrsa* de l'infortunée Didon, et j'entendais les gémissements de sa poitrine lorsqu'elle expirait sur le bûcher fatal qu'elle avait allumé de ses propres mains, en répétant le nom d'Enée; du sommet de ces ruines, je promenais le regard sur l'isthme, sur la mer, sur les îles lointaines, sur une campagne riante, sur des lacs bleuâtres, sur des montagnes azurées; je découvrais des forêts, des navires, des villages maures, des ermitages mahométans, des minarets, le séjour moderne des peuples nouveaux; et je remarquais avec douleur que la mer avait envahi l'isthme de cette antique Byrsa, de cette opulente Carthage, dont le hâvre n'est plus qu'une plaine desséchée, et dont les ruines servent de tanières aux animaux féroces cachés dans les broussailles des décombres.

Puis c'était le champ de bataille de Zama, qui vit s'éteindre la gloire d'Annibal; puis la plaine témoin de la défaite de Juba par César; puis le fleuve Bagrada, dont le dragon dévorait l'armée de Régulus; puis les contrées de Massinissa et les régions des Numides passaient à leur tour, rappelant mille souvenirs à mon esprit et faisant vibrer ma corde de mémoire.

C'étaient aussi Hippone, Utique, où Caton se donna la mort, et Césarée, de Juba, qui passaient également sous nos yeux.

Ensuite l'Atlas, montrant son énorme masse au milieu de régions sablonneuses, ses rampes innaccessibles, ses affreux précipices, et plongeant son sommet dans les nues, ce qui fait dire aux anciens qu'il portait sa tête jusqu'aux cieux; ensuite les états barbaresques, Fez, Maroc, Tunis, Tripoli, jusqu'au Bilédulgérid et au royaume de Darah, passent aussi à notre portée.

Alors vient le Saharah, le grand désert avec ses sables brûlés des feux du tropique, s'étendant de l'Atlas aux rives du Niger, nous offrant un océan d'arènes mouvantes, parsemées de collines rocailleuses et de quelques vallons où l'eau rassemblée nourrit à peine quelques genets épineux, des fougères et des herbes.

— Trois grandes races d'hommes composent les populations du globe, me dit Mikaël. La race sémitique ou de Sem, en Asie; la race de Japhet, en Europe, et celle de Cham, en Afrique. Les peuples d'Amérique sont formés de la race des fils de Japhet, qui ont dû arriver dans cette contrée par le détroit de Béring. Mais chacune de ces races a changé sa couleur et sa constitution sous les influences des différentes zones qu'elles ont habitées. L'équateur a rendu noirs les nègres; les zones voisines ont produit les teints jaunes; les autres zones ont causé les races cuivrées ou Peaux-Rouges; les zones tempérées ont conservé la race blanche ou primitive, et les zones glaciales ont fait les teints pâles de leurs rares habitants.

» Mais ici, en Afrique, la population est divisée en deux couleurs : la race jaune ou caucasique, au nord; la race noire ou éthiopienne, au centre et au sud.

» Les Kabyles, les Berbères, les Coptes, les Nègres, les Cafres et les Hottentots, tels sont les habitants primitifs de cette partie du monde.

» Les Arabes, les Turcs, les Maures, issus des barbares venus dans la grande invasion, ne sont que des colons.

Mikaël, sur ce chapitre, ajouta bien d'autres choses, mais je ne l'écoutais qu'à demi, car dans ce fameux Saharah, qui appelait mon regard, je ne pouvais me lasser de contempler les immenses profondeurs de la solitude. Je voyais, épars sur le sable, et formant comme les jalons d'une route constamment effacée par le vent du désert, des squelettes de chameaux, de coursiers, de mulets, de bêtes de somme et même de voyageurs qui, ne pouvant supporter la soif, avaient dû périr sur le sable brûlant; et, avant de mourir, avaient prononcé sans doute le nom de leurs mères, de leurs sœurs, de leur pays. C'était comme un immense ossuaire qui me représentait l'image de la vie.

D'ailleurs, rôdant autour des caravanes que je voyais traverser les sables, j'entendais rugir le terrible lion du Saharah, miauler le tigre, mugir la panthère, siffler l'hiène, glapir le chacal, beugler le rhinocéros, grommeler l'antilope, tonner l'éléphant, souffler la giraffe, et j'apercevais, sautant d'oasis en oasis la gazelle, si timide et si gracieuse. Comme aussi sur le Niger, dans les eaux du Sénégal, aux rives du Zaïre, je trouvais l'hippopotame et le rusé crocodile, mais surtout l'hippopotame, dont les nombreux troupeaux poussaient des cris si aigus, qu'on pouvait les entendre à une lieue loin.

Dans les bois, vrais forêts vierges comme celles de l'Amérique, à la sortie du désert, c'était d'abord une variété inouïe d'oiseaux, mais aussi de singes et d'intelligents chimpanzés. J'avoue qu'en présence de ces nombreuses familles d'animaux, je me trouvais fort aise d'être en ballon; car je frémis encore, en songeant aux énormes boas et à tous ces reptiles que nous voyions onduler dans les herbes sèches, et en devenant le spectateur de leurs combats quand ils rencontraient à leur convenance quelque pauvre animal plus faible et glacé par la terreur.

Mais surtout dans cette zone de sables qui zèbre l'Afrique à des distances infinies, comme la voie lactée zèbre les cieux, j'étudiais tous ces peuples, toutes ces tribus jaunes et noires, toutes ces peuplades sauvages qui glissaient sous la lente navigation de nos esquifs aériens, indigènes, indifférents les uns, remuants les autres, perfides ceux-ci, hospitaliers ceux-là, simples ou fourbes, doux ou cruels, fils nomades de la solitude, errants dans le désert sur leurs merveilleux dextriers à peine halctants, malgré la chaleur excessive ; ou s'endormant à l'ombre de leurs dromadaires, dont un pied demeurait suspendu par une entrave, pour le fixer au sol ; ou chassant dans de vigoureuses forêts de boabads, le plus grand des arbres connus ; ou cueillant les fruits de leurs palmiers ; ou taillant les sycomores en arcs ; ou abattant les cocotiers pour en avoir le fruit ; ou moissonnant leurs bananes ; ou soignant avec zèle les tamariniers, le chi, le cassier, le sandal dont ils faisaient des coffrets parfumés ; ou recueillant le poivre, l'indigo, le coton, le chanvre et le sucre.

Au sortir du Saharah, c'était les riches plaines du Soudan qui passaient, avec leurs campagnes parsemées de hautes meules de mil, leurs troupeaux de bœufs, de chèvres, de chamelles, de chevaux paissant l'herbe qui pousse spontanément. Là, les villages se succédaient sur les routes des caravanes ; la population devenait compacte et se distinguait par des allures sédentaires. Elle n'avait plus cette physionomie hâve et ces regards de convoitise qui décèlent chez les habitants du désert un estomac affamé et une bourse vide. Elle montre la lourdeur, la molesse et l'indolence de l'appétit satisfait..

Nous voici, par exemple, dans le Damerghon, à Zinder, au grand sultan de Bornou, qui règne sur des centaines de mille âmes ; or, j'y voyais des hommes nonchalans, des femmes langoureuses, à la démarche traînante, accessibles seulement à la passion de ne rien faire. Les uns, étendus sur le sable, réunis en groupes, causent sans vivacité ; les autres, vaquent lentement aux détails de leur grossière toilette.

Eh bien ! qui croirait que ces visages bienveillants, ces faces épatées qui reflètent les impressions d'idées enfantines, peuvent passer tout-à-coup de cette expression à celle d'une férocité froide et raffinée ? Il en est ainsi cependant.

— En Angleterre, me dit Mikaël, les tribunaux condamnent les criminels à être pendus par le cou jusqu'à ce que la mort s'en suive, et c'est d'un affreux effet, je t'assure !

» On guillotine en France... et, à l'occasion de la rapidité du couteau du poids de cent livres qui tranche immédiatement la tête, on dit que le corps garde vie et douleur pendant trente minutes encore...

» On garrotte en Espagne, c'est-à-dire que l'on vous prend le cou du patient, assis contre un gibet, dans un cercle de fer que l'on ferme avec une vis qui serre, serre, serre le cou, jusqu'à ce qu'il soit réduit à l'état d'un tuyau de plume. Tu comprends qu'alors, il n'y a plus ni souffle ni vie.

» En Suisse et en Prusse, on décapite par le sabre à deux mains, et, du corps agenouillé, la tête subitement séparée par le fer, saute, vole et roule, roule...

» On empale en Turquie, et il est affreux de voir le pauvre malheureux assis sur cette lance de fer qui lui perfore les intestins et vient ressortir par le flanc ou l'épaule.

» On met à la cangue en Chine...

» Ici l'on brûle vif; là, on vous enterre en vie; ailleurs, on vous noie; ailleurs encore, on vous empoisonne...

» Mais, dans ce Damerghan, on ne condamne les criminels ni à être pendus, ni à être guillotinés. On fait ouvrir la poitrine des victimes, tailler dans leur chair vive et arracher le cœur. Ou bien, on vous suspend par les pieds et l'on vous fait lentement couler le sang par de petites piqûres.

Je vis le lieu de ces horribles exécutions que me montra Mikaël; c'est l'arbre de la mort, arbre solitaire, qui, poussant sur un rocher, s'élève à quarante ou cinquante pieds. Des squelettes gisaient au pied de la chose, c'était affreux à voir.

J'ajoute que j'en fus témoin, que la barbarie est tellement dans les usages que le plus grand amusement d'un enfant, en ces contrées, est d'égorger un animal, d'entendre ses cris et de voir sa chair palpiter sous le couteau. A certaines époques, il est d'usage de sacrifier de pauvres bêtes. On les livre aux passans dans les rues, et c'est à qui les frappera avec plus d'acharnement. Cette dégoûtante tuerie se fait au milieu des cris de joie, et il n'est pas une jeune fille qui n'ait les mains teintes de sang. Aussi, lorsque ces animaux tombent à terre, il n'y a pas, sur leurs corps frissonnants, un seul lambeau de chair intacte.

Des scènes plus douces, fort heureusement, viennent rasséréner ma curiosité. C'est la danse de jeunes femmes qui sortent de toutes les huttes des villages au son d'un tambourin. Quelques hommes frappent à tour de bras sur la peau de cet instrument et en même temps sautillent en cercle sur une jambe. Les danseuses imitent ce mouvement avec des allures timides, et, quand la danse est finie, elles saluent leurs partners.

Maintenant, c'est la Sénégambie qui nous arrive, avec ses Foullahs, ses Joloffes d'un noir d'ébène et ses Mandigoeers. Son climat est brûlant et malsain, et le Sénégal, le plus grand fleuve de l'Afrique, l'arrose. J'y découvre nos possessions françaises et le comptoir de notre négoce. Un fort et quelques baraques, tel est le séjour de nos soldats et des représentants de la France. Heureusement les nègres, peu méchants, se livrent volontiers à l'agriculture.

Voici la Nigritie et ses déserts, et c'est tout autre chose. Beaux dans leur laideur, forts, vigoureux, mais sans énergie aucune, ces enfants de la brûlante Afrique, cachés dans leurs chaudes vallées, abrutis par l'indolence sous leurs cases immondes, boivent, mangent, dorment comme un vil bétail. Presque sans notion du bien, à peine adorent-ils de misérables bâtons sculptés, fétiches abominables qu'ils croient dieux! Livrés à tous les désordres d'appétits grossiers et sensuels, ils pullulent par troupes nombreuses, obéissant mal à leurs chefs, incapables de défense, et privés du sentiment qui fait l'homme sublime. Aussi voyons-nous approcher, cachés par des bosquets d'alicondas, de bambous et de lataniers, des hordes de flibustiers européens. Hélas! ils en veulent à ce bétail noir dont ils font un objet de trafic. Il nous faut subir cette scène d'horrible violence, monstruosité révoltante que tout le monde connaît, à laquelle on ne s'habitue pas, et qui a nom:

— Traite des nègres!

Et quelle différence y a-t-il entre ces enfants de l'Afrique et les fils de l'Europe et des autres mondes?

Aucune, si ce n'est la couleur.

Mais la couleur noire n'a rien en elle-même qui soit plus étonnant que la couleur blanche, brune, jaune ou rousse. Ce n'est ni le sang, ni le cerveau, ni aucun élément de la substance qui sont noirs. Cette teinte dépend uniquement de causes qui produisent ce germe au-dehors, et c'est le soleil et sa chaleur. Qu'est-ce qui a rendu, après un séjour de quelques siècles en Afrique, les Portugais si semblables aux nègres par la couleur? Et d'ailleurs, qu'est-ce qui distingue par tant de nuances les races nègres dans l'Afrique même, si ce n'est le climat? Les nègres les plus noirs vivent précisément dans le pays où le vent d'est, après avoir traversé toute l'étendue des terres, apporte la chaleur la plus brûlante.

De quel droit donc d'autres hommes, parce qu'ils sont blancs, traiteront-ils comme des bêtes fauves les nègres, parce qu'ils sont noirs?

Et quand je dirai que les mœurs de ces peuples sont hospitalières et beaucoup plus douces que celles des autres peuples; quand je répéterai que le voyageur peut s'avancer avec confiance dans leurs villages, qu'il y trouve de bons soins et souvent même un respect porté jusqu'à l'adoration, comment justifiera-t-on cette turpitude des blancs allant à la chasse des noirs?

Or, dans l'empire d'Achanti, près du Congo, nous voyons un vaisseau négrier s'approcher des côtes pour faire un chargement de *bois d'ébène*... c'est le nom donné à une cargaison de nègres. Là, le chef même d'Anjouan, un nègre farouche, vend et livre sur-le-champ trois cents de ses sujets. Et encore si l'on se fût borné à donner ces infortunés en échange des bagatelles apportées par le navire; mais non: ne faut-il point *parer la marchandise?* Donc on la pare, c'est-à-dire que tout nègre est soumis à l'épreuve d'une main impitoyable qui le contraint à mille douleurs pour le forcer à une tenue convenable, à la souplesse et à l'agilité. Après quoi, on le marque au fer rouge sur l'épaule, le mollet ou la hanche. Puis on l'enchaîne à un compagnon de captivité; on entasse ces malheureux pêle-mêle à fond de cale, hommes, femmes et enfants. A peine peuvent-ils respirer dans cet air fétide et corrompu par eux-mêmes. C'est égal. Cependant, pour ne pas laisser engourdir leurs membres, les vendeurs les amènent sur le pont chaque jour, et à coups de garcettes, de lanières et de fouets, on les contraint à danser, à courir, sans distinction d'âge et de sexe. La nostalgie, le mal du pays s'empare-t-il d'eux au point de les rendre malades, on les jette à la mer. Une famine se déclare-t-elle sur le navire, on en tue cinq, dix par jour pour nourrir les autres. Un vaisseau en croisière menace-t-il le négrier, on attache deux à deux ces infortunés, et on les précipite à l'eau comme marchandise de contrebande. Enfin, peut-on atteindre un port d'Amérique où l'on vend les esclaves, c'est là que l'on débarque, qu'on les conduit au marché, qu'on les attache à un poteau, et qu'on les livre moyennant mille, quinze cents, deux mille francs, selon leur beauté, leur apparence ou leur vigueur.

Au contraire, dans la traversée, le vendeur et ses gens souffrent-ils, ont-ils les pieds froids, de l'ennui, soudain on place sous leurs pieds le corps brûlant d'une négresse pour réchauffer Son Honneur! Ou bien l'on fait chanter tel nègre ou telle moricaude, comme ils disent, pour amuser Sa Grâce!

Pauvres victimes! Une fois devenus *la chose* de tel ou tel planteur, les nègres doivent travailler sans relâche dans les terrains les plus durs, sur le sol le plus ingrat, au grand soleil! Et là, loin de leur patrie, de leurs familles, de leurs cases, que de douleurs muettes, que de larmes, que de soupirs, que de suicides!

Allez voir au Congo d'une part, et au Kentucky de l'autre! Quel compte, un jour, au maître des mondes!

Nos aérostats passent ensuite sur les pays de Loango, d'Angola, de

Bengueli. Ici nous assistons à la sépulture d'un chef dont la mort appelle la gaîté et non l'affliction. On danse et l'on boit sur sa fosse; on lui met dans la main un morceau d'étoffe sur lequel sont peints ses dieux. Là, devant une fétiche à perruque de plumes, on fait boire du poison à un accusé. Innocent, le poison ne lui fait pas de mal; coupable, il meurt sur-le-champ. Je vous laisse à croire qu'il y a plus de coupables que d'innocents.

Nous voguons ensuite sur des côtes désertes, arides, sans poésie dans leurs aspects. Seulement nous découvrons l'île de Sainte-Hélène, que je salue pour les amers souvenirs qu'elle me rappelle.

Enfin viennent les terres des Hottentots et des Cafres.

— Ici, je suis en pays de connaissance... dis-je à Mikaël.

— Que veux-tu dire, l'ami? me demande-t-il.

— Je veux dire qu'à Paris, à la salle Bonne-Nouvelle et à l'ancien Cirque, j'ai eu l'honneur d'être accueilli par une troupe de Cafres, amenés à grands frais dans notre France et sous mes yeux, et les ai touché de mes mains. Ces sauvages ont donné une brillante représentation de leurs us et coutumes, lever, repas, mariages, combats, fêtes, danses, cris de guerre! Oh! ces cris de guerre retentissent encore à mon oreille... Du reste, ils étaient vraiment d'un gris-cendré magnifique, d'une taille dont serait fier plus d'un Français, et d'une adresse de jongleur que plus d'un saltimbanque voudrait posséder.

— Alors je n'ai rien à vous dire sur ces Cafres, si ce n'est qu'ils ne sont pas tous anthropophages; mais ils aiment manger cru le morceau de chair qu'on leur présente. Maintenant passons aux Hottentots. Ceux-là sont moins plaisants.

— Oui, car ils sont hideux, interrompit Naïs. Voyez, leur figure est d'une hideuse animalité. Ces traits grossiers, mous et insidieux, ces lèvres allongées en forme de groin, ce nez aplati, tout chez eux annonce la stupidité. Leurs cheveux ras, et qui s'avancent sur le dos, ressemblent plutôt au poil des animaux qu'à la chevelure des hommes.

— Et leurs femmes, grand Dieu! s'écria Stella en se voilant le visage.

— Etrangers à toute idée de famille, ils ne bâtissent pas de villages, acheva Mikaël. Vêtus seulement d'une peau de mouton pendant l'hiver, munis d'un arc et d'un carquois plein de flèches empoisonnées, ils rôdent seuls sur les montagnes et dans les déserts. Cruels autant que stupides, leur plus grande jouissance est de boire le sang qui coule des blessures de leurs ennemis. Ils poussent la malpropreté jusqu'au dernier degré. Ainsi ne regardent-ils pas comme un ornement sans égal les entrailles des vaincus?...

— Oh! père! que dites-vous là? fit Stella.

— Mikaël! mon ami! fit Naïs.

— Couverts d'une graisse qu'ils mélangent d'une couleur noire, continua Mikaël imperturbablement, ayant pour ceinture de luxe ces intestins de leurs ennemis, ils font horreur!

— Assez, mon cher Lunien! dis-je à mon tour.

— Pauvre terre! fit encore Mikaël, quels abîmes de misères tu renfermes!... Que l'homme fait bien d'élever son regard vers Dieu, son maître terrible, quand il se livre au mal!...

— Eh bien! cher Lunien, après avoir dit avec le poète :

> Os homini sublime dedit cœlumque tueri
> Jussit et erectos ad sidera tollere vultus...

— Regardons ailleurs, vas-tu me dire? fit Mikaël. Comme tu voudras, mon illustre Parisien. Nous sommes ici pour ton instruction, nous ferons toutes tes volontés.

Bientôt la ville du Cap vient se placer sous nos aérostats; ce n'est pas toutefois sans que nos ballons reçoivent de terribles secousses d'un vent violent qui souffle avec fureur. Ce cap, appelé jadis *Tormentoso*, le Cap-des-Tempêtes, méritait bien son nom; mais je ne sais quel Philippe d'Espagne, dans le but de rassurer les navigateurs, substitua le nom de Cap-de-Bonne-Espérance au nom de mauvaise augure que portait cette pointe sud de l'Afrique.

La ville du Cap nous apparaît donc, située sur le penchant des montagnes de la Table et du Lion. Elle forme un amphithéâtre qui s'allonge jusque sur les bords de la mer. Les rues, quoique larges, ne paraissent pas commodes, car elles sont très-mal pavées. Les maisons, presque toutes d'une bâtisse uniforme, sont belles et spacieuses; on les couvre de roseaux pour prévenir les accidents que pourrait occasioner des couvertures plus lourdes, lorsque les gros vents se font sentir.

L'entrée de la ville, par la place du Château, offre un superbe coup-d'œil. Mais ce qui appelait surtout mon regard était la montagne de la Table, qui d'abord m'avait semblé très-unie à son sommet, et en réalité n'avait que des inégalités considérables. Je voyais sur son plateau d'immenses étangs formés par les eaux pluviales. Chose fort singulière! sur la cime de la montagne l'hiver dominait, et, à son pied, l'été paraissait en pleine floraison. Du fond des vallées de ses rampes sortaient les sommets de collines moins élevées, arrondies et oblongues, toutes chargées de verdure; mais dans leurs buissons on voyait fourmiller les léopards et les hyènes. Et cependant, çà et là, gisaient des groupes de fermes bien tenues, dont les maisons étaient blanches sous des toits noirs, tandis que les fonds, régulièrement partagés en vignes et en vergers, présentaient de riches masses de végétation.

Cependant nous commençâmes à tourner le cap pour longer les terres orientales de l'Afrique et surplomber, entre les royaumes de Sablo, de Sofala, les Etats du Monomotapa et l'ile de Madagascar, séparée de nous par le canal de Mozambique.

Je ne vous dirai rien de ces contrées, si ce n'est qu'elles étaient infiniment plus peuplées et dans des sites ravissants, ce qui m'expliqua le nombre de villes et de villages que je voyais assis sur les rives des fleuves. J'ajouterai que Madagascar est la plus grande île de l'univers; nous pouvions en juger par l'aspect grandiose qu'elle nous offrit. La race olivâtre y domine; mais les maladies de son climat y sont terribles, surtout pendant l'hivernage.

Bientôt je découvris une autre île assise sur une base presque ronde, s'élevant en forme de cône dont le sommet est tronqué ou plutôt enseveli dans les nuages. C'était comme un volcan à la base aride et desséchée. En effet, un volcan nous laissa voir bientôt sa fumée, et les coulées de laves dont il a couvert d'énormes parties du sol que l'on nomme le *Brûlé*. Cette île n'était autre que Bourbon, où les Français s'établirent en 1657.

L'Ile-de-France, théâtre des scènes imaginaires mais sublimes du beau drame de *Paul et Virginie*, passait à son tour.

Puis nous découvrions les monts Lupata et de la Lune, à la lisière des pays inconnus de l'Afrique centrale. C'était là que le fameux Niger, dont les sources ont tant fait chercher leur position par les voyageurs, s'échappait du sein de la terre. C'était là aussi, au pied des montagnes de la lune, que les anciens plaçaient l'origine du Nil. Pour nous, du haut de nos aérostats qui dominaient les terres à des horizons immenses, infinis, vraiment tout était merveilleux : montagnes et déserts, nations cruelles des Mossegayes et côtes du Zanguebar, peuplades nomades et villes à l'état primitif, anthropophages Muzimbes et races d'Ethiopie, Abyssinie et royaume d'Adel, Nubie et Dongolah, nature sauvage, étonnantes curiosités d'une Afrique mystérieuse encore et toujours peu connue.

Nous longions l'ancienne mer Rouge, et bientôt Stella, devenue très-rêveuse et nonchalamment appuyée sur sa mère, dit enfin :

— Egypte! Egypte!

Je sortis moi-même de mes contemplations muettes, et je me repris à plonger le regard sur cette terre classique de la Bible et des premiers âges du monde.

Ce n'était pas l'Egypte moderne qui devait m'offrir le plus d'intérêt, c'était l'Egypte ancienne que nous allions retrouver dans toutes ses ruines éparses. Aussi j'éprouvais un véritable bonheur à voir que Stella se préparait à devenir une fois encore mon cicerone dans l'inspection qui déjà appelait notre attention à tous.

D'abord je dois dire qu'à part même de ses magnifiques débris, qui en font un séjour enchanté, l'aspect général de l'Egypte n'était pas changé de ce que je l'avais vu dans l'album merveilleux de la lune. La culture possède les mêmes terrains bordés par la même quantité de terres en friches que chez les anciens. C'est toujours un sol plat, aride, ayant des sables brûlants, d'une part; de l'autre, la partie cultivée est une vallée plus ou moins étroite, et une ligne de terre végétale qui sillonne le désert, comme elle-même est sillonnée par le Nil, qui lui donne sa fécondité en descendant des montagnes de l'Abyssinie, qui lui donnent naissance, et non ceux de la Lune, comme on l'a cru longtemps à tort.

— Nous entrons dans la Haute-Egypte, fit Stella, et voici tout d'abord la fameuse Eléphantine, et Philé, non moins célèbre. L'une et l'autre ville possédaient de beaux temples; mais, vous le voyez, mon cher Terrien, la civilisation dans ces déserts est aussi funeste que la barbarie, car on enlève ces ruines superbes pour faire des constructions à Syène. La plaine est nivelée maintenant, et, si ce n'était ces aspérités du sol d'Eléphantine, on ne saurait plus que jadis elle était là.

Quant à Syène, elle s'enrichit de leurs dépouilles; mais, en outre, elle a le trésor de ses catacombes, creusées pour en ravir les superbes monolithes qui décorent l'Egypte, et les belles pierres des grandes villes. Seulement Syène se nomme Ossouan.

Là, Silsilis vous montre ses vastes carrières, qui n'ont pas moins de six kilomètres de longueur, et d'où l'on a extrait bloc à bloc les principaux monuments de l'Egypte, expédiés en détail par le Nil.

Ici, plus loin, plus près, et là-bas, vous découvrez les décombres des cités qui avaient nom Edfou, Esnèh, Hermon et Abydos. Mais sur ces décombres vous pouvez admirer ces ruines grandioses de temples merveilleux. C'est là, à Abydos, que l'un de vos savants a trouvé, sur une énorme pierre, la table chronologique des anciens Pharaons.

Voici Dyndérah. Quelle sublime construction devaient être les ruines de ce temple! Vous savez qu'à la voûte d'une des salles supérieures se trouvait gravé un zodiaque, que vous possédez en votre Louvre aujourd'hui. Et vous vous rappelez sans doute aussi que l'on voulut, d'après ce zodiaque, démontrer la fausseté des Livres saints à l'endroit de l'époque de la création du monde. Mais une étude savante de ce granit fameux vint prouver, tout au contraire, la vérité des récits de Moïse. Pauvres demi-savants! ils voudraient toujours arriver à nier Dieu; mais Dieu parle par la bouche de la véritable science, et ils sont confondus!

— Dieu du ciel! m'écriai-je en interrompant Stella, nonobstant sa verve caustique... je vois des ruines dont la splendeur efface celles des plus belles ruines que j'aie vues!

— Tu t'écries d'enthousiasme, mon cher Terrien, dit Mikaël, absolument comme l'armée française arrivant sur ces collines, et découvrant ces ruines pour la première fois, lors de la célèbre expédition d'Egypte de votre fameux général Bonaparte.

— C'est que ces ruines méritent bien que l'on reste en extase devant elle... fit Naïs à son tour.

— Que c'est beau, Seigneur, que c'est beau! répondis-je.

— C'est la reine des cités antiques, la grande Thèbes aux cent portes, l'illustre Diospolis des Grecs, aujourd'hui devenue le misérable village de Meydnet-Abou! reprit Stella.

Menès en fut le fondateur, et sa plus grande splendeur date de Sésostris. Elle avait alors trente milles de circonférence, et ses temples et ses palais avaient des richesses inouïes que pilla Cambyse, après avoir tout détruit.

— Et quoiqu'il ait tout détruit, que de beautés! répétai-je dans un état d'exaltation.

— Voici d'abord des portes de quatre-vingts pieds de haut, couvertes

Aventures. 17

d'hiéroglyphes, qui précèdent les temples, continua Stella. Vainement le souffle du désert charie des monceaux de sables... Ces cours entourées de portiques, ces milliers de colonnes sculptées les défient. Elles soutiennent des pierres d'une inconcevable grandeur, chargées des signes de la religion qui les éleva. Des forêts d'obélisques serpentent autour des lignes d'immenses édifices.

» Ici, c'est le temple de Louqsor, bâti sur un quai du Nil qui lui sert de base. Là, sur la rive gauche, sont les tombeaux des anciens rois taillés dans le roc, au sein d'une aride vallée. Les murs de leurs grandes salles sont couverts de sculptures et de peintures.

» Plus loin, mais sur cette rive gauche également, se trouve la nécropole ou le cimetière de Thèbes, creusée dans le flanc de la montagne. Quelques-uns de ces sépulcres ont des enceintes d'une étonnante grandeur.

— Mais, dis-je à Stella, vous nommez cela des tombeaux, et je vois partout, à leur entrée, des Arabes et des Bedouins aussi desséchés que les momies qu'ils vendent aux voyageurs. Tenez, là, près de cette avenue de sphinx, voici des cavales et des buffles qui paissent quelques maigres bouquets d'herbes...

— Ces sinistres retraites sont habitées par ces pauvres gens déguenillés, me répondit-elle. Leurs familles sont logées dans ces tombeaux. Le tronc mutilé des statues sert de foyer à leurs femmes. Ainsi tout un village est construit dans un coin du grand temple de Louqsor, qui vous a envoyé l'un de ses obélisques; un autre village est dans cette nécropole; un autre ici; un autre là.

» Sur cette rive droite, voici Karnack, temple sans égal peut-être, que précède une avenue de colonnes monolithes hautes de soixante-dix pieds, malheureusement renversées. Dans ce temple, là, se trouve une salle de plus de trois cents pieds de long sur cinquante de large, dont la voûte est supportée par plus de cent trente colonnes encore debout. La circonférence de leurs chapiteaux est de soixante pieds.

— Soixante pieds de tour! un chapiteau? m'écriai-je.

— Soixante pieds. Cent hommes peuvent tenir à l'aise sur la plateforme de chacun d'eux... reprit Stella.

» Et dans la cour est le plus grand obélisque; il compte quatre-vingt-onze pieds.

— C'est sur les frises et les murailles de cet édifice que votre savant Champollion a reconnu les portraits des anciens Pharaons, et la figure d'un roi de Juda, captif de l'un de ces Pharaons, en effet... dit Mikaël, en me désignant du doigt le palais.

— Maintenant, dit Stella, regardez de ce côté le célèbre memnonium d'Osymandias et le colosse de Memnon, haut de soixante pieds...

— Celui qui faisait entendre des sons harmonieux lorsqu'il était frappé par les feux du soleil levant? demandai-je.

— Précisément. En outre, cette statue colossale de Ramsès le Grand est haute de cinquante-trois pieds, quoique assise et sans y comprendre la base.

— Ces ruines sont belles, oui, belles, admirables, merveilleuses, dis-je. Mais que sont-elles à côté de cette riche Thèbes, la ville dont le *soleil ne vit jamais la rivale*, la capitale de Sésostris, la cité que j'ai vue si brillante et si glorieuse dans votre lune?...

— Et que vous ressusciterez dans votre *Album Merveilleux!* murmura malicieusement Naïs.

Cependant nos ballons nous éloignaient de Thèbes, nous emportant vers la Moyenne-Egypte; et plus nous avancions, plus je reconnaissais que cette Egypte n'était qu'un vaste champ funéraire, une immense ruine, tant elle était semée de pyramides funèbres, d'hypogées, de catacombes d'hommes, de cimetières de momies d'animaux, de sphinx, de pylônes, de tous les attributs mortuaires qui devaient garder le souvenir, et qui n'avaient enfanté que le néant!...

— Voici Memphis autrefois, aujourd'hui Menf, clama bientôt Stella. C'était là que demeuraient les Pharaons, et vous voyez les ruines de leur palais, qui s'étendait sur la rive gauche du Nil d'une extrémité à l'autre de la ville.

En effet, nous arrivions à une plaine fermée par les montagnes, Arabique sur la rive droite, Lybique sur la rive gauche, qui se resserrait un peu plus loin, et toute couverte de magnifiques débris qui s'étendaient à perte de vue.

— Ici se trouvait le temple de Vulcain, dont le colosse avait soixante-quinze pieds de long, disait Stella en me désignant chaque chose.

» Vis-à-vis de son portique méridional s'élevait le palais dans lequel était nourri le bœuf Apis.

» Tous ces canaux communiquaient avec le lac Mœris, que vous voyez briller au loin. Et comme les Egyptiens ne connaissaient pas l'art de construire des arches, ils n'avaient pas de ponts. Voici pourquoi Memphis est assise seulement sur la rive gauche du fleuve.

» Mais la merveille de Memphis était le Serapœum que voici. Il y a quatre ans, je n'aurais pu vous le montrer, mon cher Terrien; mais, grâce à un Français, M. Mariette, qui entreprit des fouilles hardies, peu à peu on a sorti des sables, sans autre indication que celle du génie divinateur, d'abord une allée de sphinx, s'avançant en droite ligne au milieu de monuments funéraires qu'elle cotoyait, et composée de cent quarante-un de ces insignes, sans compter ceux dont on trouva seulement la base. Après de longs travaux, votre compatriote vit sortir de terre, un beau jour, une statue de Pindare, portant son nom en grec. Puis vinrent les autres statues de Lycurgue, de Solon, d'Euripide, de Pythagore, de Platon, d'Eschyle, d'Homère et d'Aristote, toutes reconnaissables à leurs noms et à leurs attributs. Enfin, entre l'hémicycle que formaient ces statues et les deux derniers sphinx de l'avenue, se montra un dromos transversal dont la branche gauche conduisait à un temple construit par Amyrtée, en l'honneur d'Apis, et la branche droite menait directement au Serapœum, ou temple de Sérapis.

» Bref, dans la nuit du 12 novembre 1851, on découvrait la porte d'un immense souterrain.

» C'était tout une ville cachée, la cave sépulcrale des Apis. Là étaient rangés par ordre les Apis morts sous la xviiie dynastie et sous les premiers rois de la xixe. Chacun d'eux avait sa chambre sépulcrale taillée dans le roc vif... mais elles avaient été violées dans l'antiquité même ! Une seule avait échappé aux profanateurs. Quel saisissement pour M. Mariette lorsqu'il pénétra dans ce secret! A l'intérieur, à droite et à gauche de la porte, s'élevaient deux monuments en bois peints en noir, en forme de sarcophage. Sur le sol de la chambre étaient debout quatre immenses vases en albâtre, semblables à ceux que vos antiquaires nomment canopes. De petites niches, pratiquées dans le mur du fond, contenaient des statues de pierre, et tout le sol de la chambre était jonché d'autres statuettes funéraires en faïence émaillée.

» Je ne vais pas vous dire qu'il retrouva dans du bitume mélangé de parcelles d'or des objets précieux, et spécialement un large épervier en or à tête de bélier, avec des ailes déployées et formées d'émaux cloisonnés simulant des plumes, dont il n'est pas un de vos plus habiles ciseleurs qui ne se glorifiât d'être l'auteur. Je ne vous dirai pas non plus qu'il se vit bientôt en face de squelettes de bœufs et d'hommes; mais je vous apprendrai, et regardez-le, qu'ici, cet archéologue intrépide déblaya peu à peu des colosses, celui d'Osiris et d'autres, et tout le vaste temple appelé Serapœum.

— Voilà un Français qui a bien mérité de la science et de son pays, m'écriai-je; car que c'est admirable !

— Pyramides ! Pyramides ! disait Naïs... pendant que je cherchais des yeux le fameux Labyrinthe, sans pouvoir le découvrir...

Je regardai. En effet, nos aérostats nous avaient placés au-dessus des éternelles Pyramides. Jamais ma plume ne pourra vous rendre l'impression que j'éprouvai. Mon âme était saisie d'une sorte de surprise, de stupeur et d'enthousiasme qui se faisait jour difficilement, tant était grand son paroxisme. Enfin je revins à moi. Les angles de ces monuments gigantesques, pélasgiques, cyclopéens, formaient des escaliers très-élevés. Des Anglais en faisaient l'ascension dans ce moment même. Une plate-forme qui pouvait contenir plus de trente personnes les reçut; et, quand ils furent descendus, après une assez longue station, plus de cinquante Arabes se disputèrent à qui leur servirait de guide. On alluma des flambeaux, et, le corps très-courbé, je les vis entrer dans un corridor d'environ trois pieds de haut.

A leur sortie, je les entendis aussi qui se disaient :

— C'est affreux d'avoir le visage battu de la sorte par les chauves-souris pour arriver à cette chambre du roi !

— Et n'y voir autre chose qu'un sarcophage de granit brisé ! reprenait une grande lady, sèche et maigre. J'étouffais, pour mon compte, dans cette fumée de torches...

Pour moi, dans les airs, au-dessus, bien au-dessus des Pyramides, je croyais voir l'univers entier se dérouler devant moi. Le Nil semblait promener au pied des monuments son immuable et silencieuse bienfaisance.

— L'oasis de Sysnah, me fit Stella, en me montrant, vers la gauche, un désert brûlé par les feux du soleil, et au milieu des bouquets d'arbres. L'ancien temple de Jupiter-Ammon était là. Tenez, remarquez les vestiges du monument, de sa triple enceinte, et de la fontaine du Soleil...

— Tu te rappelles, mon bon, me dit Mikaël, que la statue de Jupiter était faite d'émeraudes et d'autres pierres précieuses. Elle avait la forme d'un bélier depuis la tête jusqu'au milieu du corps.

Je ne répondis pas.

J'avais là, sous les yeux, les armées des Macédoniens et des Perses englouties sous les sables; et je revoyais planer dans l'espace les grands fantômes d'Alexandre, de Cambyse, de Sésostris, d'Osymandias, de

Mœris, des Ramsès, de Cléopâtre, et les images plus douces de Joseph, de Jacob... Et je cherchais du regard la terre de Gessen...

Ma méditation dura long-temps, sans doute; car, lorsque je revins à moi, nous avions franchi le Caire, la Massoure, et j'allais parler aussi de l'ombre sainte de notre Louis IX, le conquérant de ces contrées, lorsque Naïs me dit :

— Mais regardez donc Alexandrie!

— Alexandrie, cela? dis-je; mais c'est le lieu le plus triste et le plus désolé de la terre...

En effet, je n'apercevais qu'une mer nue qui se brisait sur des côtes basses encore plus nues, des ports presque vides, et le désert de Lybie s'enfonçant à l'horizon du midi. Quant à la ville, qui jadis avait compté trois millions d'habitants, avait été le sanctuaire des Muses, le témoin des gloires et des misères de Cléopâtre, le chef-d'œuvre aimé d'Alexandre le Grand, ce n'était plus qu'une bicoque inanimée, un sépulcre vide, silencieux, et une enceinte ruinée par le despotisme et l'abrutissement.

— *Vanitas vanitatum* toujours et partout sur votre terre, n'est-ce pas, mon cher Français? me dit le Lunien avec une certaine ironie.

Je gardai le silence, comme faisait la ville endormie. Seulement je jetai un long et dernier regard sur cette Egypte si fameuse dans les temps passés; sur les côtes de Palestine toujours rayonnant de gloire malgré ses ruines maudites; sur l'Asie que naguère nous avions visitée, et voguant dans les airs à la suite de mon bien-aimé Mikaël, nous commençâmes à planer sur la mer Méditerranée.

— On ne peut naviguer sur ces ondes sans heurter un souvenir plus grandiose... me disait Naïs.

— Ces côtes d'Afrique redisent les gémissements de Didon, et mieux encore les mâles accents de l'évêque d'Hippône, Augustin, le fils si tendrement chéri de Monique... faisait Stella.

— Là, le Fils de l'Homme sauva le monde! ajoutait Mikaël.

— Ici Alexandre détruisit Tyr...

— En ce lieu de Salamine, Xerxès fut vaincu par Thémistocle, en présence d'Arthémise, reine d'Halicarnasse.

— Et plus haut, Actium, qui vit Auguste dompter tous ses rivaux et devenir le maître du monde...

— Alors nous allons aborder en Europe par la Grèce? dis-je avec enthousiasme. S'il en est ainsi, mon cher Lunien, laissez-moi respirer un moment, et puisque, dans notre visite des mondes modernes, nous avons tant de fois retrouvé des traces du monde ancien, permettez-moi de ne pas rentrer dans mon Paris, sans avoir vu les débris de Sparte, d'Athènes et de Rome. De cette façon, après avoir admiré dans votre *Album Merveilleux*, ce que furent les grandes cités, je pourrai juger ce qu'elles sont depuis leur chute, parmi nos races nouvelles...

— Qu'il soit fait selon ton dire, mon très-cher... fit Mikaël, d'autant mieux que bercé dans l'amour de l'antiquité par les auteurs de vos études, ce serait cruel de ne pas te donner la jouissance de contempler une fois en réalité ce dont tu as tant de fois rêvé, sans doute, sous le ciel blanc de ta couchette d'étudiant.

— Et c'est alors surtout que vous jugerez bien le *Sic transit gloria mundi!* ajouta Naïs. A peine verrons-nous où fut Lacédémone et Corinthe. A peine la belle Athènes pourra-t-elle nous offrir de faibles débris de son splendide Parthenon.

— Enfin j'aurai vu tous mes mondes inconnus! dis-je avec un large soupir de satisfaction...

VIII.

Les mondes inconnus. — Le fond des mers, ce que l'on y voit à l'aide du lorgnon des luniens. — Europe. — Le vieux monde de la Grèce. — Les échos du Péloponèse. — Squelettes et fossiles. — L'Attique et ses montagnes. — Les débris d'Athènes. — Complaintes de l'air. — Des volcans terrestres. — Le Vésuve et la courtoisie de ses menaces. — Préliminaires des adieux. — Tendresse de sentiment. — Recommandations et prières. — Départ subit. — A tous les cœurs bien nés que la patrie est chère ! — Orage et tempête. — Incendie du ballon. — Désastre. — Terrible chute. Dénouement imprévu. — Où l'on reconnaît les mères.

Sur ce mot de : mondes inconnus... Mikaël fit entendre le formidable éclat de rire que vous savez...

— Ah! tu crois tenir tous les mondes inconnus dans ta gibecière maintenant, mon bon? me dit-il. Il n'en est rien, mon pauvre ami, et je te le prouverai quand je serai complètement remis de mon... émotion, en face de ton... savoir!

— D'abord qu'entendez-vous par mondes inconnus? me demanda malignement Stella, qui partageait la causticité de son père...

— Mais tout naturellement ce sont les mondes situés dans des espaces mis en dehors de notre... portée... balbutiai-je.

—. Bon ! voilà mon homme qui patauge rien que pour me donner une définition. Sachez donc, mon cher, qu'il y a une infinité de mondes inconnus que vous ne connaîtrez jamais, et dont vous ne vous doutez même pas. Il en est sur lesquels vous marchez, que vous foulez aux pieds, dans lesquels vous barbottez, et dont vous n'avez cure.

— *Ignoti nulla cupido!* fit la savante Stella.

— Citez m'en donc un, celui dont vous parlez là ! dis-je à Mikaël, comme pour le mettre au pied du mur.

— La mer que voici ! l'Océan que voilà ! me répondit-il.

» Car la mer c'est un monde, tout un monde, un monde qui n'a pas encore eu son Christophe Colomb ou son Vasco de Gama; un monde qui renferme des merveilles qui vous feraient pâmer d'aise; un monde avec ses curiosités indescriptibles; ses antiquités aussi dignes de fixer vos regards que les plus beaux trésors d'Assyrie, de Perse ou d'Egypte; ses peuples, ses villes, ses forêts, ses animaux, ses mille fantaisies les plus prodigieuses...

— Il y a tout cela au fond de la mer?

— Tout cela et bien d'autres choses !

— Et vous... les avez vues?

— Comment donc ! Mais chaque jour je les vois, nous les voyons.

— Etes-vous descendu jamais dans les profondeurs de l'abîme?

— Jamais en réalité; par la puissance du regard, cent mille fois.

— Il faut que vous ayiez une vue bien perçante, car la mer a de profondeur moyenne neuf mille sept cent vingt-trois mètres, ce qui fait presque dix kilomètres...

— Tu oublies donc le fameux lorgnon ?... fit triomphalement Mikaël en me montrant l'extrémité du verre qui brillait à peine caché dans sa pochette.

— O maître chéri, fis-je au Lunien en joignant les mains, de grâce, votre lorgnon, s'il vous plaît, une petite heure seulement!

— Seulement une petite heure? Il est modeste le Terrien ! allons, va;

pour une fois que nous nous rencontrons, qu'il soit bien dit que j'aurai tout fait pour te plaire...

Je sautai de joie, et, avec moi, mon aérostat fit un affreux soubresaut. J'avais le lorgnon, le lorgnon révélateur... Je regardai sans perdre une minute...

— Dieu du ciel! m'écriai-je aussi vite... oui, voilà des horizons magnifiques, illuminés par la réverbération des eaux; vallées splendides, montagnes, collines, bois, forêts, prairies... Mais c'est ravissant! et au milieu de cette belle nature sous-marine tout un foyer de vie; vie au fond des eaux, vie dans des divers milieux, vie à toutes les couches supérieures et inférieures... Il n'y a que la forme des êtres qui n'est pas la même. Quel mouvement! mouvement dans les plaines, mouvement dans les bois. Car, tous ces *fucus natans* que l'on rencontre à la surface des eaux ne sont que les détritus de ces forêts sous-marines. Ai-je bien fait d'être ainsi curieux? Voyez un peu, que d'espèces différentes d'habitants; animaux des surfaces, animaux des milieux, animaux des profondeurs, animaux des parties chaudes, animaux des parties froides. Et puis, comme vous l'avez dit, mon cher Mikaël, le lit de la mer n'a pas que des sables, des cailloux, des plantes ou des bois; voici bien des cités, des villes, bien autrement peuplées que nos villes sublunaires... Quelle foule de madrépores! quelles masses de polypiers! quels groupes de coraux! Et madrépores, polypiers et coraux, tout cela se meut, tout cela s'agite... Vie sans égale, qui montre que Dieu n'a rien laissé sans habitants! Et des infusoires, et des monadines! et des milliards de petites créatures phorphorescentes... Mais en vérité, ce monde inconnu présente mille merveilles que je ne vois qu'en masse pour vouloir trop découvrir de suite... Eh! qu'est-ce que ce monstrueux animal? Ciel! ce n'est pas un animal qui gît là, sur le flanc, c'est un navire... qui a coulé à fond... Hélas! je vois sur le pont une quantité de malheureux, encore agenouillés, comme au moment où la mort les a surpris... Mais ce sont des Français! oui des soldats français! Où sommes-nous? Non loin du cap Bonifacio. En effet, c'est là que l'un des navires porteurs de nos troupes pour la Crimée, dans l'affreuse guerre entamée par l'envahisseur russe, a péri ! Je me souviens... c'est un terrible épisode !...

Mais, du reste, tout le fond de la mer est semé de ces débris ! Voici des galères à plusieurs rangs de rames... galères romaines ébauchées à peine, galères carthaginoises infiniment plus parfaites... Il y a eu là quelque combat naval du temps des guerres puniques... Et puis, que de colis jetés ici et là par des bâtiments en détresse ! voilà même des canons, mille ustensiles de marine... quelque violente tempête s'est fait sentir en cet endroit... etc.

J'aurais parlé de la sorte pendant six heures, tant la puissance du lorgnon des Luniens me permettait de voir une infinité de choses. Mais, pour ne pas étourdir mes compagnons de route qui auraient redouté la verbosité des Terriens, j'arrêtai les effluves de mon langage, et me plongeai dans une contemplation muette que rien n'eût pu rassasier, si Mikaël ne m'avait dit, en me frappant sur l'épaule :

— Ami, nous avons passé l'île de Chypre à notre droite, voici l'île de Rhodes ici, et là l'île de Crète. Regardez les illustres Cyclades et Sporades de la mer Egée, et saluez le cap Trinacrium ; nous planons au-dessus de la Morée, jadis le Péloponèse.

— Cher maître, croyez-vous qu'un jour, le génie de l'homme réalisera les moyens de visiter le fond de la mer ? dis-je à Mikaël... C'est tout une mine d'inépuisables curiosités...

— Oui, cela sera : mais revenez sur la terre, répondit Mikaël, avec le sourire de la béatitude.

En effet, nous entrions dans les contrées que l'Ecriture appelle Iles-des-Nations ; chez ces peuples dont la gloire effaça celle des Assyriens, des Perses, des Egyptiens, comme elle fut effacée à son tour par celle des Romains, et comme celle des Romains fut terminée par le désordre et la ruine. Nous passions au-dessus du cap Matapan, jadis Trinacrium.

Là, je voyais une chaîne de montagnes couper en deux la presqu'île de ses sommets chargés de neige et formant un contraste éblouissant avec sa base, rembrunie par de noirs sapins. La partie nord était une vaste plaine fertile, accidentée seulement par quelques monts cylléniques. Sur le versant méridional, une rivière, toute couverte de lauriers roses sur les rives, ondulait à travers de charmantes vallées pour venir à la mer. Puis, une autre rivière toute aussi belle, car elle arrosait les sites les plus poétiques, montrait les blancheurs de son écharpe dans un rayonnement tout autre que celui de la première.

— Taygète est le nom de la chaîne de montagnes.

— Eurotas est celui du premier fleuve.

— Alphée, c'est ainsi que l'on nomme le second cours d'eau, me dirent à la fois mes compagnons de voyage.

— Mais alors, où est Sparte, Lacédémone, Mistra? demandai-je avec impatience, et tout ému par ces grands noms.

— Là! fit du doigt Mikaël.

Je regardai le lieu désigné, qui n'était autre qu'une colline mamelonnée, et je vis des Grecs brûlés par le soleil qui, l'aiguillon à la main, hâtaient le travail de leurs bœufs au labour; je vis des vignes enlacées à des mûriers, et puis, dans le flanc de la colline, quelques débris de pierres disposées encore en demi-cercle; le tout sur des rampes verdoyantes que bornait à l'occident le Taygète, et que baignait à leur pied le calme Eurotas, dont pas un cygne blanc n'agitait les ondes, comme aux temps passés.

— Lycurgue! Léonidas! m'écriai-je par trois fois.

Rien, pas même l'écho de l'éminence, ne répondit à ma voix. Tout était mort à Sparte, car cette éminence, c'était Sparte, et ces pierres disposées en demi-cercle, c'étaient les ruines du théâtre, les uniques ruines d'une cité dont le nom remplit encore l'imagination de tous les hommes!

Cependant nos aérostats glissaient dans la direction de l'Alphée, dominant tantôt des plaines où les femmes du pays recueillaient les fruits de l'olivier, tantôt au-dessus de pauvres villages dont le soleil faisait pétiller le chaume, lorsqu'au pied d'une montagne, près d'un aqueduc ruiné, à côté de quartiers de briques et de pierres, Stella me fit voir à son tour d'abord des tombeaux vides, puis les traces à peine perceptibles d'un stade, celles d'un hippodrome un peu plus visibles, quoique rongées par la rivière, et enfin des grottes formant les siéges des juges, et des débris de colonnes indiquant les restes d'un temple.

— Serait-ce Olympie? m'écriai-je.

— Olympie, Olympie, ympie, pie!... répéta un écho très-distinct cette fois, mais qui alla s'affaiblissant par degrés.

C'était donc là tout ce qui restait de ce vaste théâtre de gloire, dont les palmes étaient si fort ambitionnées des Grecs? Du vent! l'écho qui, jadis, répétait sept fois la voix des hérauts et les acclamations du peuple...

Une heure après, nous passions au-dessus d'une pauvre bicoque, voisine de la mer, lorsque Naïs dit à son tour :

— Argos, ville chérie des héros et des dieux, nourricière des belles femmes et des coursiers généreux, toi qui te glorifies d'avoir eu pour princes Phoronée, Pélasgus, Jason, Agénor et le puissant Agamemnon, es-tu donc réduite au triste état d'être un misérable pachalick de Morée!

Telle était Argos, en effet; plus rien de sa splendeur première! jusqu'à la moindre de ses ruines avait été employée pour bâtir les bouges modernes que l'on ose nommer Argos!

— Peut-être serai-je dédommagé tout-à-l'heure, en arrivant à Athènes... dis-je aux Luniens, car je crois que nous en approchons. Voici déjà les deux golfes de Corinthe et Saronique, qui nous annoncent que le Péloponèse s'éloigne et que la Grande-Grèce arrive. Je reconnais l'isthme dont la forme se dessine et devient moins vaporeuse... et c'est là... Corinthe... Comment! Corinthe, la fille d'Ephyre, la sœur d'Athènes et de Sparte, la patrie de Sisyphe et de Hélée, le royaume de Jason

Athênes

et de Médée, n'est plus qu'une triste ville fortifiée dont la couronne est formée de sept pauvres colonnes, dernier débris d'un des nombreux temples qui te décoraient? Où donc peut être allée tant de gloire?

— *Cecidit sicut flos agri!* Elle est tombée comme la fleur des champs... répondit Stella.

» Mais voici l'Attique et ses montagnes...Voici les côtes de Salamines, les plaines de Mantinée, de Leuctres, de Platée, de Marathon, et dans l'air, il y a je ne sais quel chant qui répète les noms de Solon, de Périclès, d'Alcibiade, de Thémistocles, de Miltiade, d'Epaminondas, de Philopœmen, de Léonidas!

» Nous allons voir l'acropole, la tête et le cœur de la superbe Athènes qui regardait avec orgueil le diadème de rivales qui se posaient tout aussi fières autour d'elle, Mégare, Corinthe, Olympie, Sparte, Argos, et bien d'autres.

» En effet, dans une brume d'or éblouissante des feux de l'opale et de la pourpre, se découvre d'abord, comme une perle gigantesque sortie sur la pointe d'une émeraude pélasgique, le Parthénon, debout sur l'acropole, et de l'acropole, descend dans une plaine charmante, au confluent du Céphise et de l'Ilyssus, une longue rue en cascade, qui, passant sous la porte Dipylon, va suivre les longs murs de Thémistocles, et atteindre, en face de nous, le port du Pirée.

» Or, Athènes n'est pas édifiée sur une même surface. Sa position pittoresque a inspiré à ses habitants le goût des belles choses, et leur a fait placer quelque riche monument sur chacun des mamelons qui capitonnent le sol de son enceinte. Ici les propylées, colonnades somptueuses, bâties en marbre blanc, servent d'entrée au Parthénon; là, l'Erechteum, également en marbre blanc; et puis, descendant avec la longue rue dont je parle, sur le devant de l'Acropolis, le théâtre de Bacchus et celui de l'Odéon; et à droite et à gauche, le Céramique, le Pnyx, avec sa tribune taillée dans le roc, les siéges des secrétaires; et puis encore l'Agora, et plus bas que l'Agora, le Pœcile, ou galerie de tableaux;

et enfin, sur cette plate-forme, la tour des vents d'Andronicus Cyrrhestes; sur les sommets, le temple de Thésée; sur cet autre, le temple de Jupiter-Olympien avec ses cent vingt colonnes cannelées de soixante pieds de haut, et l'académie de Platon, et le lycée d'Aristote, et le cynosarges d'Antisthène, et le prytanée du sénat...

» Vue de loin, cette belle ville nous sourit... encore enveloppée dans l'illusion de ses souvenirs; mais quand la brume d'or de l'éloignement s'est effacée, quand il n'y a plus pour nous de perspective, et que nos ballons nous portent brutalement au-dessus de la grande Athènes, hélas! tout le charme a disparu, car Parthénon, Acropole, Propylées, Erectheum, théâtres, temples, Pnyx, Céramique, Agora, Pœcile, tour des vents, colonnades, Lycée, Prytanée... ne sont plus que des ruines... Et dans ces ruines, au lieu du noble peuple de Thémistocles ou d'Alcibiade, ce ne sont, sur l'Agora, que paysans aux yeux malades, femmes aux visages odieux qui se montrent, offrant à ceux qui passent les fruits et les légumes de leurs jardins...

» C'en est donc fait : tout passe sur terre, et rien ne reste ! hommes et choses, tout s'en va !

» Et je sens que ma tête s'incline sous le poids de la douleur.

— Oui, m'écriai-je, il n'y a rien de stable sous le soleil, si ce n'est aimer Dieu et le servir!

— Voilà qui est d'une profonde vérité, cher Terrien, et je vous engage à tirer de chaque événement de semblables conclusions, vous serez le premier philosophe du monde ! En attendant, regardez donc le Pyrée, qui est bien déchu de sa première grandeur; ne dit-il rien à votre imagination? fit malicieusement Mikaël.

» Je regardai... quel ne fut pas mon étonnement? Là, tranquillement à l'ancre dans le port, étaient embossés cinq navires portant le pavillon de France... Oh! c'était bien l'arc-en-ciel aux trois couleurs de notre France... Et puis d'ailleurs, sur le pont de chacun des vaisseaux, des troupes aux uniformes connus et aimés de mon cœur se pavanaient, et une musique guerrière se mit à jeter dans l'air et aux échos du rivage les accents joyeux de : *Partant pour la Syrie*...

— Vive la France! criai-je... Ce sont des amis du bon droit qui se rendent en Crimée pour arracher Sébastopol et la mer Noire à la griffe du vautour du nord... Vive la France!...

Il faut croire que mon cri s'échappa de ma poitrine assez vibrant pour aller frapper les oreilles de nos soldats; car, depuis que nous voyagions de la sorte, il était advenu fort rarement que les habitants de la terre portassent leurs regards sur nos aérostats; mais cette fois, à ce cri d'amour pour la patrie, soudain tous les yeux des soldats se fixèrent sur nos aérostats, et il y eut des salves d'applaudissements et de clameurs de joie qui nous révélèrent que nous avions fait sensation. Mais qu'on était loin de se douter que l'un de ces ballons appartenait à la lune !

Au moment où nos aérostats tendaient à s'éloigner, Mikaël nous dirigea sur l'étroit plateau du Lycabette, qui s'élève comme un cône dans la plaine d'Athènes, et que le voyageur ne semble devoir gravir qu'en s'aidant des aspérités du roc. Là il me désigna du doigt une petite chapelle qu'il me dit consacrée à Saint-Georges.

— Comme l'humble temple chrétien où prie quelque pauvre prêtre contraste, par son chétif aspect, avec la magnificence des ruines qui l'entourent! m'écriai-je.

— N'est-il pas vrai? répondit Mikaël. Mais il domine autant par la sublimité des mystères dont il est témoin, que par sa situation aérienne, les monuments les plus célèbres qu'ait élevés la main de l'homme : le temple de Jupiter, le Parthénon sont à ses pieds, et, sur les lieux mêmes où Socrate enseignait l'immortalité de l'âme, il surpasse, par l'idée plus pure qu'il représente, toutes les gloires du passé, toutes les grandeurs de l'antique sagesse.

Que de souvenirs immortels nous entouraient! L'horizon s'était encore agrandi; nous embrassions d'un seul coup-d'œil toute l'Attique.

D'un côté, l'immensité de l'océan; devant nous le Pirée, Phalère et Munychie, Salamine et son golfe, l'île d'Egine, Mégare et le territoire sacré d'Eleusis; ici, les sommets du Cithéron et du Parnès; là, la chaîne de l'Hymette; derrière nous, les cimes abruptes du Pentélique.

L'aspect de la contrée était aride et sec; le flanc des montagnes sans verdure; l'Ilyssus, si cher aux Muses, conservait à peine un filet d'eau à cette heure; mais Mikaël me dit que pendant l'hiver les lauriers-roses croissent sur ses bords, et que les anémones étalent partout leurs brillantes couleurs. Socrate et Platon, marchant pieds nus dans le lit du torrent, pourraient encore vanter la fraîcheur de son onde, la douceur de l'air, et l'ombre délicieuse du platane qui les protégea contre la chaleur du jour.

Plus loin, dans les vallées et sur les versants du Pentélique, qui bornait l'horizon, la campagne devenait plus verdoyante et plus accidentée. Au fond de gorges agrestes coulaient des ruisseaux qui ne tarissent jamais; des bosquets de myrte y reposaient la vue fatiguée du triste feuillage des oliviers, et de belles forêts de cèdres s'étendaient d'une chaîne à l'autre jusqu'à la plaine de Marathon. C'est dans ces belles vallées que le Céphise prend sa source.

Ce coin de terre privilégié est resserré de toutes parts entre la mer et les montagnes. Mais, sous ce ciel pur et resplendissant de lumière, la vue s'étendait au-delà des bornes ordinaires, et embrassait tout à la fois les cimes neigeuses du Parnasse et de l'OEta, les montagnes du Péloponèse, et, au-delà des Cyclades, Samos et les côtes mêmes de l'Asie-Mineure. N'était-ce pas bien là l'image du génie antique de la Grèce, qui, livrée aux contemplations idéales, posséda une grandeur si disproportionnée avec sa puissance réelle, et qui, dans le monde de l'intelligence, a conquis un empire qu'elle n'a pu conserver dans le monde des faits?

Déjà notre vol rapide nous éloignait de la Grèce, et nous portait sur la mer Adriatique d'abord, puis sur l'Italie. Bientôt même nous vîmes fumer le Vésuve!...

— Sais-tu bien, me dit Mikaël, que voici l'un des volcans qui tient le plus à faire parler de lui? Tout récemment il se plaît à faire des siennes en effrayant les contrées voisines par une éruption sans pareille. Il va sans dire qu'il couvre le pays de laves à ne plus laisser un pouce de terrain; et puis, quand ces laves sont froides, archi-froides, voici qu'un beau matin ces mêmes laves se ravisent, se réchauffent, redeviennent incandescentes, rouges et brûlantes. Que dis-tu de ce mystère?

— Je ne l'explique que par la chaleur souterraine qui s'est accrue de manière à communiquer sa flamme à la croûte extérieure du volcan, répondis-je; mais j'ajoute aussi que le Vésuve n'a pas plus dit son dernier mot que les tremblements de terre eux-mêmes qui sillonnent l'Europe en tous sens, et détruisent ici les villes, comme Brousse, la résidence d'Abdel-Kader, dans l'Asie-Mineure, là des plaines entières, avec leurs troupeaux et leurs moissons. D'ailleurs, d'éruptions de volcans et de tremblements de terre c'est tout un, la cause étant la même, à savoir l'alimentation souterraine de feux intérieurs, et la destruction et la chute d'énormes blocs de matières servant à entretenir ces feux.

— Ce qu'il y a de sûr, c'est que, en prêtant bien l'oreille, comme moi, tu reconnaîtras le signal ordinaire à ce volcan, qui ne manque pas de courtoisie, car il tient à prévenir son monde lorsqu'il médite une éruption. Ce signal n'est autre que certaines décharges d'artillerie, mais d'une artillerie à lui. Bien des gens ont conclu de ces bruits effrayants que le Vésuve, ayant dévoré tout ce qu'il a de munitions de bouche, va s'ébouler et s'affaisser, tout au moins cesser de vomir ses flammes et ses laves, et que l'un de ces jours, à la place de son cratère, on ne trouvera plus qu'un joli petit lac près duquel on viendra faire des dîners sur l'herbe, en rafraîchissant le vin dans ses eaux... Mais voilà déjà deux mille ans que l'on vit dans cette espérance, et rien ne tend à la réaliser.

— Pareil résultat s'est produit déjà, cependant?

— Oui, à Agnano, dans votre Auvergne, et ailleurs. Le Vésuve, lui, n'est pas d'un caractère si champêtre et si benin.

— Tout fanfaron qu'il est, ce n'est pas le plus grand volcan du monde, en résumé?

— Non; le Kérovée, dans la plus grande des îles Sandwich, est d'une autre corpulence. Le gouffre que nous appelons cratère n'a pas moins de cinq lieues de circonférence dans ce dernier. Peu importe, du reste. Ce qui fait le mot de l'énigme, quant aux volcans, c'est de savoir à quel degré de profondeur peut être placé l'agent capable d'aussi terribles effets. Or, pour le Vésuve, par exemple, en évaluant à peu près la masse soulevée par le volcan et lui restituant la forme qu'elle dut avoir dans l'intérieur de la terre, on n'estimera pas à moins de trois lieues au-dessous de la surface de la Méditerranée la position de cette matière. Quelle doit donc être la force de projection qu'élève au-dessus de ce volcan les immenses gerbes enflammées qui s'en échappent? et de quelle activité doit être doué le feu central pour opérer de semblables éruptions? C'est là un des secrets de Dieu. Ce fut en vain que l'intrépide Spallanzani descendit jusqu'au fond du cratère de l'Etna, et que, suspendu au-dessus d'un abîme de feux, porté par une couche peu épaisse de laves prêtes à retomber dans le gouffre, il se pencha pour observer la voie par laquelle tant de matières pierreuses liquéfiées avaient passé pour couler au-dehors... Le naturaliste ne put rien voir; et les pierres qu'il laissait tomber ne lui renvoyaient aucun son. Ainsi demeurait trompée la curiosité de l'homme!

Mikaël parlait encore que nous passions au-dessus des villes d'Herculanum, de Stabies et de Pompéïa, qu'en 79 le Vésuve, cette fois sans égard, ensevelit sous des monceaux de cendres et de laves.

Puis ce fut Rome qui vint à nous; et puis, après Rome, dont les murs éternels nous virent long-temps planer sur leur enceinte, et admirer les belles ruines de son Colysée, du Môle-Adrien, de la Voie-Appienne, notre marche rapide nous portait vers l'Italie du nord et les côtes de France, lorsque... je sentis mon cœur se serrer...

En même temps, les yeux de Naïs et de Stella s'assombrirent... Elles me regardaient avec des larmes dans les yeux et se parlaient bas, comme pour se dire :

— Pauvre Terrien! le voilà bientôt livré à lui-même... Quel triste sort! Et cependant nous ne pouvons rien pour lui.

Quant à Mikaël, il regardait à l'horizon, fort au loin, et, le doigt tendu et l'œil fixé vers Constantinople, dont les minarets, les coupoles, les cimetières, les mosquées, les harems, les palais, les jardins, les constructions orientales les plus pittoresques étincelaient au soleil, verdoyaient au soleil, blanchissaient au soleil, de ce soleil qui jette une poudre d'or dans l'air, qui bleuit les horizons, qui enflamme les sables, qui argente les brumes, nous montra les flottes anglaise et française cinglant vers Sébastopol, des bâtiments qui arrivaient à toute vapeur amenant nos braves régiments de France, et les grenadiers, les Ecossais et l'artillerie d'Angleterre, pour les débarquer à Gallipoli, des armées turques défendant les plus heureuses positions contre les armées russes, qui, sans fin, pénétraient dans la Crimée pour lutter avec nos vaillants bataillons, se prit à dire :

— Le doigt de Dieu est là, et son œil ne se ferme pas sur les évènements qui se préparent. Il donnera, sans nul doute, le triomphe à la justice, pendant qu'il humiliera le farouche et impitoyable despotisme d'un homme qui, à son ambition, sacrifie tout un monde.

— Ainsi soit-il! ajoutai-je.

— Nous ne toucherons plus à aucune escale, maintenant, ajouta Mikaël un instant après, car voici la patrie qui te réclame, et la nôtre nous rappelle également.

— Hélas! mon cœur ne me le dit que trop, répondis-je en fondant en larmes, et je suis bien malheureux de vous quitter, chers Luniens... Quoique rendu très-imparfait par le péché et la révolte contre Dieu, le cœur du Terrien n'en est pas moins susceptible d'affections tendres et pures, surtout quand elles sont inspirées par des êtres qui... que...

— Oui, oui, je sais ce que tu veux dire, va, mon bon; ne cherche pas la fin de ta phrase. Sois calme...

— C'est que vous avez été si bon pour moi, Mikaël, depuis notre rencontre! Je n'ai eu que des égards de votre belle Naïs et des soins de votre chère Stella!... Comme jadis l'ange Raphaël au vis-à-vis du jeune Tobie, vous m'avez conduit et vous m'avez ramené. Aussi comment jamais pourrai-je vous remercier. Oh! oui, je souffre, car il faut que je me sépare de vous, que j'aime...

— Allons, voilà ton attendrissement qui nous gagne tous, interrompit Mikaël. Mais à nous aussi tu as pris le cœur, et pour la première fois nous nous sentons malheureux, car nous allons te laisser sur une terre maudite. Mais les décrets de Dieu sont inflexibles, et nul ne peut s'y soustraire...

— Oui, retournez aux lieux où votre mère attend... fit Naïs... au milieu d'un sanglot; mais rappelez-vous souvent que vous avez des amis là-haut... ajouta-t-elle avec un soupir...

— Mais conserverez-vous un souvenir du pauvre Terrien, vous, bonne Naïs, et vous, indulgente Stella? demandai-je. Vous rappellerez-vous du Français qui a navigué avec vous dans les airs? Vous souviendra-t-il que son regard a contemplé votre séjour? qu'il a bu de vos boissons, mangé de vos mets, reçu vos enseignements?

— Nous nous rappellerons tout cela! fit Naïs.

— Et bien d'autres choses encore! ajouta Mikaël.

— Sans compter que de notre lune nous vous regarderons souvent... acheva malignement Stella.

— Diavolo! pensai-je, il faudra que je me tienne bien, eu égard à

J'etais dans mon lit.

leur terrible lorgnon! Car, comment moi, pauvre créature imparfaite, pourrai-je éviter de choquer le regard de créatures immortelles?

— Pour cela, dit Mikaël, qui avait deviné ma pensée, tu n'auras qu'à pratiquer la vertu, toujours et partout...

Je serrai les mains de mes compagnons de voyage comme prélude d'adieux plus tendres, tout en disant:

— Ainsi ferai-je, maître vénéré, non-seulement pour vous plaire, mais surtout pour plaire au souverain qui règne dans les cieux, et dont j'attends ma destinée...

— Alors, mon cher, nous pouvons espérer de nous revoir un jour... dit Mikaël. Pour ma part, je le désire, car je m'intéresse à toi, surtout à cause du sentiment religieux qui fleurit dans ton âme. C'est une boussole, un flambeau qui te feront voir clair dans les sentiers de la vie. Conserve-le donc précieusement, autrement tu pourrais te perdre...

— Sur toutes choses, gardez-vous des vices du siècle : indifférence des choses morales et religieuses! Monstrueux égoïsme, qui fait fouler aux pieds la sublime recommandation de Jésus : Aimez-vous les uns les autres, et ne faites jamais à autrui ce que vous ne voudriez pas que l'on vous fît !

— Vous suivrez ces bons conseils, n'est-ce pas, ami? fit à son tour Stella d'un ton de prière; et comme nous adorons le même Dieu, un jour vous aurez la même récompense de fidélité... que nous-mêmes! Alors nous règnerons dans le même ciel!...

— Je le jure! m'écriai-je, et ma conduite sera telle que vous n'aurez pas à rougir là-haut du pauvre Terrien qui va souffrir et mourir... là-bas!

J'achevais à peine ma phrase que Mikaël, sans doute afin d'empêcher l'explosion de notre douleur commune, donna l'essor à son aérostat, qui remonta soudain vers les cieux avec la rapidité de l'éclair. Seulement on entendit bruire simultanément dans l'air, sur quatre tons différents, ces quatre mêmes phrases :

— Adieu, cher Terrien!

— Adieu, ami!

— Adieu, bon jeune homme!

— Adieu, chers Luniens!...

Et puis ce fut fait.

Dire que je me résignai à cette brusque séparation, non; mais j'en vins cependant à sécher mes larmes. C'était pour mieux voir, il est vrai, le ballon lunien; mais je n'en découvris pas la plus légère trace.

Cependant j'étais en France, voguant vers Paris. Alors mon cœur bondit dans ma poitrine; car depuis combien de temps n'étais-je pas absent? Je ne pouvais m'en rendre compte, ayant oublié d'interroger Mikaël sur le nombre de jours que nous avions mis dans nos explorations. Quoiqu'il en soit, je me sentis faim de l'alimentation terrestre, moi qui depuis plusieurs jours ne vivais que de la nourriture lunaire, le cénidottino... Je mangeai donc. Hélas! mes provisions sentaient le reland... elles n'étaient plus fraîches. C'était bien là un contre-temps!

Mais voici bien une autre aventure!...

Ne me sembla-t-il pas que, comme à mon départ, un orage se formait dans les cieux. De gros nuages cuivrés s'amoncelaient. Le firmament devenait noir...

Que je regrettais Mikaël!

En effet, les éclairs sillonnèrent la nue; le tonnerre retentit; une tempête éclata. Je me trouvais dans le plus fort de cette tempête. La foudre menaçait à chaque instant mon ballon. Un grand danger se montrait suspendu sur ma tête.

Je recommandai mon âme à Dieu; je fis le signe de la croix; je songeai à ma mère; je...

Hélas! ce que j'avais prévu arriva... L'électricité passa sur mon aérostat... le gaz prit feu aussitôt... Je pensais à du Rozier, à Zambeccari, à Galle, à Emma Verdier! J'allais périr comme eux! En effet, il se faisait un affreux tourbillon dans ma nacelle... Elle tombait, trainant après elle les cordages, les lambeaux de mon ballon... Elle tombait... m'entrainant avec elle... Figurez-vous cette chute, cette descente échevelée... chers lecteurs...

Bientôt je me trouvai séparé de ma nacelle, qui partit de son côté, moi du mien, l'un suivant l'autre.

— C'en est fait! pensai-je. Mon Dieu, recevez mon esprit et protégez... ma mère! criai-je.

Je m'attendais à être aplati en touchant le sol...

Le choc fut horrible, en effet... Il me sembla que j'étais réduit à l'état de carton; mes reins étaient brisés; une affreuse et unique douleur pesait sur mon être réduit. Je devais avoir la tête en capilotade...

En résumé, je n'étais pas mort...

J'ouvris les yeux pour m'assurer de mon état, et savoir dans quel village, dans quelle ville, dans quel département je me trouvais...

Quelle ne fut pas ma surprise?

J'étais dans mon lit, dans mon vrai lit, dans le lit de ma chambrette, de la chambrette que j'occupe chez ma mère!

Ma mère était dans la pièce voisine; je l'entendais parler à sa femme de chambre...

Il était jour; un beau soleil de mai teintait de rose mes rideaux encore fermés...

La veille, en allant, avec ma mère, promener au bois de Boulogne, elle m'avait parlé de la nécessité de choisir un état, elle avait même exprimé le désir que je fusse ingénieur civil. J'avais un peu combattu cette idée.

Quand nous étions passés devant l'Hippodrome, un aérostat chargé de voyageurs à 500 fr. par tête, c'est payer un peu cher ce genre de curiosité, s'élevait dans les airs sous la conduite de M. Godard.

Le soir, après le dîner, au salon, j'avais crayonné, tout en bavardant, des ballons s'élevant au plus haut des cieux, et j'avais mis sur leurs drapeaux flottants cette légende :

— *Aventures des Aéronautes parisiens.*

Puis j'avais été me coucher.

Or, chers lecteurs, c'était un rêve que je venais de faire et que je vous ai raconté.

— Enfin, te voilà réveillé, me dit ma mère, qui entra. Tu as eu un sommeil bien agité, mon cher enfant ! Ton lit doit être mouillé de sueur. J'ai dû venir plusieurs fois cette nuit près de toi : tu criais, tu riais, tu pleurais, tu avais même l'air de manger...

— J'ai rêvé que j'étais dans la lune, ma mère, lui dis-je en riant.

— A la bonne heure. Maintenant, lève-toi, et allons préparer tes nouvelles études, reprit l'ange que Dieu m'a donné.

FIN.

LIMOGES, IMPRIMERIE DE BARBOU FRÈRES.

www.ingramcontent.com/pod-product-compliance
Lightning Source LLC
Chambersburg PA
CBHW071518160426
43196CB00010B/1570